ちくま文庫

三国志 きらめく群像

高島俊男

目次

関連地図 10
はじめに 13
正史『三国志』の話 15
1 正史とは 16
2 紀伝体とは 21
3 陳寿のこと 31
4 『三国志』について 34
5 裴松之の注について 40
6 『三国志』の注釈、研究 45
7 『資治通鑑』について 48
8 『三国志演義』について 50
一 混沌《カオス》のはじまり 53
董卓 呂布 54

二　曹操をめぐる勇士傑物……75
1　曹操の武将
夏侯惇　76
典韋　82
許褚　88
2　曹操の参謀
荀彧　94
華歆　98
3　曹操にたてついた男
陳宮　105
華佗　110
三　北方の勇者たち……117
公孫瓚〈附〉劉虞　張燕　118
袁紹　130
沮授〈附〉田豊　許攸　133

四　献帝とその周辺……141
献帝 142
董承 148
伏皇后 153
五　荊州の人々……157
劉表 158
蒯越〈附〉蔡瑁 161
黄祖 167
徐庶 170
六　西方の暴れ者……175
北宮伯玉〈附〉辺章　王国 176
傅燮 187
馬騰〈附〉馬超 194
韓遂 205

七　孫権の家臣……213
張昭〈附〉顧雍　214
周瑜　222
魯粛　232
闞沢　240
八　劉備の配下……251
龐統　252
関羽　258
張飛　264
九　益州・漢中の人たち……269
張松〈附〉法正　270
張魯〈附〉劉焉　279

十　女たち……291

丁夫人 292

呉夫人　〈附〉**孫夫人** 299

甄皇后　〈附〉**郭皇后**　**毛皇后** 305

十一　四大スター……315

曹操 316

人の呼びかた——殺戮記略——帝王の風格——人材論

孫権 342

若い三代目——魯粛評価——公孫淵事件——呂壹事件——皇太子問題

劉備 358

系図調べ——不良青年——「部曲」をつれて——呂布との関係

諸葛亮 384
素性について——就職問題——「天下三分の計」——法家の手法——北征——「三国鼎立」の実相——秋風五丈原——木牛流馬——八陣図
あとがき 424
文庫版あとがき 426
関連元号西暦対照表 430
人名索引

三国志　きらめく群像

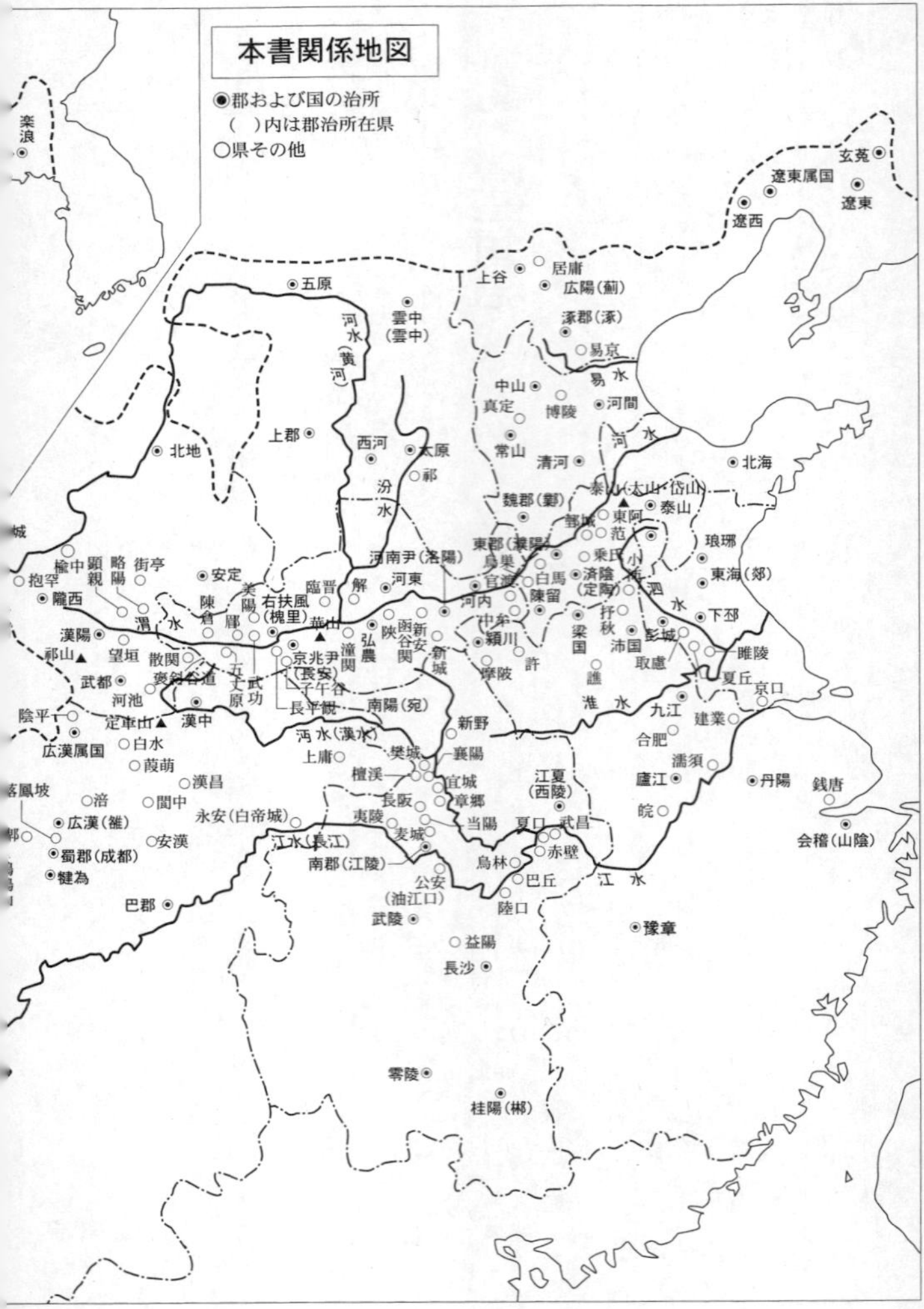

本書関係地図
◉郡および国の治所
（　）内は郡治所在県
○県その他
楽浪
玄菟
遼東属国
遼東
遼西
上谷
居庸
広陽（薊）
涿郡（涿）
易京
易水
五原
雲中（雲中）
河水（黄河）
中山
真定
博陵
河間
常山
上郡
北地
西河
太原
祁
汾水
清河
河水
北海
泰山（太山 岱山）
泰山
魏郡（鄴）
東阿
鄄城
范
琅琊
東郡（濮陽）
烏巣
乗氏
小沛
東海（郯）
官渡
白馬
済陰（定陶）
泗水
下邳
河南尹（洛陽）
河東
解
臨晋
陳留
中牟
河内
抒秋
梁国
沛国
彭城
睢陵
穎川
許
譙
取慮
夏丘
京口
九江
建業
合肥
濡須
廬江
丹陽
銭唐
会稽（山陰）
皖
楡中
顕親
略陽
街亭
安定
抱罕
隴西
陳倉
郿
美陽
右扶風（槐里）
華山
渭水
弘農
陝
函谷関
新安
新城
摩陂
漢陽
祁山
望垣
散関
五丈原
武功
京兆尹（長安）
子午谷
長平観
潼関
褒斜谷道
武都
河池
陰平
定軍山
漢中
南陽（宛）
新野
広漢属国
白水
葭萌
沔水（漢水）
上庸
樊城
襄陽
檀渓
宜城
長阪
章郷
漢昌
閬中
涪
落鳳坡
広漢（雒）
永安（白帝城）
夷陵
当陽
夏口
武昌
江夏（西陵）
麦城
赤壁
蜀郡（成都）
安漢
江水（長江）
南郡（江陵）
烏林
巴丘
江水
犍為
巴郡
公安（油江口）
陸口
武陵
豫章
益陽
長沙
零陵
桂陽（郴）

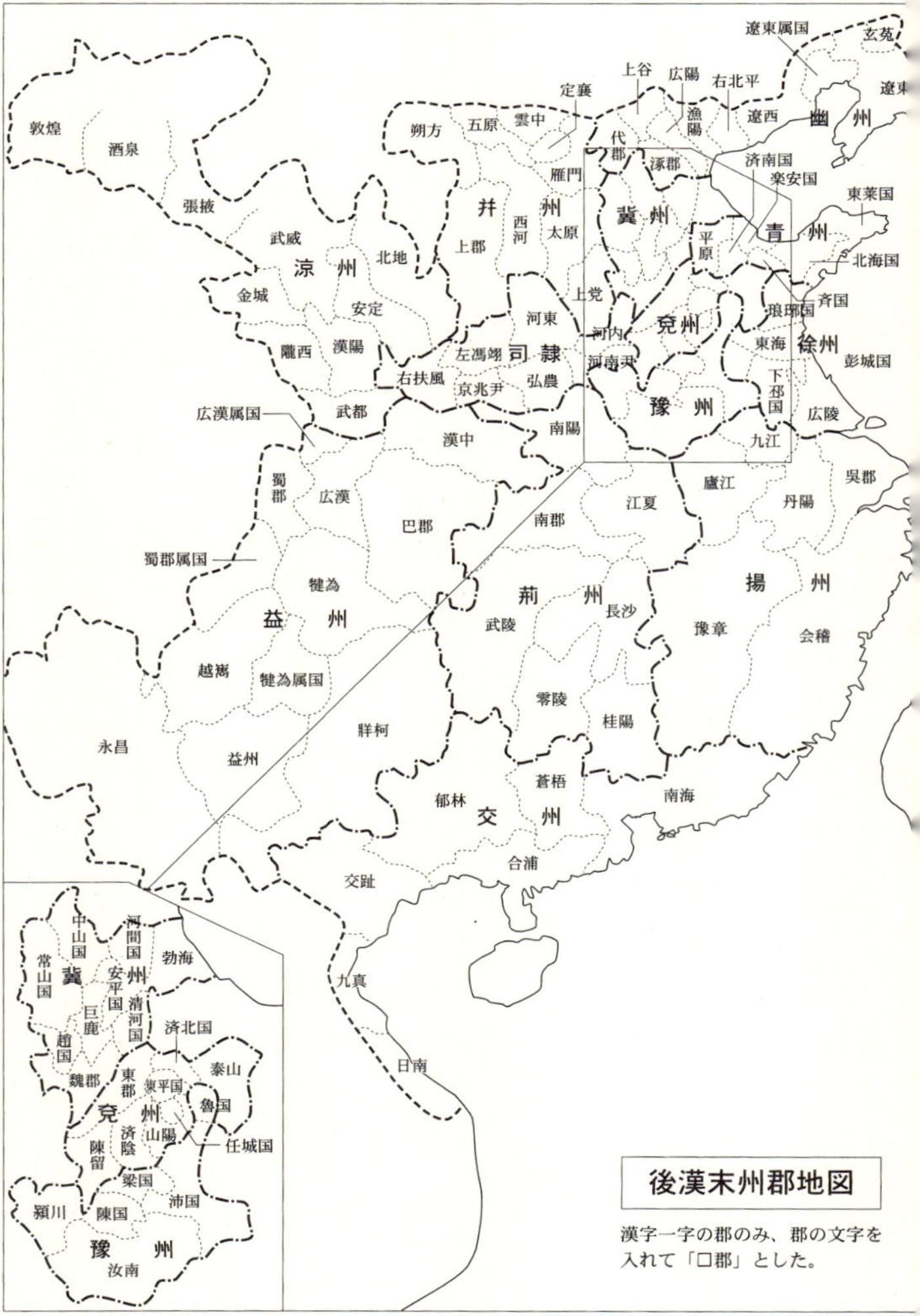

後漢末州郡地図

漢字一字の郡のみ、郡の文字を入れて「□郡」とした。

はじめに

これは、『三国志』の人物についての気楽な雑談、あるいは閑談である。はじめに、「正史『三国志』の話」と題して『三国志』という書物のあらましを書いておいた。すでにひととおりのことをごぞんじのかたはとばしてください。あるいは、主要な用語はゴチックにしておいたから、辞書のように使ってくださってもよい。

「一　混沌《カオス》のはじまり」からが本篇である。人物ごとに独立している。ある程度ちかい関係にある人ごとにまとめてあるが、それはあまり気にせず、どこからでも読んでください。なるべく他の部分を参照せずにすむように、たとえば名前に関すること、あるいは年のかぞえかたなど、同じことを何度も反復してあるばあいもある。くどく感じられるかもしれないが、どうぞごかんべんいただきたい。

曹操《そうそう》、孫権《そんけん》、劉備《りゅうび》、諸葛亮《しょかつりょう》の四人のことは、他の人の部分にたえず出てくる。それをまたくりかえすのも興がないので、この四人は最後においていくつかのトピックについて重点的に書いた。かならずしもしめくくりではない。むしろ「三国」の実態をマクロに見るには、諸葛亮の「北征」「三国鼎立」のあたりを、はじめにごらんくださるのがいいかもしれない。

漢末三国の歴史はおもしろいが、実は歴史というのは、どの時代もみなおもしろいのである。この本が、ほかの時代のおもしろさにも目をむけるきっかけになってくれればと思っている。

正史『三国志』の話

1　正史《せいし》とは

わが国では、「三国志」と呼ばれている本が、二種類ある。一つは歴史の本で、一つは小説である。歴史のほうは西暦三世紀にできたもの、小説は十六世紀ごろにできたものであるから、成立の時期だけを見ても、よほどちがう。

小説のほうは、『三国志演義《さんごくしえんぎ》』もしくは『三国演義』というのがほんとうの題名なのであるが、わが国ではこれも通常「三国志」と呼ぶので、ごっちゃになりがちである。

わたくしがこの本でお話しするのは歴史書の『三国志』のほうのことなので、まずそれについて申しあげる。小説のことは、あとでのべることとする。

さてそこで歴史書『三国志』であるが、これは中国の**正史**《せいし》の一つである。で、まず正史の話からはじめることとしよう。

この「正史」ということばは、わが国でももちいられることがある。たとえば、「大久保彦左衛門がたらいに乗って登城したというのは正史にはないことである」などと言う人がある。つまり「正史」というのを、「正しい史実」という意味だと思っているらしいのであるが、それはちがう。

正史というのは、「朝廷が認可採用した歴史書」もしくは「朝廷みずからが著作した歴史書」、つまり「国家公認の歴史書」のことである。「正統の歴史書」の略だと思ってください。「正確な歴史」の意味ではない。正史にもホントでないことはいくらも書いてある。

正史は二十四あるので**二十四史**《にじゆうしし》とも言う。それぞれ王朝別になっている。これを時代順にズラッとならべると大昔から明の末まで空白なく埋まるようになっている。ただし重複はある。

正史の一番目は『**史記**《しき》』である。漢の武帝のころ（西暦紀元前百年ごろ）の朝廷の役人だった司馬談《しばだん》（司馬という姓、名が談）という人が着手し、そのむすこの司馬遷《しばせん》が完成した。太古の昔からこの親子の時代まで数千年のことを書いてある。

二番目が『**漢書**《かんじょ》』である。前漢（西漢）約二百年のことを書いてある。書いたのは班固《はんこ》という人。この人は後漢（東漢）のなかばごろ、一世紀後半の人である。

『史記』のように、王朝や時代の区切りを越えて長い期間をあつかった歴史書を**通史**《つうし》と言う。対して、叙述の期間をある王朝にかぎり、ここからここまで、とはじまりとおわりの時期をキチンと設定した歴史書を**断代史**《だんだいし》と言う。

たとえて言えば、日本の歴史について『日本史』という、縄文・弥生からずっとくだって明治大正あるいは昭和まで全部対象とする歴史書があるとすれば、それは「通史」である。対して『鎌倉時代史』とか『江戸時代史』とかはじまりとおわりを区切った歴史書があるとすれば、それは「断代史」である。

正史のうち、通史は『史記』だけである。あとは全部断代史である。

＊

ここでちょっと寄り道して、漢《かん》のことを言っておきましょう。

漢は西暦紀元前二百年ころから約四百年間つづいた大王朝である。ところが途中でちょっと切れめがある。四百年のちょうど中間あたりで、ほんの短い期間だが、漢王朝は一時ほろびていたことがある。それを光武帝という人が復興して、またあと二百年つづいた。

それにしてもそれ以前もそれ以後も漢なのだから、通常は「漢」でいいのであるが、後世になって漢代のことを言う時に、前後区分したほうが話がしやすいことがある。そういう時には、前半を前漢《ぜんかん》、または西漢《せいかん》と呼ぶ。後半を後漢《ごかん》、または東漢《とうかん》と呼ぶ。都が西の長安《ちょうあん》に置かれた時期が西漢、東の洛陽《らくよう》に置かれた時期が東漢である。

わが国では前漢・後漢と言うことが多いようだ。しかし一般には、一つの連続した王朝を前後区分するばあい、西周と東周、西晋と東晋、北宋と南宋、というように都の位置で言いわけるのがふつうなのだから、西漢と東漢のほうがほかとの折りあいがいいようにも思える。この本ではどちらも使っている。もちろん意味上のちがいはない。

＊

お話をもとにもどして――

『漢書』のつぎが『後漢書《ごかんじょ》』である。この『後漢書』と、つぎの『三国志』、さらにつぎの『晋《しん》書《じょ》』、この三つが三国の時代のことを書いている正史だから、ややくわしく申しましょう。

この『後漢書』を書いたのは、范曄《はんよう》という五世紀前半の人である。その人が、東漢の時代、つまり一世紀はじめから三世紀はじめまでの二百年間のことを書いているのだから、だいぶむかしのことである。だいたい日本のいまの人が、信長・秀吉から将軍家斉《いえなり》の寛政ごろまでの歴史を書くくらいにあたる。お父さんの時代でもおじいさんの時代でもない。もっともっと、ずっと以前だ。そんなむかしのことをどうやって書けるのかというと、実はそれまでにもう『後漢書』（范曄のもの以前の、べつの人が書いた『後漢書』）とか『続漢書《ぞくかんじょ》』とかいった、その時代のことを書いた本がすでにたくさんできていて、それらを取捨選択して作ったのである。この『後漢書』に、唐初の皇族で章懐《しょうかい》太子李賢《りけん》という人が注をつけた。現在おこなわれている『後漢書』には、みなこの**章懐注**がついている。

なお『漢書』『後漢書』の「書」はもちろん「歴史の記録」「歴史書」の意味であるが、しからば『後漢書』は「後漢・書」つまり「後漢の歴史記録」という意味かというと、そうではない。「後」というのは「つづき」という意味であって、『後漢書』は「後・漢書」、つまり「漢書のつづき」という意味なのである。それは『続漢書』という本からもわかるだろう。漢という王朝は（途中ちょっと切れめがあったとはいえ）四百年間ずっと継続しており、しかるに班固の『漢書』はその前半しかないから、「そのつづき」ということなのである。

『後漢書』のつぎが『**三国志**』である。書いたのは三世紀なかばごろの陳寿《ちんじゅ》という人。これはあとでゆっくり話しましょう。

『三国志』のつぎが『晋書』。晋という国は、やはり途中でちょっと切れめがあるので、後世は、前半を「西晋」、後半を「東晋」と呼ぶ。あわせて三世紀なかばから五世紀前半まで二百年ちかくある。

四世紀のはじめから六世紀の末まで三百年ちかくのあいだ、中国は南と北とに分裂していた。その間、南北それぞれ、いくつもの王朝が交替した。それを統一したのが隋《ずい》で、隋のあとをうけついだのが唐《とう》である。

『晋書』は、その唐になってから、七世紀のはじめに作られた。唐の太宗《たいそう》がおおぜいの学者に命じて協同制作させた。

正史はこんにち時代の順にならべてもちいるが、しかし、すべて時代の順にできたわけではない。

七世紀はじめに唐王朝が成立する以前に、『史記』『漢書』『後漢書』『三国志』はもとより、沈《しん》約《やく》の『宋書《そうじよ》』、蕭子顕《しようしけん》の『南斉書《なんせいしよ》』、魏收《ぎしゆう》の『魏書《ぎしよ》』(北魏書)がもうできていた。唐になってすぐ、姚思廉《ようしれん》の『梁書《りようしよ》』と『陳書《ちんじよ》』、李百薬《りひやくやく》の『北斉書《ほくせいしよ》』ができた。

これらの正史は、みな個人が書き、朝廷が正規の記録として採用したものである。

唐の太宗にいたって、皇帝が多数の史臣をあつめ、プロジェクトチームを作って、朝廷の事業として正史を編纂するということがはじめられた。以後はそれがならわしになる。その第一号として作られたのが『周書《しゆうしよ》』、第二号が『隋書《ずいしよ》』、そして第三号が『晋書』である。だから『晋書』は、対象とする時代の順では五番目の正史だが、できた順番では二十四史中十三番目である。

太宗が『晋書』を作ろうとした時に、『晋書』と題する本はすでに八種ほどあった。その他『晋紀』とか『晋記』とか、題はちょっとちがうけれども、どっちにしても晋の歴史を書いた本もたくさんあって、あわせるとざっと二十種くらいの史書がもうできていた。正史『晋書』はそれらをつきあわせて作ったのである。

以上のうち、『後漢書』のおしまいのほう、『三国志』、それに『晋書』のはじめのほうに、漢末三国の時代のことが書いてある。

以下の正史についてはかんたんにすませよう。

その後正史はつぎつぎに作られて、清代にできた『明史《みんし》』が二十四史の最後である。二十世紀になってから、柯劭忞《かしょうびん》という学者が『新元史《しんげんし》』を書き、中華民国政府が大総統令をもってこれを正史に加えた（明のはじめに作られた『元史』の出来がよくないので、柯劭忞がもう一つ『新元史』を作ったのだ）。この『新元史』をふくめると、正史は**二十五史**である。

また中華民国政府は一九一四年に清史館を設けて『清史《しんし》』の編纂にとりかかり、十四年後に『清史稿《しんしこう》』が完成した。正史ではないが、正史を作ろうとして作ったものである。これも加えれば**二十六史**になる。

2　紀伝体《きでんたい》とは

正史はすべて**紀伝体《きでんたい》**で書かれている。紀伝体とは歴史書のスタイルの一つで、皇帝の記録である**本紀《ほんぎ》**（略してふつう**紀《き》**と言う）と、皇帝以外の人（または人たち）の記録である**列伝《れつでん》**（略してふつう伝《でん》と言う）とを二本の柱とするものである。だから「紀伝体」というのである。献帝紀《けんていき》とか武帝紀《ぶていき》とかいうのが本紀であり、荀彧伝《じゅんいくでん》とか諸葛亮伝とかが列伝である。

正史はすべて紀伝体で書かれているが、紀伝体で書かれた史書がすべて正史というわけではない。紀伝体で書かれていて正史でないものはいくらでもある。たとえば、正史『晋書』を作る基礎となったあまたの『晋書』や『晋紀』の類もたいてい紀伝体だが、正史ではない。

紀伝体は『史記』にはじまる。

いったい歴史の書きかたには種々のスタイルがある。最も素朴で、常識的で、だれでもまず最初に考えつくのは編年体《へんねんたい》である。これは年表のくわしいやつみたいなものだ。歴史の流れを一年ごとに区切る。一年のなかをまた一月から十二月までに区切る。さらには日で区切る。そこに、主要なできごとを書きこんでゆく。これが、歴史の書きかたとして基本的なスタイルである。個人の日記や学校・工場・各種団体の日誌などは、みな編年体の歴史書であると言っていい。

こんにちのこっている最も古いまとまった歴史書である『春秋左氏伝《しゅんじゅうさしでん》』（ふつう略して「左伝《さでん》」と呼ぶ）は編年体史書である。これは魯《ろ》の王室の日誌の体裁にあわせたからそうなったのだ。

しかし左伝のごとく、たくさんの国をふくむ全天下を記述範囲とする史書のばあい、編年体では不便な点がある。

というのが、同じ時に天下のあちこちで、いろんなことがおこっている。A国では兄弟同士が跡目争いをやっている。B国とC国とは戦争している。いずれも何年も、時には十何年もつづいている。D国では王様が死んで国がガタガタしている。E国の王様のむすめがF国へお嫁に行ったが夫婦仲がよくない。G国では家老が国政を専断している。H国では……、J国では……、というようなことが年月ごとの区切りで全部いっしょに書きこまれるから、まあその一年の天下のようすを概観するにはいいようなものの、たとえばA国の内紛の一部始終を見たいと思ったら、一年一年のたくさんの記事のなかからA国関係のところをさがし出して、とびとびに見てゆかねばならない。

それならばいっそのこと、「A国の内紛」とか「B国とC国との戦争」とか主題を立てて、それだけをはじめからしまいまで書けばスッキリするだろう。実際そういう歴史の書きかたも後世にはあらわれてくる。そのスタイルを**紀事本末体**《きじほんまつたい》と言う。「本末」とは「はじめからしまいまで」という意味である。左伝を紀事本末体に編みなおした『左伝事緯《じい》』とか『左伝紀事本末』とかいった本もできている。

しかしこれはこれでまた欠点もある。実はA国の内紛とB国C国間の戦争にはかかわりがあるのに、それが見えなくなるということである。たとえて言えば、江戸時代の歴史を書くのに、「江戸時代の政治」と「江戸時代の文化」とにわけて書けばスッキリはするが、そのかかわり政治と文化の関係は見えにくくなるようなものだ。

司馬談《しばだん》・遷《せん》父子のころにはまだ紀事本末体はないが、これを中間項においたほうがわかりやすかろう。あらゆることを全部ふくんでとにかく時間の順にひた押しに押して行くのが編年体で、それを主題別にわけたのが紀事本末体、さらにそれを個人にまで解体したのが紀伝体だ。

しからば紀伝体はバラバラの個人の伝記の集合体かというとそうではないので、それを統合するのが本紀である。本紀は皇帝に関する記事だが、皇帝は天命を受けて天下を統治する者であるから、「国家」そのものである。なおこの「国家」というのは、いまの日本語の「国家」——日本とかフランスとかフィリピンとかがそれぞれ一つの国家であるという意味の国家ではなくて、世界を運営する機構のことである。

*

紀伝体という歴史の方法は、皇帝とその股肱《ここう》（手足となってはたらく官僚たち）が世界の調和をはかり経営するという観念、すなわち中華的世界観と不可分なものだから、ここでちょっと説明しておきましょう。

いったい中華的世界観、あるいは世界認識というのはどういうものかというと、それはいまの日本人の世界認識——地球上にフランスとかブラジルとかフィリピンとかたくさんの国が並列して存在するというような世界認識とはまるでちがうものである。

世界（一つの国ではなくて人類全体）には中心がある。中心が項上であって、周辺へむかってだんだん低くなっている。この中心に、天命を受けた皇帝がいる。皇帝は別名「天子」と言うように、天の子である。この天子が、天の委任をうけて世界を運営する。と言っても一人では手がまわりかねるから、天子を輔弼《ほひつ》（手助け）する臣下が必要である。この、天子とその世界運営を輔弼する人たちとの機構が「国家」である。そのまわりに中華の民がいる。その外側に、東夷《とうい》・南蛮《なんばん》・西戎《せいじゅう》・北狄《ほくてき》とよばれる「四夷《しい》」がいる。四夷をひっくるめて夷狄《いてき》とも言う（日本はその東夷のなかでも一番外辺に、かろうじてひっかかっている)。四夷は人間とその他の動物との中間くらいの生きものである。だからケモノヘンがついたりムシヘンがついたりしている。その外側はもう何もない暗いひろがりが無限につづいている。世界はそういう五重か六重の同心円の姿をしている。

この、同心円の中心であり頂上であるところにいる人たちが、自分たちのいる場所を「中国」と言う。これは、何べんも言うようだが、フランス国とかブラジル国とかフィリピン国とかいろんな「国」が並列存在して、その一つの「中国」、ということではない。世界の中心なんだから、同質同等のものがほかにあるわけがない。

その同心円の中心にいる人たちが「中国」と言うばあいには、それは「わが国」という意味である。これはもちろん、自尊の意、唯我独尊《ゆいがどくそん》の意をふくんでいる。個人で言えば「おれさま」にあたる「わが国」であるが、その自尊は何千年来血のなかを流れてほとんど無意識化した自尊であるから、「おれさま」のようなからいばりの気分のものではない。

夷狄がそれを「中国」と呼ぶのは、自分たちが同心円の辺縁の、文化の低い、劣等の種族であることを認め、心底そう信じ、世界の中心、価値の高峰をさして「中国」と呼ぶのである。江戸時代の学者が日本橋から品川に転居して、すこし中国に近くなったと喜んだ、などというのが、辺縁意識、夷狄意識である。実際荻生徂徠《おぎゅうそらい》はみずから「夷人物茂卿《いじんぶつもけい》」と称した(徂徠は物部《もののべ》氏の末で、その物部を中華風一字姓にして物《ぶつ》と称したのである)。江戸時代、一般にはかの地を「から」「もろこし」などと呼んでいたので、「中華」「中国」というのは、日本は低級野蛮国、と信ずる儒者特有の言いかただった。

もっとも、それはくやしい、日本こそ世界の中心である、というので、国学者などには日本を「中国」と言った人もいる。いささかこっけいであるが、ことばの使いかたとしてはまちがいではない。

夷狄から見ればかの地はすべて中国だが、そこへ行くとまた差がある。『三国志』を見ると、呉《ご》や蜀《しょく》の人は、献帝や曹操のいるところを「中国」と言っている。自分たちは僻陬《へきすう》だと思っているのである。同心円なんだからそうなる。最もせまくは、天子の居る首都を「中国」と言う。

さてそういう同心円的世界の中心にあって、天の命を受けて世界を経営し文化を指導するのが唯一至尊の皇帝なんだから、これは単なる個人ではない。世界の重要なできごとはすべて皇帝にかかわる。

そこで、世界の重要なできごとを、その生じた順に記録したものが本紀である。だから紀伝体は個人の伝記の寄せあつめだからといって、バラバラなのではなく、本紀によって統括されているのである。そしてその本紀は編年体であるから、紀伝体というのは、その核心部分は編年体であり、そこから放射線状に各個人の伝が出ていて、事柄の委細はそのことにかかわった個人の伝にゆだねられる、という構造になっている。

なお世界の重要なできごとと言っても、世界は同心円状であって中心から遠ざかるほど重要性も稀薄になるのであるから、主としてしるされるのは「国家」にかかわることである。「国家」に関係のないふつうの人のことはほとんどしるされない。実際に本紀を見ていただければわかるが、たまに、どこそこで頭の二つある赤ん坊が生れたとか、どこそこで男が女になったとかいったたぐいのことが記録されているだけである。こういう異常なことは、天が皇帝の世界経営に何か疑問の点があってメッセージを送ってきているのであるから記録しておかねばならぬのであり、一見民間の事柄のようだが、実はこれも国家にかかわることなのである（なお天のメッセージとして最も重大なのは日食であり、これが天の皇帝に対する最も強い警告である）。だから世界の辺縁である夷狄のことなどは、列伝の最後に、種族単位でしるされるだけである。『三国志』の「烏丸鮮卑東夷伝《うがんせんぴとういでん》」のドンジリに日本のことが書いてある（いわゆる魏志倭人伝《ぎしわじんでん》）のはそういうわけである。

＊

紀伝体は本紀と列伝が柱だが、それだけでは抜け落ちてしまうことがある。天文とか地理とか、制度とか礼儀とか、暦とか音楽とかの、事柄に関することがそれである。これは個人の伝記にはおさまりにくい。それで、本紀・列伝とは別に、事柄についての記録をつけるのがならわしになっている。

『史記』はこれを「書《しょ》」と称した。『漢書』は「志《し》」と改め、以後の正史はすべてこの呼称にしたがっている。『漢書』には左の十志がある。

礼楽志《れいがくし》、律暦志《りつれきし》、食貨志《しょくかし》、郊祀志《こうしし》、天文志《てんもんし》、溝洫志《こうきょくし》、刑法志《けいほうし》、五行志《ごぎょうし》、地理志《ちりし》、藝文志《げいもんし》。

右のうち、食貨志は経済、郊祀志は天子のやる祭り、溝洫志は水利、五行志は異常不思議なできごと、藝文志は書籍学問の記録である。あとは見当がつくだろう。

范曄《はんよう》『後漢書』にももとは十志があったのだが、その死後に——范曄は政治事件にからんで死刑になった——失われたので、梁《りょう》の劉昭《りゅうしょう》が司馬彪《しばひょう》『続漢書』の八志を取っておぎなった。律暦、礼儀、祭祀、天文、五行、郡国、百官、輿服《よふく》である。

『晋書』には、天文、地理、律暦、礼、楽、職官、輿服、食貨、五行、刑法の十志がある。

正史の志は、その時代の制度や文化を知る上でたいへん重要なものである。しかるに『三国志』は、紀と伝のみで志がない。すなわち『三国志』は歴代正史のなかでは半端なものであり、その時代をかんがえるには不便である。前後の志を参考にするほかない。

なお『史記』には、ほかに「世家《せいか》」と「表《ひょう》」という部分がある。

世家は諸侯の記録である。『史記』があつかうのは主として封建制の時代だから各地に世襲君主である諸侯があった。秦漢以後は郡県制（中央集権制）だから諸侯はいない。だから『漢書』以下世家はない。

表は人や事についての時間順一覧表である。これは正史にはあるのが最も正式であるが、ない正史も多い。表があるのは『史記』、『漢書』、『新唐書《しんとうじょ》』、『新五代史』、『宋史』、『遼《りょう》史』、『金史』、『元史』、『明史』の九つ。つまり二十四史のうち九史にのみあるんだから、まあなくてもそうはずかしいことはない。

*

紀伝体の欠点は、一人の人のことがあちこちに出ることだ。というのが、およそ歴史上のできごとというものは、たった一人の人しか関係してない、ということはほとんどない。まず二人以上、たいていはさらにたくさんの人が関係している。

かりに、A、B、Cの三人の人がかかわる一つのできごとがあったとしよう。そのできごとを、Aの伝にもBの伝にもCの伝にも記載するのは重複である。そこで、そのうちの一人の伝に記載してあとの二人の伝では省略する。このばあいかりに、Cの伝にのせたとしよう。当然、A・Bの伝からははぶかれる。そうすると、Aという人について知りたい人は、Aの伝だけを見たのではダメで、Cの伝も見なければならないわけである。Bについても同様である。紀伝体というのは、一人一人の伝が独立しているから、ちょっと考えると、その人に関することは全部書いてあるように錯覚しがちだが、そうではないのである。Aについて知りたければ、この人のことが出てくる他人の伝も見ないといけないのである。ところがAのことがどこに出てくるかわからないから、結局だれのことを調べるのでも、ひととおり全部を見ないといけないということになっている。

さてそこで、さきの例にもどって、一つのことにA・B・Cの三人がかかわっている、だれの伝にのせるか、という際に、Aのはたした役割が格段に大きければもちろんAの伝にのるが、三人とも同程度にかかわっているばあい（実際にはそういうことが多い）、比較的地位のひくい、重要性のひくい人の伝にのせる。地位の高い人、重要な人物は関係するできごとが多く、それを全部くわしくのせていたらどんどん分量がふえてしまうから、なるべく他の人の伝にまわしてしまうのである。地位のひくい、重要度のひくい人は、もともと材料がすくない。なけなしの一つか二つの関係事項をほかの人の伝にとられたら、なんにも書くことがなくなってしまう。であるから、エライ人物であるほど、その人に関することはあらゆるところにちらばっていると考えなければいけない。

一つ例をあげよう。『三国志』「蜀書」の「黄忠《こうちゅう》伝」にこういう話がある。

——建安二十四年の漢中定軍山の戦いで黄忠が夏侯淵《かこうえん》を破ったあとのことである。劉備が黄忠を後将軍《こうしょうぐん》に取り立てようとしたら、諸葛亮が反対してこう言った。「忠の名望はとても関羽《かんう》・馬《ば》超《ちょう》などにはおよびません。それを同列にしようとおっしゃる。馬超・張飛《ちょうひ》は近くにいて忠の手柄を見ているから納得するかもしれませんが、関羽は遠いところにいる。このことを聞いたらきっと立腹しましょう。やめたほうがいいと思いますよ」。劉備は「おれが説明するから」と言って、黄忠を関羽らと同列にした。

このエピソードのばあい、黄忠は話の主題である。しかし登場人物ではない。黄忠を昇進させるかどうか相談しているのは劉備と諸葛亮である。この二人のうち、セリフの長さから言えば諸葛亮のセリフが断然長い。しかし劉備の考えが通ったのだから、短いけれども劉備のセリフのほうが重い。つまり三人のうちのだれの伝に入れてもいいが、黄忠が一番マイナーだし、だいいち黄忠はこれを持って行かれたらもういよいよ書くことがなくなるから、黄忠の伝にはいっている。

そういうわけで、重要人物ほど記事は他人の伝にちらばっている。「蜀書」なら、まずたいがいの人の伝に劉備のことが出てくる。おなじように、「呉書」ならたいがいの人の伝に孫権のことが出てくる。曹操にいたっては『三国志』全体に出てくる。

『三国志』において、他人の伝に記事が出てくることの多い人を、順に十人まであげるとつぎのとおりである。

①曹操（魏武帝）
②孫権（呉大帝）
③曹丕《そうひ》（魏文帝）
④劉備（蜀漢昭烈帝）
⑤袁紹《えんしょう》（漢末群雄ナンバーワン）
⑥曹叡《そうえい》（魏明帝）
⑦諸葛亮（昭烈亡きあと蜀漢の柱石）
⑧司馬懿《しばい》（晋宣帝）
⑨劉表《りゅうひょう》（荊州の支配者）
⑩関羽（蜀漢武将）

こうやって見ると、重要人物ほど他人の伝に記事が出てくることがよくわかるであろう。そしてこれはそのまま『三国志』の人物の重要度ランクにもなっているのである。

3　陳寿《ちんじゅ》のこと

『三国志』の著者**陳寿**（二三三〜二九七）は、字《あざな》は承祚《しょうそ》、巴西安漢《はせいあんかん》の人である。すなわち蜀《しょく》の人である。生れたのは蜀漢後主《しょくかんこうしゅ》の建興《けんこう》十一年、魏《ぎ》では明帝の青龍元年にあたる。後主が魏にくだって蜀漢帝国がほろんだのは陳寿三十一歳の年、その魏がほろんだのは三十三歳の年、呉《ご》がほろんで三国の時代が完全におわったのは四十八歳の年である。

わかいころ蜀漢朝廷に仕えたがあまり意を得なかったらしい。蜀がほろびたのち晋に仕え、中央および地方の官職を歴任した。張華《ちょうか》や杜預《どよ》のような一流の人物の高い評価を受ける一方、しばしば官僚仲間の非議をこうむっている。優秀だがくせの強い、カドのある人だったのだろう。

『三国志』を書いたのは晋朝廷の著作郎《ちょさくろう》であった時、ほぼ五十代のころである。陳寿にとってはついきのうまでの、自分が生きてきた時代の歴史である。日本のいまの人が昭和史を書くみたいなものだ。実感があるという点では有利である。しかしなにしろ当事者の多くが生きている。当人は生きていなくてもむすこや孫が生きている。書きにくいことも多かった。特に司馬氏が曹氏の一族および曹氏に忠誠な人たちをつぎつぎに殺して天下をうばった直後だから、司馬氏にかかわることはなかなかはっきりとは書きにくかった。清の王鳴盛《おうめいせい》がその『十七史商榷《じゅうしちししょうかく》』巻四十、夏《か》侯玄《こうげん》の伝（夏侯玄をはじめ李豊《りほう》、張緝《ちょうしゅう》ら司馬師《しばし》に殺された人たちのことを書いてある）について論じた項で、「時代が近ければ近いほど隠微に書く、これが作史の良法である」と言っている。この「良法」というのは安全なやりかたというほどの意味だろう。

陳寿と同じく晋の歴史家で習鑿歯《しゅうさくし》（?〜三八四）という人がある。『漢晋《かんしん》春秋』を書いた人である。同じ晋といっても年は陳寿より八十ほど下だから、陳寿が死んだあとで生れた人だ。この人なんかは、ずいぶん勝手なことを言っている。——漢の正統を継承するものは蜀である。魏が漢の譲りを受けたのは簒奪である。晋がその魏の譲りを受けたのは泥棒に盗品をもらったみたいなものだから無効である。蜀がほろびた年をもって晋王朝の創始の年とすべきである、というのが習鑿歯の説である。同じ晋でも八十年もあとになるとよほど自由にものが言えたことがわかる。陳寿がそんなことを言っていたら首がいくつあってもたりない。

しかしまた、八十年もあとになると、実感がないから抽象的な観念でものを考えるようにもなっているようである。陳寿のころの人には、魏という正統王朝の存在をまるっきり認めないというような乱暴な発想は到底生れ得なかっただろう。

なお陳寿と習鑿歯とのちがいについて『四《し》庫《こ》全書《ぜんしょ》総目《そうもく》提要《ていよう》』がうがったようなことを言っている。――陳寿は晋の武帝（司馬炎）の臣である。その武帝は魏の統を承《う》けている。魏を偽とすることは晋を偽とすることになる。いっぽう鑿歯の時には晋はすでに南渡しており、情況は蜀に類似している。偏安者のために正統を争うのは当代の論にあうものなのである、と（「南渡」とは、晋が本拠の北中国を異民族にうばわれ南へ逃げて東晋王朝を建てたこと。一方に偏してかろうじて安定したから「偏安」という）。

さて右の論の前半、魏を偽とするはこれ晋を偽とするなり、というのはそのとおりである。魏は漢の禅譲を受け、晋はその魏の禅譲を受けて正統なのだから、もし魏は正統王朝にあらずということになったら、それじゃ晋は何なんだ、ということになってしまう。

しかし後半は屁理窟だ。蜀と東晋とがいっしょになるものじゃない。魏に対する蜀と、五胡十六国に対する東晋とでは、まるっきり話がちがう。自分たちの立場は蜀漢に似ている、なんてバカなことを思いつく晋の士君子は一人もいなかったろう。

習鑿歯の時代は魏晋の交替から百年以上もたっている。いまのわれわれにとっての明治維新くらいにあたる。むかしの話である。つまり、陳寿にとっては現政権の正統性にかかわる敏感な、なまなましい問題が、習鑿歯にとっては、遠いむかしの歴史問題についての話になっていた、というだけのことである。提要の説だからといってそうありがたがることはない。

陳寿は『三国志』以外にも歴史書を書いたが、いまは残っていない。元康七年に六十五歳で病死した。

4　『三国志』について

『三国志』という題は陳寿自身がつけたものではないようだ。陳寿が書いたのは、『魏国志』『蜀国志』『呉国志』という、それぞれ一応独立していて、しかし相互に緊密に聯絡のある三部の書であったらしい。それを他の人が、陳寿が死んだあとでひっくるめて「三つの国志」（つまり「三・国志」）と呼び、それが総題になったもののようである。

現在は、総題を『三国志』と言い、三つの部分を「魏書」「蜀書」「呉書」と言う。ただし「三国志の魏書」「三国志の蜀書」などと呼ぶのは長ったらしいから、略して「魏志」「蜀志」「呉志」と呼ぶならわしである。

なお、正史の中で「〇〇志」と称するのは『三国志』だけである。それは当然で、たいていの正史には「志」の部分がある。全体も「志」で部分も「志」というわけにはゆかない。『三国志』

は「志」の部分を持たないからこの名称でさしつかえないのである。

『三国志』は、「魏志」三十巻、「蜀志」十五巻、「呉志」二十巻、あわせて六十五巻である。

厳密な分量（正文字数）の比率は、「魏志」二十万七千字（56％）、「蜀志」五万七千字（16％）、「呉志」十万三千字（28％）である。「魏志」が半分以上を占めているのは、立伝すべき人物が多いからだが、一つには、三国のいずれにも属しない人物、および四夷の伝は「魏志」に入れてあるからである。

「魏志」は、最初に本紀四巻后妃伝一巻がある。そのあと巻六から巻八まで三巻に、董卓《とうたく》、袁紹《えんしょう》、袁術《えんじゅつ》、劉表《りゅうひょう》、呂布《りょふ》、公孫瓚《こうそんさん》等二十人ほどの、漢臣ないしは漢代人物の伝がある。この三巻は便宜上「魏志」にはいっているが、そもそも三国時代の人物ではないんだから実際は別枠である。巻九は諸夏侯曹伝で、夏侯惇《かこうとん》をはじめとする夏侯姓の人たち、曹仁《そうじん》をはじめとする曹姓の人たちの伝である。すなわちみな曹操の一族および姻戚である。この巻九から以下が魏臣の伝である。

『三国志』でありながら三国のいずれにも属しない人物が多数はいっているのは、三国時代のはじまり（魏の建国、西暦二二〇年）よりも四十年ほど前からを記述の範囲としているからである。

そもそも『三国志』の最重要人物は曹操である。その曹操は、三国時代がはじまった時にはすでにこの世にない。曹操は形式上はあくまで漢臣として実質的に最高権力を握った人だから、曹操が生きているあいだは漢はおわらないのである。曹操が死に、むすこの曹丕《そうひ》が漢をほろぼしてはじめて三国時代がはじまる。その曹操が最重要人物なんだから、『三国志』の記述範囲が三国時代以前にさかのぼるのは当然なのである。したがってその曹操と覇を争った漢代の人物たちの伝も立てられてあるわけだ。

三国時代をいつからいつまでとするかは、いろいろあり得る。厳密に言えば、三つの帝国が鼎立していた期間、つまり孫権が帝を称した魏の太和《たいわ》三年（二二九）から、蜀漢がほろびて三国の一角が缺けた魏の景元《けいげん》四年（二六三）までの三十五年間である。三つのうち一つでもなくなればもはや「三国」ではないのだから――。しかし三国のうち最後まで生き残っていた呉がついにほろんだ晋の太康《たいこう》元年（二八〇）まで、とする考えかたもある。常識的には魏の建国（二二〇）から蜀漢滅亡までの四十四年間だろう。しかし一般的には、曹操が生きていた時期をふくめて「三国の時代」と言っている。要するにきわめて漠然としているのである。この本では、黄巾《こうきん》の乱（霊帝中平元年、一八四）以後を漢末三国の混乱期とした。

『三国志』は魏・蜀・呉の三国を平等にあつかってはいない。三国とも皇帝を称したのだが、『三国志』が認めた――つまり本紀を立てたのは魏のみである。「魏志」には、「武帝紀」「文帝紀」「明帝紀」「三少帝紀」の四巻の本紀がある（三少帝は、斉《せい》王芳《ほう》、高貴郷《こうききょう》公髦《ぼう》、陳留《ちんりゅう》王奐《かん》の三人。いずれも帝位についた。ただし、斉王は二十三歳で位をおわれ、高貴郷公は二十歳で死に、陳留王は二十歳の時に魏がほろんだ）。

「蜀志」と「呉志」は伝のみである。

これはもちろん妥当な措置である。この世に同時に三人の天子がいるべきはずがない。皇帝は世界の唯一無二の中心である。この世は楕円ではないのだから、中心が二つも三つもあるはずがない。皇帝を称したやつがいたことと、歴史がそれを認めるかどうかは問題が別なのである。称するだけなら袁術だって称している。

近代になって西洋から「エンペラー」という語が入ってきて「皇帝」と訳された。ところがこのエンペラーなるものは、フランスにもいる、ドイツにもいる、オーストリアにもロシアにもいてさしつかえのないものらしい。ならばエンペラーを皇帝と訳したのはまちがいである。皇帝とは天の委任を受けて世界を統治する、たった一人の天の代理人のことなのである。だから陳寿が魏の皇帝のみを皇帝として本紀を立てたのは正しい。

「蜀志」と「呉志」は平等かというと、これがまた平等でない。「蜀志」の劉備の伝は「先主伝《せんしゅ》」と言い、文中でも「先主」と称している。なりゆき上「後主伝《こうしゅ》」でもむすこの劉禅《りゅうぜん》を「後主」と称している。しかるに「呉志」の「呉主伝」では孫権を文中すべて「権」と呼んでいる。「三嗣《し》主《しゅ》伝」の「亮《りょう》」「休《きゅう》」「皓《こう》」も同じである。

伝においてはその人を諱《いみな》（生前の名）で呼ぶのが原則である（女は別。女は父の姓で呼ぶ）。だから「呉主伝」で孫権を「権」と呼ぶのはそれでよい。劉備を「備」と呼ばないで「先主」と称するのは、半分皇帝と認めたいようなはなはだうろんな態度である。まさか習鑿歯《しゅうさくし》のように蜀をもって漢の正統をつぐものと考えたわけではあるまい。自分が蜀の生れで、かつて蜀漢朝廷の禄をはんだことがあるから、いささか身びいきしたのであろう。歴史家として不公平である。

＊

『三国志』の最大の欠陥はさきにのべたように「志」がないことである。それならそれで、本来

「志」に記載するような記事を極力伝にとりこめばいいのに、それをやっていない。たとえば魏の屯田《とんでん》制である。この成功によって曹操は敵対諸勢力に対して財政的軍事的に絶対優位に立った。しかるに『三国志』は、この屯田制についてのべるところ非常にすくない。「武帝紀」の建安元年の頃に「この年、棗祗《そうし》・韓浩《かんこう》らの議を用い、始めて屯田を興した」とある。屯田制実行の最高責任者になったのは任峻《じんしゅん》であったらしい。その伝には「当時は毎年の不作で軍食が足りなかったので、羽林監《うりんかん》の潁川《えいせん》の棗祗が屯田を置くことを建議した。太祖《たいそ》（曹操）は峻を典農中郎将とした。数年中に所在に粟を積み、倉廩《そうりん》皆満ちた。（以下官渡《かんと》の戦いの際任峻が兵站《へいたん》補給を担当して任務をまっとうしたことをのべたあと）軍国の饒《じょう》は棗祗に起って峻に成った」とある。要するに屯田制をやったらうまく行った、と言っているだけであって、その屯田制がどういうものであったかはひとことも書いていない。

　まあ魏の屯田制のしくみの詳細を陳寿に期待したって無理だろうが、せめてこの棗祗という人物の伝を立ててその建議を記録しておいてくれればよかったのである。いったい『三国志』は歴史書だが、歴史の事実や経過や因果を書いた部分はすくなく、建言演説等人の発言を書いた部分が多い。愚にもつかぬ長広舌を延々と写したのがいたるところにある。なぜ棗祗の建議をのせなかったのだろう。さすれば事実そのとおりにいったかどうかは別としても、すくなくともどういう施設どういう手立てでどういう結果を出そうとしたか、計画の大綱はわかったはずである。

　もう一つ、九品中正《きゅうひんちゅうせい》制ということがある。これは文帝の時に従来の選挙のやりかたを大改革したもので、その後南北朝をつうじておこなわれ、やがて隋唐の科挙につながってゆくものだ。

無論それは陳寿のあずかり知らぬことだが、すくなくとも魏晋をつうじておこなわれつつあることは、陳寿はまのあたりにしているはずである。しかるにこれについては「陳羣伝《ちんぐん》」に「九品官人の法を制したのは羣の建議による」とたった十一字の記載があるのみで、どういう法であるかについてはまったく言ってない。

どうも陳寿という人は、そもそも制度とか官の事業とかいった方面のことに関心がなかったのではないかと思われる。

＊

『三国志』を他の正史とくらべてだれでもすぐ気がつく顕著な特徴は、叙述が短くてかんたんなことだ。なぜこんなにかんたんなのか。陳寿を崇拝する後世の史家はいろんなことを言っている。史料の吟味が厳正慎重で、ちょっとでも疑わしいものはすべて捨てたからだ、とか、簡潔を重んずる文章美学の粋である、とか。

この件について清の学者陳澧《ちんれい》がおもしろいことを言っている。——陳寿は蜀びいきである。ところがその蜀の人物は材料がいたってとぼしい。書くことがなんにもないんだから、いやでも内容かんたんなものにならざるを得ない。対して魏と呉の人物は材料がたくさんあるが、あるからと言ってくわしく書いていたのでは、ただでさえ分量のすくない「蜀志」がいよいよ見すぼらしくなる。だから蜀を標準にして魏呉の人物の伝もかんたんなものにしてしまったのである、と。

これはなかなかいいところをついている。たしかに「蜀志」を見ると、どの人の伝もまことに短い。これは吟味厳正でも簡潔美学でもなく、どうがんばってもこれだけしか材料がなかったのだろう。これで魏呉がくわしかったら、蜀びいきでなくてもバランスが悪い。もっとも、その魏呉にしても、材料の数はあっても質が悪いということも、あったにはちがいない。それは裴松之の注を見れば首肯せられるところである。

5　裴松之《はいしょうし》の注について

現在通行している『三国志』には、すべて**裴松之**の注がついている。一般には史書の注というのは原典の語や事柄について説明するものだが、裴松之の『三国志』注は類を異にする。これは、陳寿の著があまりにも記載がかんたんなので、陳寿が捨てた材料や見るを得なかった材料を引いて本文の不足をおぎなったものである。

裴松之（三七二～四五一）は陳寿より百五十年ほどのちの、東晋末から宋にかけての人である。宋の文帝の命で『三国志』の注を作った。使った材料は二百数十種にのぼる。注ができあがって文帝にたてまつった際の上表がのこっていて、そこに作注の態度をおおむねつぎのように述べている。

——陳寿の『三国志』は近世の嘉史であるが、略に失し時に脱漏もある。自分は陛下の言いつけにしたがい詳細をむねとし周悉につとめた。三国の時代はそう長い期間ではないが、その前後の漢と晋とにかかわっているから首尾あいわたるところ百年くらいになる。記録が錯雑してくいちがいが多い。そこで陳寿がのせてなくて存録しておいたほうがいいことはすべてとってその缺をおぎなった。同じことを言っているが内容にずれがあるものも、全然ちがうのも、判断がつかぬのも、すべてとりいれて異聞に備えた。あきらかなデタラメや、まるで理窟にあわぬのは、そのむね指摘して糾弾しておいた、と。

いったい歴史書を書く際には数多くの材料をもちいるが、そのうち正しいと思うものだけをとってあとは捨てる。同一の事柄について材料によって相違がある時はどちらかにきめないといけない。そうでなければ歴史は書けない。

しかしこの裴注のばあいは、そこが注の有利なところで、くいちがいがあるのも、あきらかなまちがいであるものも、全部のせることができた。これがいいところだ。後世にとっては、まちがいもデタラメも、それはそれなりに価値があってありがたいのである。

それから、歴史書のばあいは、その記述について出所や理由は書かない。

たとえばAという男の死について、甲という本には、こいつは北のほうで人に殺された、と書いてある。乙という本には、南のほうで病死したと書いてある。丙という本には、西のほうで首をくったと書いてある。歴史家はこの三つをにらんで、甲が一番信用できそうだと思ったら、「Aは北のほうで人に殺された」と書くだけである。そのことは甲という本に書いてある、とは書かない。まして、乙にはこうあり丙にはこうあるがオレはその二つはまちがいだと思う、なんて書くはずがない。歴史書ではそんなことはできない。

しかるに裴注では、異説を全部平等にならべてあるのみならず、すべてその出所を書いてある。そして材料をそのまま引き写してある。そのままと言っても、時には必要に応じて省略したり、途中をとばしてつないだり、多少文章を手なおししたりはしているようだが、原則として、原材料そのままの引用である。それがまたありがたいのである。そして何よりも、出所をことごとく明記してあるというのが実に実にありがたい。

裴注のいい点はそこにあるのである。書いてあることが歴史事実として正しいからいいのでは決してない。むしろその点ではあやしいのが多いのである。多分その記載のことは陳寿も知っていたろうが、信用できんと思って捨てたのだろう、と思われるものが多い。そういうあやしいのもちゃんと書きのこしてくれたところがいいのである。

裴松之は二百種以上の材料を使ったが、無論、よく引かれているものと、わずかしか引かれていないものとがある。ベストテンをあげればつぎのとおりである。

王沈《おうちん》『魏書』百八十八条
魚豢《ぎょかん》『魏略』百七十九条（ただし同じ魚豢の『典略』が四十九条ある。『魏略』と『典略』とはもともと同じ本の二つの部分らしい。だからこの二つをあわせると二百二十八条で、これが一番多いことになる。）
虞溥《ぐふ》『江表伝』百二十二条
韋昭《いしょう》『呉書』百十五条
郭頒《かくはん》『世語』八十四条
張勃《ちょうぼつ》『呉録』七十九条
習鑿歯《しゅうさくし》『漢晋春秋』六十九条

撰人不詳『英雄記』六十九条
孫盛《そんせい》『魏氏春秋』五十三条
傅玄《ふげん》『傅子《ふし》』五十三条

右の魚豢とか習鑿歯とか孫盛とかいった名前は、以下の本文にもちょいちょい出てきますから気にとめておいてください。

さてこれら諸史料を見ると、おおむねみな漢・魏・呉に関する書であって、蜀に関する材料のとぼしかったことがこれでも知れる。

裴松之がひいている蜀関係の材料は、常璩《じょうきょ》『華陽国志』が十九条、『益部耆旧伝《えきぶききゅうでん》』『益部耆旧雑記』『益州耆旧伝』の三つをあわせて十九条、王隠《おういん》『蜀記』が十七条、などがある。

『華陽国志』は、上古より四世紀なかばまでの蜀地方（漢中、および雲南の一部をふくむ）の歴史を書いた本である。『三国志』より百年ほどのち、東晋の時代にできた。この本はいまもある。わたしのこの本の「張魯」の項はこの『華陽国志』によって書いた。

『益部耆旧伝』は陳寿の著書である。もっともその陳寿が、「蜀志・李譔《りせん》伝」のなかで、漢中の陳術という学者があって『益部耆旧伝』を著した、と書いているものだから話がややこしい。しかし裴松之ははっきり『陳寿益部耆旧伝』と書いている。一応、陳術と陳寿とが同じ題の本を書き、裴松之が引いたのは陳寿のほうである、ということにしておく。

＊

裴松之の注ができて以来、『三国志』は陳寿の正文と裴注とがいっしょにはいっている。それをパッと見ると、裴注のほうがだいぶ分量が多い。それでむかしから、裴注は正文の二倍あるとか、いや三倍あるとか言われてきた。みんなちゃんとかぞえもしないで、いいかげんな見当で言ってたんだから無責任なものだ。

二十世紀も後半になってから、楊翼驤《ようよくじよう》という学者が「自分が勘定してみたところ、正文はほぼ二十万字、注は約五十四万字であった。だから、三倍に近い、というのが正しい」ということを論文を書いて発表した。学者たちは、自分でかぞえるのはめんどうくさいものだから、これはありがたいと飛びついて、しばらくのあいだはこれが通用していた。

最近になって、王廷洽《おうていこう》という学者がキチンと字数をかぞえてみた。それから呉金華《ごきんか》という学者もかぞえた。王は中華書局排印本《はいいんぽん》でかぞえ、呉は百衲本《ひやくのうぼん》でかぞえたので若干の出入りはあるが、大差はない。その結果、楊翼驤の言ったことは大ウソだということがわかった。案に相違して正文のほうがすこし多いのである。実を言うとかく申す小生も三十年ちかくのあいだ楊翼驤の野郎にだまされていた。なにしろこいつは「現在われわれの統計によれば……」なんてもったいぶった言いかたをするものだから、てっきりまじめにかぞえたものと思いこんでしまった。

呉金華の数字を左にかかげておく。ただし下三ケタは四捨五入する。

魏志＝正文二十万七千字、注二十一万五千字

蜀志＝正文五万七千字、注四万二千字
呉志＝正文十万三千字、注六万五千字
計＝正文三十六万八千字、注三十二万二千字

右、多少あわないところがあるのは四捨五入の関係である。これによれば四万六千字ほど正文のほうが多い。王廷洽の結果もほぼ同じである。

二人の人がそれぞれ別の本を使って独立にかぞえたんだから、こんどこそまちがいないと思う。まず信用してよかろう。しかしそれでも、『三国志』を見ると、やっぱりどうしても注のほうが多いように見える。ふしぎなものである。またださまされてるんじゃあるまいな……？

6　『三国志』の注釈、研究

清代になって『三国志』の注釈、研究がたくさん出た。研究はすべて注釈の形をとるから、注釈と言っても研究と言っても同じことである。

ありがたいことに、二十世紀になってから**盧弼**《ろひつ》という学者が『**三国志集解**《しっかい》』という本をこしらえて、これら先学たちの業績を全部寄せあつめてくれた。それに自分の見解をつけくわえてある（以下この本のなかで「盧弼が……」と言っているのがそれである）。つまりこれさえあれば従来の『三国志』研究がすべて居ながらにして見られるわけだ。無論陳寿の本文も裴松之の注もある。要するにもうほかにはなんにもいらないという、重宝この上ない本である。

民国二十五年（一九三六）九月の序文がついているが、刊行されたのは一九五七年らしい。い

ま北京の中華書局から影印本が出ているからかんたんに手にはいる。ただ、もとの本の四ページ分を一ページに縮小印刷してあるから字が小さい。小生なんぞ、もともと目の性がよくない上に年をとって視力が弱ってきているから、一時間も根をつめて読んでいると目の極度の疲労から頭がクラクラしてくる。一度トイレへ行こうとして立ちあがったら、どういうわけか足が空を踏んでひっくりかえったことがあった。三半規管に異状をきたしたらしい。危険きわまる本だ。

あとはもうめぼしいものはない。しいてあげるならば陶元珍《とうげんちん》という学者の作った『三国食貨志』という本がある（食貨とは経済のこと）。民国二十四年に出たもので、いま台湾商務印書館から出ている。百ページにも足りない薄っぺらな本である。内容はつぎの通り。

一、戸口
二、労働
三、土地
四、農業
五、貨幣と物価
六、交通と都市
七、工商業
八、人民生活と国家財政

右のごとく八本の柱を立てて材料を拾いあつめてあるのだが、精いっぱいかきあつめても百ページにもならないんだから、漢末三国期というのはほんとうに下部構造のわからない時代なんだなあと、むしろわびしくなる。

呉金華『三国志校詁《こうこ》』（一九九〇年、江蘇古籍出版社）という本がある。著者は南京師範大学につとめる若い研究者。字数をかぞえたのはこの青年である。これは、題が示すとおり訓詁研究である。『三国志』の文字やことばについて丹念に勉強したものだ。内容が非常におもしろいだけでなく、著者の一途なまじめさ、熱心がつたわってきてほんとうに気持のいい本である。日ごろ何かと不機嫌なわたしが、この本を読んでいた一週間ほどは、ほのぼのとしあわせであった。

最近になってからだが、ドキッとするようなニュースを聞いた。銭儀吉《せんぎきつ》（一七八二～一八五〇）という清の学者の作った『三国会要』の稿本が上海図書館で発見され、本になった、というのである。一九九一年、上海古籍出版社。すぐに買った。「会要」というのは、正史の「志」の部分だけを独立させたような本である。材料をかきあつめてならべるという方法で作る。

買ってみてガッカリした。どうもこの銭儀吉という人は、仕事途中でやめちゃったか、それとも死んだかしたらしい。あちこちに穴がある。「選挙」「職官」「兵」「刑」などはほとんど、あるいはまったくない（一部分楊晨《ようしん》の『三国会要』でおぎなってある）。どうも、当方の見たいようなところにかぎって欠けている。そして「天運」のような、こちらの用のない、いや正直言ってまるっきりわからない部分が、ばかにくわしいようだ（天体観測の数学的記述である）。存外なことであった。

なお、評論が若干ある。と言っても『三国志』だけの評論はない。歴史評論のなかの漢末三国の部分である。小生の読んだ範囲では趙翼《ちょうよく》『廿二史箚記《さつき》』と王夫之《おうふうし》（船山）『読通鑑論《どくつがんろん》』がおもしろかった。以下本文中にそれぞれいくつか引用してある。ただしもちろん、ずいぶんくだらん議論もしている。まあむかしの人なんだからしょうがない。どちらも清代の学者である。いずれも中華書局から排印本が出ている。

7　『資治通鑑《しじつがん》』について

『資治通鑑』は、北宋の学者**司馬光《しばこう》**（ふつう「司馬温公《おんこう》」、あるいは単に「温公」とよぶ）が作った編年体通史である。周の威烈《いれつ》王二十三年（BC四〇三、戦国時代のはじまり）から五代後周の世宗《せいそう》顕徳六年（AD九五九、五代の終り）まで千三百六十二年間を記述の範囲とする浩瀚なものだ。この長い長い期間を、年にわけ月にわけさらには日にわけて、事項をかけてある。まあ日本で言えば、聖徳太子の執権から大東亜戦争敗北まで（これがちょうど千三百六十年くらい）の詳細きわまる年表月表を作ったようなものだと思ってください。

漢末三国期については、どっちにしても『後漢書』『三国志』以外に材料はないんだから、何も目新しいことはない。ただ、『後漢書』『三国志』の伝に見える記事は、いつのこととしるしてないものが多い。それを温公がどの年にかけてあるかを見るのがおもしろい。けっこう頭をひねってるなと思う。

それから、『後漢書』『三国志』は個人の伝の集成であり、そこへ裴松之が雑多な史書の記事を引いてあるから、矛盾衝突が多い。それをどう調整してあるかも興味がある。

それからもちろん、『後漢書』『三国志』のおびただしい記事の、何を採り何を捨てているかである。重要な事項はみな採ってある。それは当然だが、ヨタ話もずいぶん拾って麗々しくかかげてある。劉備が曹操といっしょに飯を食っていて、「いま天下の英雄は使君と操とのみ」と言われてきもをつぶして思わず箸をとりおとし、たまたま雷が鳴ったので論語を引いてごまかした（建安四年）とか、諸葛亮と劉琦《りゅうき》とが二階へあがってハシゴをはずして密談した（同十三年）とかのたぐいである。まあむかしの歴史家にとってはそういうのが「歴史」であったわけだ。

『資治通鑑』はしばしば略して単に「通鑑《つがん》」とよぶ。司馬光はその「通鑑」と同時に『資治通鑑考異』（略して「通鑑考異」あるいは「考異」）という本を作った。これは一つの事実について史料によって異説があるばあい、いずれを是とすべきか考察したものである。

また、宋末元初の**胡三省**《こさんせい》という人が「通鑑」の注釈を作り、その注と「考異」とを通鑑本文の当該部分に散入した。こんにちおこなわれている通鑑は、みなこの考異と胡注がそれぞれの部分についているものである。以下この本では、胡三省の説をしばしば引くからおぼえておいてください。

『資治通鑑』は史上最高の史書と目されるものであるが、読んでみると、そのあつかう範囲はあきれるほどせまい。この千三百六十年のあいだ、あの広大な土地の上で数千万の人々が複雑多様な生活を展開していたはずなのだが、『通鑑』が書いているのは、「国家」にあずかるごくひとにぎりの人たちの、権力をめぐるスッタモンダだけだ。これも――彼らにとって「歴史」とはそういうものだったのである。

8 『三国志演義』について

『三国志演義』、また『三国演義』とも言う。小説である。「演義」とは、元来のものをわかりやすくかみくだいてひきのばして説明するという意味。ちょうどわが国の講釈師が、机の上に本を置いて、この本の中身をわかりやすく語るという形をとる（形だけである）ように、三国時代の史書をわかりやすく物語るという意味の題である。無論これも形だけであって、実際には史書にないことをいくらでもこしらえてある。そのほうが多い。

漢末三国の英雄たちの話を芸人のたぐいが物語ることは、唐代後半のころからあったらしい。それは当初から、劉備一党を善玉とし、曹操を悪玉とするものであったらしい。わが国の真田一党と徳川家康みたいな構図である。

そういう芸人の講釈が何百年にもわたっておこなわれて、そのうちぼつぼつかんたんな書物（といってもパンフレットみたいなもの）もでき、いよいよ長篇小説として大きな本になったのは、十五世紀の後半から十六世紀にかけてである。陳寿の『三国志』ができてから千二百年もあとのことだ。

材料はもちろん『後漢書』と『三国志』である。裴松之の注に見えるおもしろい話はたいていとりこんである。その上戦争の話などはいっぱいこしらえてつけくわえてあるが、しかし本筋は踏みはずしていない。つまり、関羽《かんう》や張飛《ちょうひ》が死ぬべき時に死なないで活躍をつづけるとか、諸葛孔明の蜀漢軍が魏をうちほろぼして天下を統一するとか、そういう歴史をまげるような創作はしていない。

しかし、『三国志』は三世紀にできた史書であり、『三国志演義』はそれから千年以上もあとにできた小説なんだから、全然別のものである。それが日本では、小説のほうも「三国志」と呼ばれるため、混雑して区別がつかなくなっている。

小説『三国志演義』は、江戸時代のはじめごろ日本にはいってきた。元禄年間に湖南文山《こなんぶんざん》と称するヘッポコ文人が訳して、『通俗三国志』という題をつけて刊行した。これが混雑のはじまりである（なおこの湖南文山という野郎がいかにヘッポコで無責任なやつであるか、興味のあるかたは小生が『日本学』〈名著刊行会〉という雑誌の第十九号〈一九九二・五〉に書いた「文山は白話を訳したのか」というエッセイをごらんください）。

『通俗三国志』は甚だ不出来なものであったが、その後もうすこしちゃんとした良心的な翻訳を作ろうという奇特な人もあらわれぬまま、二百五十年ほど、明治大正から昭和のはじめごろまで通行していた。昭和の十年代になって、吉川英治という大衆作家が、文山の『通俗三国志』をもとに自分流にアレンジしたり話をつけ足したりして、半分日本みたいな変な小説をこしらえた。いま日本人が「三国志」と称しているのはこの吉川英治のことであるらしい。

今では『三国志演義』のちゃんとした良心的な翻訳が出ている。立間祥介先生の訳したものが徳間文庫にはいっている。

なお『三国志演義』にはいろいろなテキストがあるが、最もひろくおこなわれたのは、清の康熙年間に毛綸《もうりん》・毛宗崗《もうそうこう》父子が出した「毛宗崗本」である。これには随所に批評がついている。この毛宗崗の批評のことが本文に出るので、ちょっと申しそえておきます。

董卓

呂布

一　混沌《カオス》のはじまり

董卓《とうたく》（?〜一九二）

呂布《りよふ》（?〜一九八）

三国、というのは異常な事態である。同時に天子が三人もいる。空に太陽が三つ出ているようなものだ。

どうしてそんな異常事態が生じたのか。もとをたどれば、後漢末の天下が大混乱におちいったからである。だから陳寿も、『三国志』を記述するにあたって、さかのぼって漢末大混乱から筆をつけている。

この混乱時代の代表人物、董卓と呂布のことをのべながら、あわせてこの時代を概観しておこう。

まず――

霊帝《れい》の中平《ちゆうへい》元年、西暦で言えばＡＤ一八四年、という年に、黄巾《こうきん》の乱がおこった。これが大混乱の幕あけである。

この「黄巾」というのは、宗教を核とした、民間の大武装勢力である。

こういう体制外の武力集団のことを、歴史上、ひっくるめて「盗賊」と呼んでいる。「どろぼう」という意味ではなくて、政府の認めない武装集団のことである。

小さな盗賊はいつの時代にもある。朝廷の力がしっかりしていれば、それがあまり大きくなることはないのであるが、朝廷の力が弱ってくると、強大な盗賊集団ができ、それがついには一つの王朝を倒してしまうこともある。

歴史上、元《げん》王朝や明《みん》王朝は、直接盗賊に倒された。唐《とう》王朝や北宋《ほくそう》王朝は、その末期におこった大盗賊を、どうやらこうやらとりしずめはしたものの、そのために力をつかいはたして、まもなく倒れている。

さてこの後漢末の「黄巾」という賊は、「太平道《たいへいどう》」という民間宗教を中核に結合したもので、この年、全国でいっせいに蜂起した。当初の勢力は三十六万人というが、その後数百万にふくれあがった。

黄巾は、はっきりと「漢王朝打倒」を標榜していた。漢王朝のシンボルは火であり、その色は赤である。その火に土が打ち勝つ、土の色は黄である、というので、参加者はみな黄色の鉢巻きをして目印とした。「黄巾」の名はここから来ている。「巾」はタオルくらいの大きさの布のことである。

黄巾賊は、総大将の張角《ちょうかく》、その弟で副大将の張宝《ちょうほう》と張梁《ちょうりょう》がいずれもその年のうちに敗死して大打撃をこうむったが、各地に飛び火した勢力があばれまわって、ひととおりしずまるまでに十数年かかった。黄巾とそれに呼応した諸盗賊——黒山《こくざん》とか白波《はくは》とか、あるいは西方涼《りょう》州の羌《きょう》族の叛乱とか——のことは以下にもちょくちょく出てくるはずである。

なおこれから、漢末の年号がしきりに出てくるから、はじめに申しておきます。この時期の年号は四つある。中平《ちゅうへい》、初平《しょへい》、興平《こうへい》、建安《けんあん》の順である。中平が六年、初平が四年、興平が二年、あとは全部建安で、これが二十五年までである。建安二十五年（二二〇）が漢王朝の最後の年である。

＊

さて、黄巾のつぎに漢王朝をゆるがした大騒動は、その五年後、中平六年（一八九）におこった。

この年の四月に、霊帝が三十四歳で死んだ。霊帝にはむすこが二人あった。兄が劉辯《りゅうべん》でこの時十七歳、弟が劉協《りゅうきょう》で九歳である（劉辯は十七歳説と十四歳説とある。多数説にしたがっておく）。この二人は母親がちがう。辯の母は何《か》皇后、協の母は王美人《おうびじん》という（この「美人」はきれいな人という意味ではなくて皇帝の妻の官位の一つ）。ただしこの霊帝が死んだ時には、王美人はもうこの世にはいない。協を生んですぐ、何皇后がヤキモチをやいて殺してしまった。

くわしいことはあとで「献《けん》帝」の項で言うつもりだが、後漢の宮廷ではいつでも「外戚《がいせき》」と「宦官《かんがん》」との争いがある。外戚というのは皇后の実家の一族のことである（「外《がい》」は「母方《ははかた》」ということ）。

この時の外戚の代表的人物は、何《か》皇后のお兄さんの大将軍何進《かしん》という人である。この人が、妹の生んだ子、つまり自分のおいの辯をつぎの皇帝に立てた。もちろん、皇后が生んだ子だし、辯のほうが年上なのだから、これが順当な人選である。

しかし霊帝は、どちらかというと次男の協のほうをあとつぎにしたかった。それを言い出しかねていたのだが、いまわのきわになって蹇碩《けんせき》という宦官を枕べに呼んで「この子をよろしく」とたのんだ。

さあそこで、長子劉辯を立てる何進一派と、次子劉協をかつぐ宦官グループとのあいだで悶着がおこった。

何進は、武力をもちいて宦官勢力殲滅のクーデターをやるために、腹心の并《へい》州刺史丁原《ていげん》を、その軍団ごと都へ呼びよせた。

霊帝に後事を託された宦官蹇碩は、何進を暗殺しようとして露顕し、逆に殺された。

ところが何進が、宦官殲滅クーデターの発動をぐずぐずしているうちに、宦官グループのほうが先制攻撃をかけて、何進を殺してしまった。

するとこんどは、司隷校尉（首都地区の警察の長官）の袁紹《えんしょう》が、部下をひきいて内廷に突入し、二千人以上いた宦官を、何進殺害に関係ある者もない者もおかまいなく、一人のこらず殺してしまった。宦官でないのに殺された役人もすくなからずあった。というのが、宦官はホルモンの関係でひげが生えない。袁紹が「ひげのないやつを殺せ」と命じたものだから、たまたまひげのうすい体質のふつうの役人までがとばっちりを食って殺されたのである。

かくしてアッというまに外戚勢力も宦官勢力も消滅して、朝廷が大混乱におちいっているところへ、終始都のそとにあって形勢を観望していた実力者董卓がやおら乗りこんできて、事態を収拾した。どちらかというと宦官勢力寄りの収拾であって、何進が立てた十七歳の皇帝劉辯を玉座からひきおろし、九歳の劉協を帝位につけたのである。これが献帝だ。

さあ、董卓が出てきた。しからば呂布は？

さっき、何進が腹心丁原の部隊を都へよびよせたと言った。その部隊長こそ呂布なのである。

かくて混乱の都洛陽に役者が二人そろったわけだが、まず董卓のことを言おう。

*

董卓は涼州隴西《ろうせい》郡の人である。涼州は漢の十二州の一番西の州。羌族など異民族の多く住むところだ。董卓の政権は「涼州政権」と言ってもよいくらいで、董卓にとってこの出身地は重要である。

董卓は桓帝の末年に「六郡良家子《りくぐんりょうかのし》」をもって羽林郎《うりんろう》になった。——これはちょっと説明を要する。

西漢武帝の時、といえば二百年も前のことだが、隴西《ろうせい》、天水《てんすい》、安定《あんてい》、北地《ほくち》、上郡《じょうぐん》、西河《せいが》の六つの郡の「良家子」を選抜して建章宮《けんしょうきゅう》の宿営にあてた。これを「建章営騎」と呼ぶ。隴西、天水、安定、北地の四郡は涼州であり、上郡と西河はその東隣の幷州である。いずれも西北の地であり、元気のいい男の子が多かったのだろう（なお天水郡は東漢の漢陽郡）。「良家」は「名族」「士族」などと言うのと同じで由緒ある家門である。六郡の良家の若者をよりすぐって、皇居を守る騎兵隊を組織したわけだ。ほまれのエリート部隊である。

以後これがならわしとなった。ただし名称は「羽林騎《うりんき》」とあらためられた。「羽林」とは「国の羽翼が林のごとくに盛んである」の意味である。「羽林郎」は、もともとは羽林騎の将校クラスだが、のちには羽林騎に所属する兵士全般を指す語になったようだ。

董卓はわかくして六郡良家子をもって羽林郎になった。ということは、相応の家に生れて、文より武が得意、つまり本を読み学問をするより、馬を駆けさせ、弓を射たり槍をふるったりすることを好む青年であった、ということだ。

董卓の正確な年齢はわからない。桓帝の最後の年は延熹《えんき》十年（一六七）である。そのあと霊帝の治世が二十二年ある。かりに延熹十年に二十歳前後で羽林郎になったとすると、霊帝が死んだ中平六年に四十二歳前後ということになる。それくらいと考えてよかろう。

この霊帝の二十数年間に、董卓は軍人として順調に昇進した。のちに「韓遂《かんすい》」の項でのべるように、黄巾に呼応した西方異族の叛乱の際は、将軍として何度も出征している。霊帝が死んで朝廷が大混乱におちいった際には、前将軍という地位にあって（まず中将か少将くらいの格だ）、兵を按じて河東《かとう》に駐して形勢を観望していた。河東は今の山西省南西部、都洛陽の西である。

霊帝が死に、何進が劉辯を皇位につけ、弟の協をかつぐ宦官蹇碩を殺したのが、この年の四月である。そして宦官グループが何進を殺し、袁紹が宦官を皆殺しにし、そこへ董卓が乗りこんできて事態を収拾したのが八月であった。

袁紹は皇帝廃立に関して董卓と意見があわず、都を去った。

この時の董卓と袁紹との問答が、裴松之の引く『献帝春秋』にある。霊帝の長子辯は史《し》道人という道士に育てられたので通称を「史侯《しこう》」といった。次子の協は霊帝の母董《とう》太后に育てられたので通称を「董侯《とうこう》」といった。「劉氏」はもちろん漢の皇室である。

さてその、董卓が袁紹に言ったセリフというのはこうだ。

「天下の主《しゅ》はかしこくないとだめだ。霊帝のことを思い出すとそのたびにむかっ腹が立つよ（霊帝はバカだったということ）。董侯はまあまあだね。だからこいつを立てようと思う。史侯よりはましなんじゃないかな。もちろん子供の時利口でもおとなになってバカになるのもいるから何とも言えんけどね。それにまあ、劉氏のタネがいなくなったって、別にかまやしないじゃないか。」

袁紹はびっくりして反対した。董卓は自分の腰の刀をなでながら、

「おぬしはおれの刀の切れ味がわるいとでも思っとるのかね」と言った。袁紹は、

「天下の健者は董公だけではありませんぞ！」と言い捨てるや、横をむいておじぎをし、サッと部屋から出て行った。そして節《せつ》（司隷校尉の権限を示すふさつきの杖）を城門にかけ、馬をはせて冀《き》州へもどって行った。

……というのですがね、なにぶんこの話は、裴松之が「史籍の罪人」と罵倒した『献帝春秋』の記事だから、あまりあてにはならない。しかし皇室なんぞ屁とも思わぬ董卓の気象がよくあらわれている。捨てるのは惜しい。だから、謹厳な陳寿は「劉氏のタネはのこらなくてもいい」のところだけをとり、范曄《はんよう》は「霊帝のことを思うと腹が立つ。董侯はすこしましなようだ」の部分

をとり、小説大好きの司馬温公は全面的に採用している。こういうところにも歴史家の好みやタイプがあらわれるのである。

それはさておき、このあと三年ほどのあいだは、幼帝のかぼそい首筋をつかんだ董卓の独裁政権、――実質的には董卓が皇帝みたいな情況がつづくのである。

＊

お話かわって、呂布――

呂布は、これをむかしの渡世人の世界にたとえるならば、腕におぼえの用心棒である。あるいはウェスタンにたとえれば、さすらいのガンマンである。すなわち、固定した自分の縄張りを持ってこれを着々拡張してゆくタイプではなく、縄張りを持った親分衆に腕を売りつけて、転々渡り歩いてゆくタイプである。強いから重宝がられもするが、あまり強すぎてかえって不安だし、それに自分勝手で人の迷惑おかまいなしだから、けむたがられもする。そこで必然、転々渡り歩くことになるのである。

弁州《へいしゅう》五原《ごげん》郡の人である。五原といえば現在内モンゴルの包頭《パオトウ》のあたりだ。もともと遊牧の民モンゴルの血がまじっているのかもしれない。

弓馬驍武《きゅうばぎょうぶ》、つまり武芸抜群のゆえをもって、弁州刺史の丁原の部下になり、たいへんかわいがられた。呂布の渡り歩き人生の最初の親分がすなわちこの丁原である。

この丁原という人がまた、辺境の刺史に任ぜられるだけあって、勇猛果敢、そのかわり事務能力はなし、とにかく相当あらっぽい人だったらしい。似た者同士の親分子分であったわけだ。

中平六年霊帝が死ぬと、大将軍何進は妹の子をつぎの天子に立て、宦官勢力制圧をねらって腹心の丁原を都へ呼びよせた。お気に入りの家来呂布ももちろん部隊をひきいてついてきた。ところが何進は、もたもたしているうちに逆に宦官に殺されてしまい、その宦官は袁紹に皆殺しにされ、そこへ董卓が乗りこんできてアッというまに一手に朝権を握ってしまったのはさきにのべたとおりだ。

しかし実は、董卓自身の手持ちの軍隊というのは、歩兵騎兵全部あわせて三千人しかいなかった。朝政の権を掌握しても軍の実勢がこれでは心もとない。

董卓は毎日、夜中になるとこの三千の軍を洛陽城の西へ出したそうだ。朝になるとそれが、「董公に忠誠を誓う涼州の部隊がただいま到着いたしました！」と景気よく太鼓を打ち鳴らしながら入城してくる。兵隊たちは昼間はグウグウ寝ている。夜中になるとまた抜け出して、朝になるとまた太鼓ドンドコとにぎやかに行進してくる。……

それでだれも気がつかなかったというのだからのんきなものだ。

しかしまあ、そんなことをしたって人数がふえるわけではない。どうしても実質をふやさないといけない。そこで目をつけたのが丁原の部隊だ。丁原のやつを殺して兵隊をそっくりちょうだいしよう、と董卓は考えた。

といっても、丁原だって千軍万馬のつわものだから、そうかんたんには殺されない。董卓はひそかに重賞をもって呂布を釣った。

呂布も抜け目がない。親分の丁原は、そのまた親分の大将軍何進が殺されてしまったんだから、もうあまりさきの見こみがない。ここは董卓についたほうが将来があかるい、と判断して、親分の丁原を殺し、その首と丁原部隊を手みやげに董卓に投じた。

はたして董卓は、呂布を騎都尉《きとい》（騎兵部隊の長）の位につけ義理の父子の誓いをした。その後中郎将《ちゅうろうしょう》に昇進させてくれた。中郎将は近衛師団の師団長という格である。ただし実際にはつねに董卓とともにあって、その身辺警護の任にあたった。すなわち、呂布の二人目の親分はこの董卓である。

呂布が董卓のボディガードをしたのは三年たらずのあいだであったが、この間に二つの問題があった。

一つは、ある時董卓は何か気に入らぬことがあり、カッとなって呂布に手戟《しゅげき》を投げつけた。手戟というのは、わきざしのようなものらしい。呂布がとっさによけたので、けがはなかった。呂布が威儀をただして鄭重にわびたので、董卓の怒りはとけた。しかしこの小さな事件が、呂布の董卓に対する忠誠心に影をおとした。父子の誓いをしたといっても、真の親子とはちがうことを知らされたのである。

もう一つは、呂布と、董卓の傅婢《ふひ》とのあいだに愛情関係が生じたことだ。傅婢というのは、衣服や寝床のせわをする侍女ということだが、つまりは董卓がかわいがっている女たちの一人である。それと愛情関係ができたのだから、もしバレたらただではすまない。すなわちここに、董卓とのあいだに秘密が生じ、また呂布の心中に不安が生じた。

なおこの傅婢のことは、後世芝居や小説によって粉飾が加えられ、貂蟬《ちょうぜん》という美しい名前があたえられて、一つの独立した物語にまでなってゆく。しかしそれらはすべてのちの人が作ったお話であって、呂布と仲よくなった傅婢は名前もわからないし、それ以上の展開も別にないのである。

＊

董卓の政権は、軍事的には涼州人を主力とした。高級将領である牛輔《ぎゅうほ》、李傕《りかく》、郭汜《かくし》、樊稠《はんちゅう》など、みな涼州人である。

政治的には、学識名望ある人を、その出身地にかかわりなく多く招いて要位においた。盧植《ろしょく》、鄭泰《ていたい》、朱儁《しゅしゅん》、黄琬《こうえん》、荀爽《じゅんそう》、韓融《かんゆう》、陳紀《ちんき》などみなそうである。盧植は劉備の先生だからだれでもご存じだろう。荀爽は荀彧《じゅんいく》の叔父さんである。あともみな当時の著名人物だ。

とりわけの大物は大学者蔡邕《さいよう》である。霊帝の熹平年間、この人が六経《りくけい》を石に刻して太学《たいがく》の門前に立てたら、それを写すために毎日千台をこす車があつまり、道路がふさがってしまったという。全国的な尊崇を一身にあつめた学者であった。董卓はこの人を最高顧問に迎えた。そしてこわいものなしの董卓が、この先生の言うことだけはなんでもハイハイとよく聞いた。

いったい董卓という人は、漢末混乱期の大悪人、大逆賊と相場がきまっている。芝居や小説だけでなく、歴史書においてもそうである。

しかしおよそ歴史上、短期間権力の座にあってその後ひっくりかえされた人物は、かならず史書において非常に悪く書かれる。兇暴で残虐で、むごたらしいことを平気でした人でなしにされる。特に王朝末期に一時権力を握った人が一番ひどい。それは、だれも弁護する者がないのと、そいつが悪ければ悪いほどそのあと権力を取った者の正当性の保証になるので、なんでもかんでも悪いことはそいつに寄せあつめられてしまうからである。

まあ董卓という男が相当横暴なやつだったことはまちがいないであろうが、史書にしるされてある董卓の数々の残虐行為というのは、多少割引きして受けとったほうがよくはないかと、わたしは思っている。

さてこの董卓政権に対して、袁紹や曹操などの地方の有力者が連合して、袁紹を盟主にして叛旗をひるがえした。いわゆる「関東州郡の挙兵」である。

そこで董卓は、翌初平元年（一九〇）に、ずっと西の、前漢時代に都であった長安に都をうつすことにして、献帝をつれて移動した。董卓があつめた学者大臣たちはたいていみなこの急な遷都には反対だったようだが、董卓は強行した。あちこちで反董卓の火の手があがってみると、自分の本拠である涼州に近いほうが心丈夫に思えたのだろう。実際、洛陽は中原の中心だから、四方に敵を受けることになる。長安ならば、東がわに敵を受けるだけですむのである。

董卓はこの長安で、翌々初平三年（一九二）に暗殺された。暗殺計画の中心人物は、司徒《しと》の王《おう》允《いん》という人である。

ちょっとこの司徒というものについて説明しておこう。

東漢の百官の最高位は太尉《たいい》と司徒《しと》と司空《しくう》で、これを三公《さんこう》という。総理大臣格である。

董卓は朝権を握るとみずから太尉の位についたが、そのあと、三公のさらに上に相国《しょうこく》という地位をもうけてこれについた。この相国は、名目はスーパー総理大臣、実質上の皇帝と言っていい。その董卓をのぞいて、董卓政権の時期である中平六年後半から初平三年前半まで三年間の三公の顔ぶれを見ると、太尉と司空とはしばしば人がかわって不安定であるが、司徒だけは、初平元年の二月に王允がこの位について、以後異動がない。董卓に信頼された大臣だったことがわかるのである。この王允が董卓を暗殺して政権を奪取しようとしたのだ。

もちろん董卓も、自分の命をねらう者のあり得ることは承知だから身辺のガードは固い。これを殺すには、その身のまわりにいて、董卓が心を許している者を味方にひきいれねばならない。そこで王允が目をつけたのが呂布だ。

王允は、同じ并《へい》州出身、ということを手がかりに呂布に近づいた。同じ并州、といっても呂布は北のはての五原である。王允は南端に近い太原郡祁《き》県の出身である（現在山西省太原市の南の祁県）。千里もへだたっている。それでも近づく口実になるのだから「同郷」ということばにはよほど強い力があったらしい。

何度か会ってとりとめない話をしているうちに、呂布はふと、董卓に手戟を投げつけられてあぶなかった話をした。呂布の董卓に対する感情のゆれを察知した王允は、「われわれの味方についてくれぬか」と計画をうちあけた。「しかし父子の間柄だから」と呂布はためらった。

「父子といっても、君は呂、彼は董ではないか。手戟を投げた時、董卓の心に父子の情はあっただろうか？」

この一言で呂布の心はきまった。

初平三年（一九二）四月、献帝の病気快癒のお祝いの宴が宮殿でおこなわれた。王允はこの日を決行の時とした。

董卓は車に乗り、呂布のひきいる護衛部隊に周囲をかこませて宮殿へむかった。宮殿の門では、騎都尉の李粛という者と呂布のなかまの十数人の勇士が衛兵にばけて待ちうけた。董卓が門をはいると、李粛が車に近づいて戟《げき》で車中の董卓を突いた。董卓は車からころげおち、ふりかえって「呂布はどこか！」と呼んだ。呂布は「賊臣を討てとの詔《みことのり》が出ているぞ」と言った。董卓は、「庸狗《ようく》、よくもかようなことを！」とののしった。呂布は矛で董卓をひと突きし、なかまの勇士たちに「斬れ！」と命じておいて、自分は高いところにのぼって詔をよみあげた。董卓は斬殺され、兵士たちはみな恭順の意をあらわした。

董卓が最後に呂布にむかって言った「庸狗」というのは、「バカな犬」という意味である。涼州方面では、愚直で忠実な部下を「庸狗」と呼ぶ言いかたがあり、董卓は平生、ふざけ半分に呂布をそう呼んでいたのかもしれない。だからとっさの場面でその語が口をついて出たのだろう。

＊

董卓暗殺成功の知らせが王允のもとにとどいた時、ちょうどその座に蔡邕《さいよう》がいた。蔡邕は、董卓が殺された、と聞いて思わず嘆声をもらした。王允は、逆賊が殺されて嘆声を発するとは何ごとか、と蔡邕をとらえて殺した。

蔡邕はこの時六十一歳で、前々から漢史（『漢書』の続編）を書いていた。王允に、顔にいれずみし脚を切って著述をつづけさせてもらえまいか、と懇願したが、王允は許さなかった。太尉の馬《ば》日磾《じってい》が命乞いしたが王允が聞き入れなかったので、馬日磾はしりぞいて人にこう言った。

「王公（王允）は長生きできまい。善き人は国の紀《き》である。制作は国の典《てん》である。紀を滅し典を廃して、久しいことがあろうか。」

北海の大儒鄭玄《じょうげん》は蔡邕の死を聞いて、「漢世の事はだれとともにこれをただそうか」となげいた。

＊

呂布は、三人目の主人王允の右腕になった。王允は呂布に、奮威《ふんい》将軍、假節《かせつ》、儀同三司《ぎどうさんし》をあたえ、温侯《おんこう》に封《ほう》じた。爵位をもらったわけだ。呂布を呂温侯《りよおんこう》と呼ぶのはこれによる。なお假節というのは、配下の軍人を独断で処分する権限をあたえられることである。儀同三司は「儀は三司に同じ」の意味。儀は礼儀、つまり待遇。三司は太尉・司徒・司空の三公のこと。総理大臣そのものではないけれども総理大臣待遇、ということだ。

こうして、董卓を征伐したあと、「王允呂布政権」あるいは「并州政権」と称すべきものができたのだが、この政権はごく短命で、二か月しかもたなかった。それは王允が狭量すぎたためだ。王允の狭量は蔡邕処刑の際にすでにあらわれている。

董卓が殺された時、その配下の大将、李傕と郭汜が、都長安のすこし東の陝《せん》というところに駐屯していた。さきに言ったように、この二人は董卓と同じ涼州の人だ。二人は、主人の董卓を殺したのが王允・呂布の并州グループだと聞いて、一時の怒りに駆られ、部下の并州出身者数百人を殺した。しかしおちついて考えてみると、これからどうするというあてもないので、王允のもとに使いをやって罪をゆるしてほしいと申し入れた。王允はこれを拒絶した。たちまち、王允政権は涼州人を皆殺しにするつもりだ、とのうわさが飛んだ。李傕たちは、どうせ殺されるなら、とヤケクソで長安へ押しよせた。意外なことに味方につく者が多く、長安に達するころには十数万の大軍になった。しかも呂布配下の軍に裏切りがあって、城門を開いて李傕らの軍勢を引き入れた。都はまた涼州勢力のものになった。王允は殺された。呂布は、兵士数百騎をつれ、馬の鞍に董卓の首をくくりつけて、南陽の袁術《えんじゅつ》のもとに走った。これが初平三年の六月のことである。

このあと三年ほどのあいだ、李傕・郭汜の涼州軍が都長安を支配することになる。

＊

長安から逃げ出した呂布がめざした南陽は、現在の河南省の南部、南陽市のあるところ。洛陽から荊州にいたる道筋の大都市である。

もともと南陽には、董卓に任命された南陽郡太守の張咨《ちょうし》がいた。この張咨が袁術の子分筋の孫《そん》堅《けん》に殺されて、南陽はいわば空家になっていた。そこへ、董卓と仲たがいして都から逃げ出した袁術がはいりこんで、南陽太守におさまっていたのである。呂布はその袁術のもとにわらじをぬいだ。呂布にとっては、丁原、董卓、王允についで四人目のあるじである。

董卓は朝権を掌握したあと、袁紹たちが反董卓の旗をあげたのに怒って、都にいた袁氏の一族五十数人を殺した。そのなかには袁術の母の兄も入っている。董卓は袁一門のかたきである。この董卓を殺して首を持ってきてくれたのだから、袁術は呂布を手あつくもてなした。しかしながら呂布には、袁術は自分に恩義を感じてあたりまえだ、という腹があるから、袁術の厚遇に感謝するどころか、とかく態度がデカい。そのうえ呂布がつれてきた部下たちはみな乱暴者で、南陽の町で好き勝手に掠奪をやる。袁術は呂布をうとんじはじめた。呂布は、殺されるのではないか、と心配になってきて、河内《かだい》の張楊《ちょうよう》のもとに逃げた。

なお、袁術の呂布に対するあつかいについて、「魏志」の「呂布伝」には、「術はその反覆（あっちについたりこっちについたり）をにくんで、拒んで受けなかった」とあり、はじめから呂布を受けつけなかったようにも取れる。しかし『後漢書』には「袁術これを待つこと甚だ厚し」とあり（「待つ」は待遇するの意）、そのあと、呂布が恩を売りつけてあまり勝手なので「術はこれを患《うれ》えた」と言ってある。『資治通鑑』も同じである。すなわち袁術は、はじめはあたたかく迎えたが、あとでつめたくなったのである。

さて、呂布がつぎに身をよせた張楊は、呂布と同じ并州の人である。それも五原のすぐ東隣の雲中《うんちゅう》県の出身だから、もともと親近感がある。しかし張楊は董卓によって河内郡の太守に任ぜられた人だ。いま長安ではその董卓のあとをついだ李傕らが権力を握っている。呂布が張楊のもとにいると知って、恩賞をつけてしきりに首を送れと言ってくる。張楊にその気がなくても、部下の将たちがおいしい呂布の首をねらう。危険千万だから、呂布はこんどは冀《き》州の袁紹のもとへ逃げた。

袁紹は、よいところへ来てくれた、といっしょに黒山賊張燕《ちょうえん》を攻めた。

ここで、呂布が乗っていた名馬「赤菟《せきと》」(赤兎とも書く)が出てくる。裴松之が引く『曹瞞伝《そうまんでん》』に「人中に呂布あり、馬中に赤菟あり」と言う。また『後漢書』に「能《よ》く城を馳せ塹《ほり》を飛ぶ」とある。よほど優秀な馬だったらしい。しかしなにぶんここに出てくるだけなので、呂布がいつからこの名馬赤菟に乗っていたのか、またいつまで乗っていたのか、わからない。小説では呂布が死んだあと関羽が乗ることになっているが、それは史書にはないことである。

とにかく呂布はこの赤菟にうちまたがって、「その健将成廉《せいれん》・魏越《ぎえつ》ら数十騎とともに張燕の陣に馳突《ちとつ》した。それが一日に三度から四度におよび、そのたびに斬首して出た。連戦十余日、燕の軍を撃破した」とある。相手の張燕の軍勢は「精兵万余、騎数千匹」、そのまっただなかへたった数十騎でワーッと突入して行き、しばらくすると手に手に首をぶらさげてまたワーッと出てきた、というのである。

強いことはめったやたらに強い。そのかわり功に誇ってわがままもひどい。また袁術の時と同じで、「紹はこれを患《うれ》えた」ということになり、ついにはいっそのこと呂布を暗殺してしまおうと刺客をさしむけた。呂布は察知して、さっさと尻に帆をかけて逃げ出し、また同郷人の張楊のもとにもどった。その道すがら陳留太守張邈《ちょうばく》のもとに立ちより、大いに意気投合した。

興平元年(一九四)四月、兗州牧《えんしゅうぼく》曹操は第二回の陶謙《とうけん》討伐に出た。その留守をあずけられた陳宮《ちんきゅう》が、張邈をなかまにひきいれて、曹操にそむいた。ただし陳宮と張邈では貫目がたりないので、呂布を大将に迎えてこれを曹操にかわる兗州牧に押し立てた。これより、呂布・陳宮・張邈と曹操とのあいだで、四年余にわたる血戦がつづくことになる。

その最初は同年八月の濮陽《ぼくよう》の戦いである。この戦いは曹操が非勢であった。それどころか、『献帝春秋』によれば曹操は乱戦のなかで呂布配下の騎兵につかまった。ところが惜しいことにこの騎兵は曹操の顔を知らなかったものだから、なんと曹操に「曹操はどこだ?」ときいた。曹操が正直者で「はいわたしが曹操です」と答えれば一巻の終りだったのであるが、無論曹操はウソつきだから、「ほれほれ今あっちへ茶色い馬に乗って逃げて行ったのが曹操です」と指さした。呂布の騎士は本物の曹操をほったらかして、いそいで茶色い馬を追っかけて行った。曹操はあやういところを助かった。……というのであるが、これもかねて評判のわるい『献帝春秋』の記事だから、あまりあてにはならない。しかしおもしろいから『通鑑』にもちゃんとのせてある。温公先生は、「おもしろい話ならちょっとくらいウソっぽくてものせたい!」という欲望に勝てないお人なのである。

さてそのつぎは、翌興平二年（一九五）の春から夏にかけての定陶《ていとう》の戦いである。定陶は現在の山東省の最西端、前年大戦のあった濮陽の南である。この定陶の戦いは、こんどは曹操が断然優勢であった。呂布は敗れて劉備にたよった。以後の呂布については、「劉備」の項でのべることとしよう。

呂布が長安を逃げ出してより三年後、興平二年になって、献帝はまた本来の都洛陽へ帰ることになり、この年の七月に長安を出発した。帝の乗った駕籠が東へむかったのでこれを「献帝の東駕」という。献帝は、一年かかって、翌建安元年（一九六）の七月にやっと洛陽についた。その献帝を、曹操が自分の本拠である許《きょ》へつれてきた。これがこの年の九月で、これ以後、献帝は曹操の手中のカードになる。

＊

その四年後、建安五年に、袁紹と曹操とのあいだで、天下分けめの「官渡《かんと》の戦い」があり、曹操が勝った。この建安五年は西暦でちょうど二〇〇年、二世紀の最後の年だからおぼえやすい。

かくて、中平六年に霊帝が死んで以来、何が何やらもうゴジャゴジャであった天下の形勢が、この年以後、どうやら曹操によって収拾されるメドがついてくるのである。

二　曹操をめぐる勇士傑物

1　曹操の武将
夏侯惇　典韋　許褚

2　曹操の参謀
荀彧　華歆

3　曹操にたてついた男
陳宮　華佗

1　曹操の武将

夏《か》侯《こう》惇《とん》（？〜二二〇）

曹操の武臣は数多いが、一番の格上は夏侯惇である。年ははっきりしないが、曹操と同じくらいであろう。夏侯惇のむすこと曹操のむすめが結婚している。また、曹操と同じ年に、曹操より数か月おくれで死んでいる。

なにしろつきあいが長い。中平六年（一八九）曹操がはじめて自分の軍隊を持って旗あげした時からの子分である。まあ今で言えば、社長が最初小さな町工場をはじめた時のたった一人のエンジニアみたいなものである。生え抜き従業員だ。

だからはじめのうちは苦労している。曹操といっしょに金を持って南の揚《よう》州のほうへ兵隊集めに行ったことがある。四千人ほどあつめて帰ってくる途中、何が気に食わなかったのか兵隊たちが曹操のテントに火をつけてあばれだした。おもだったのをぶった斬ったりしてやっととりしずめたものの、残ったのは五百人ほどだった。せっかく高い金を使ってやっと手に入れたのに、これでは泣くにも泣けない。金で買いあつめた私兵というのは、言ってみれば西部劇に出てくる牛の群れみたいなもので、大事なものだがなにしろ相手は意志もあれば足もある生きものだから、不満があるとあばれたり逃げたりするのである。

そういう苦労をともにした仲だから、後年曹操が、夏侯惇だけは自分の車にいっしょに乗せたとか、夏侯惇だけは私室にはいらせたとかいうのもまことにもっともで、用心深い曹操も夏侯惇に殺されることはないと安心していたのである。

夏侯惇は、毛沢東につかえた朱徳《しゅとく》に似ている。長いつきあいで、一貫して忠実で、つねに軍のトップで、軍事一筋に専念して政治向きには口を出さず、したがって失脚はもとよりほされたこともなく、おだやかな人柄でさして切れ者でもないから、はなばなしい戦績もそうおもしろいエピソードもなく、危険な時代をごく安全に生き、だれからも敬愛されて、主君とほぼ同時に死んだ。わずかに伝えられるエピソードの一つに、堤防工事の際に将軍みずから土嚢をかついだというのがあるが、これなんかも朱徳にそっくりだ。

小説『三国志演義』では、呂布《りょふ》との戦いで左目を射られて矢を引き抜いたら眼球もいっしょに抜けて来たのでそれを食っちゃったというものすごい猛将に描かれている。しかしそんなむちゃくちゃな人だったようではない。

目に矢があたって失明し独眼だったというのはほんとうである。単に失明しただけでなく相当容貌を損じていたらしい。同姓の夏侯淵《かこうえん》と区別するために「盲夏《もうか》侯《こう》」というアダ名をつけられ、夏侯惇はこのアダ名を非常にいやがっていた。だから鏡を見るたびに腹を立てて鏡をたたきつけたという。容貌やアダ名を気にするというのは、むしろ神経の繊細な性格を思わせる。——なお銅鏡だから割れはしない。すこしぐらい傷はつくだろうが。

　この片目が、夏侯惇のむすこと曹操のむすめの結婚に微妙に関係している。

　丁儀《ていぎ》という青年がいて秀才のほまれが高かった。この人が、若いのにどうしたことか片目だった。父親の丁沖《ていちゆう》が曹操の臣として功績があり、しかも当人が頭脳抜群という評判なので、曹操は一番可愛がっていたむすめの結婚相手にどうだろうと思って、むすこの曹丕《そうひ》に相談した。曹丕は「女は容貌を気にするもの。相手が片目ではいやでしょう。それなら夏侯惇のせがれのほうがましだと思いますよ」と答えた。親父の片目ならまだ辛抱ができるというシャレみたいなものだが、ヒョウタンから駒が出て縁組になったのである。そのあとで曹操ははじめて丁儀に会って話をして、その聡明なのに感心し、「これはいい青年だ。両目見えなくてもむすめをやりたい。まして片方だけなんだから——。せがれのやつの言うことなんか聞くんじゃなかった」と後悔したがあとの祭りだった。

　丁儀は願ってもない縁談の邪魔だてをした曹丕をいたくうらんで、弟の曹植《そうち》の子分になり、曹植を曹操のあとつぎにする運動を大いにやったので、曹操が死んで曹丕が立つと、すぐ殺されてしまった。——曹植の植はショク（入声職韻）とチ（去声寘韻）とあり、だからソウショクでもソウチでもいいのであるが、わが国の習慣によりしばらくソウチとしておく。字は子建《しけん》。「植」も「建」も「たてる」の意である。

　夏侯惇が陳留《ちんりゆう》の太守をしていたころ、宴会のことで計吏《けいり》の衛臻《えいしん》という者を逮捕したことがある。計吏というのは会計係みたいなものだから、宴会の計画や運営なども担当していたらしい。夏侯惇が、部下たちの夫人を宴会に出席させるよう衛臻に命じた。衛臻が「それは末世の俗です」と反対したので、怒って逮捕したのである。

これはいまの日本人の観念ではなかなか想像しにくいことだが、夫人を宴会に出す、つまり自分の妻を他の男たちの目にさらすというのは、破天荒な暴挙なのである。こんにちの日本人の感覚にわかるように説明するならば――たとえば会社の同僚をおおぜい家につれて来て酒盛りをして、そこへ奥さんを全裸であいさつに出す、まあだいたいそんな感じである。だから衛臻が「末世の俗」と極力反対したのも当然なのである。

しからば夏侯惇は何でそんなことを言い出したのかというと、それにはわけがある。

曹操のむすこの曹丕は、当時の士人としてはよほど型破りな人だった。このあとの魏晋の時代というのは、故意に礼教を無視したり伝統的なしきたりにさからったりする型破りの人が多くなって、またそういう人がもてはやされるのだが、曹丕はそのハシリの一人である。しかもこの人は天子だったのだから、型破りのなかでも一頭地を抜いている。

この曹丕がまだ太子だったころ（曹丕は三十四歳まで太子だった）、とりまきの文士たちとの宴会で、みんな十分に酒がまわって座がにぎやかになった時に、あの美人で有名な甄《しん》夫人を、「ちょっと出て来てみなさんにあいさつしなさい」と席に呼んだことがある（甄夫人については「甄皇后」の項をごらんください）。上にも言ったように、これはいまで言えば真っ裸で出させたみたいなものだから、さすがに放埒な文士たちも仰天して顔を伏せた。たった一人劉楨《りゅうてい》という文士が顔を伏せなかった。つまり甄夫人の姿をモロに見ちゃった。曹操がその話を聞いて激怒し、すぐ逮捕して裁判にかけた。なにしろ将来后《こう》になる女性《にょしょう》を正面から見てしまったのだから、当然死刑になるべきはずのところ、曹丕のとりなしで死一等を減ぜられて石工におとされた。当時士人が肉体労働者にされるというのは非常なる恥辱であって、すぐ自殺してもおかしくないのであるが、劉楨はもとより変り者であるから、平気で毎日懲役場で石をトンカチたたいていたそうである。

そういうことがあったので、夏侯惇はちょっとまねをしてみようと思いついたのである。衛臻が必死で反対したので実現はしなかったが——。こういうところを見ると、夏侯惇という人は常識的で穏健な軍人だけれども、文人気質にあこがれるような一面もあったようだ。

なお、曹丕は皇帝になってからも一ぺんやっている。呉質《ごしつ》、曹休《そうきゅう》などを招いて宴会した時に、郭《かく》皇后を出したのである。呉質らが顔を伏せたら曹丕は「ほら君たち顔をあげてよく見たまえ」と言った。

この曹丕の二度にわたる「宴会奥様顔出し事件」、および夏侯惇の「同未遂事件」については、清《しん》の大学者王鳴盛《おうめいせい》が、事件から千五百年以上たってもまだおこっている（『十七史商榷《じゅうしちししょうかく》』巻四十。なお左の引用文中の「七人」とは、曹丕を中心とする「建安七子《けんあんしちし》」と言われる文人グループである）。

「後世の文人の浮華軽薄のならいは七人がこれを開いた。曹丕が甄《しん》夫人に命じて客にあいさつさせ、劉楨がこれを平視したこと、また呉質に命じて郭后をしげしげと見させたこと、それに夏侯惇が陳留太守たりしころ衛臻を計吏に挙げ妻の宴会出席を命じたこと、一時の風気の流蕩はかくのごとくである」と。中国士大夫の倫理はなかなか千五百年くらいではかわらないのである。

＊

『三国志演義』には夏侯惇が軍をひきいて戦争する話がいっぱい出てくるが、実は史書にはきわめてすくなく、二度ほどにすぎない。

一度は、興平元年（一九四）、呂布と戦って負けて片目をうしなった。

もう一度は、これは李典《りてん》の伝にあるのだが、建安八年（二〇三）、劉備と戦った。この時は、劉備が軍営を焼いて退却した。夏侯惇は追撃しようとした。李典が、「ゆえなく退却するのはおかしい。きっと伏兵があるのでしょう。追ってはいけない」と止めるのに、無視して追撃して、はたして伏兵にあい、大敗した。さいわい李典が救援に来てくれたので助かった。――『三国志演義』ではこの伏兵作戦は諸葛亮が画策したことになっているが、諸葛亮が劉備の臣になる以前のことである。それに諸葛亮は文臣だから、ずっとのち、後主劉禅の時代になってからの北伐まででは、作戦指揮なんぞはしない。

それはともかく、夏侯惇の戦績は敗戦の記録があるだけである。あまり戦争が得意だったとは思われない。まあ軍の重鎮なんだから、初期の中小企業の時代はともかく、その後は年も取るし、優秀な武将もたくさんはいってくるし、大本営でニコニコしていればよかったのだろう。

曹操が死んで曹丕が王位につくと最初の大将軍になった。その数か月後に死んだ。

典韋《てんい》（?～一九七）

三国の物語には強いやつがいっぱい出てくるが、一番強いのはだれか。

個人の勇力という点では、何といっても典韋と許褚《きよちよ》であろう。呂布《りよふ》も強いが、一対一で取っ組みあいをしたら典韋・許褚が勝ちそうだ。『三国志演義』は小説だから、強いやつでも賢いやつでも実際よりはよほど誇張してあるが、この両人についてはほとんど誇張してない。実際のままでもう十分に強いからである。

しからば両人のうちいずれが強いか。両人とも曹操の部下なので残念ながら戦う機会がなかった。『三国志演義』では許褚が曹操の部下になる前に両人が戦う段を設けたが、丸一日戦っても勝負がつかなかったことにしてある。

わたしも両人の伝をひきくらべてどちらが強いだろうと半日くらい考えたが、ついに結論が出なかった。

この二人は短い期間だがともに曹操の幕下にいたはずである。せめて宴会の余興に腕相撲をした記録でもあればよかったのだが――。

＊

典韋は『三国志』に、「顔つきおそろしく、腕力ずばぬけ、男気あって義侠心にあつい」（形貌魁梧、旅力過人、有志節任俠）とある。生れながらの豪傑である。

はじめ張邈《ちょうばく》の武将趙寵《ちょうちょう》の兵になった。長大な牙門旗《がもんき》を片手で支えたのはそのころのことである。

のち夏侯惇に仕えて、曹操と呂布との濮陽《ぼくよう》の戦いに参加した。この戦いは曹操軍が非勢で、曹操自身火の中で落馬して火傷したが、将兵たちが意気沮喪していると聞いて無理をして各部隊を巡回したりした。この時、頽勢を挽回するために各部隊の兵から突撃隊を募った。典韋はまっさきに応じて突撃隊長になった。

有名な「十歩五歩」の奮戦はこの時である。――もっともこの話、わたしにはもう一つ情況のよくわからぬ点がある。「典韋伝」のその部分を直訳してみよう。

〈その時西面もあぶなくなったので韋《い》がそちらにむかった。賊は弓弩《きゆうど》を乱発し、矢の至ること雨の如くである。韋は見ず、等人《とうじん》に言った。「敵が十歩まで来たら言え。」等人が言った。「十歩だ。」また言った。「五歩で言え。」等人はこわくなりあわてて言った。「敵はそこだ。」韋は十数本の戟を持ち、大声で叫んで起った。抵《いた》るところ手に応じて倒れぬ者はなかった。布の兵は退いた。〉

矢が雨のように飛んでくるので、典韋は地面に伏せ、矢が顔にあたらぬよう下をむいていたらしい。わたしがよくわからぬのは、この等人なる者がどこにいたのかということである。あたりは物音や叫び声に満ちているだろうから離れていては声がとどかない。さればとて、典韋ほどの豪の者でさえ身を伏せ、顔も伏せていなければならぬような場面で、横に立って敵兵との距離を目測していられるとも思えない。等人は楯を持っていて、その上から目だけ出していたのだろうか。それならばこの際、等人に寝そべってもらって、楯を拝借して、典韋自身が目だけ出して距離をはかったほうが面倒がなくていいように思われる……。

なお右の「等人」というのは、あとにもさきにも『三国志』「典韋伝」のこの個所にだけ出てくる語である。魏の軍に「等人」という名称の一種の兵がいたことはたしからしいが、それがどういう兵なのか、またなぜ「等人」と呼ばれるのか、だれにもわからない。この部分は『資治通鑑』漢紀献帝興平元年にそのまま引かれており、そこに胡三省が「等人者、立等以募人、及等者、謂之等人。或曰、等人、一等応募之人也」と注をつけている。前半は「標準を定めて兵を募集し、その標準に合格した者を等人という」ということだが、もとづくところはなにもない。単に「等人」という字をながめて考え出した案、いわゆる「望文生義」であって、あてにはならない。後半の別説は「同じように徴募に応じた者」ということらしいが、ほとんど意味をなさぬ。要するにわからない。典韋の身辺の兵士の一種、としておくほかない。

とにかくこの時の働きが認められ、典韋は夏侯惇の配下から引き抜かれて都尉《とい》の職をあたえられ、曹操の親衛隊長になった。選り抜きの親兵数百人をひきいて、常に曹操の大帳の周囲を警護した、とある。

典韋が親衛隊長をしたのは興平元年（一九四）から建安二年（一九七）までの三年間、曹操四十歳から四十三歳にかけてで、まだどの戦争も曹操自身が兵をひきいて戦っていた時期だから、典韋とその隊員たちも毎度最前線に立ち、敵陣に突入して手柄を立てた。典韋は功により校尉《こうい》に昇進した。

親衛隊長、つまり曹操の一番身ぢかなボディガードとして、まことに忠実謹厳で、昼間は終日曹操のかたわらに侍立し、夜は大帳の近くに宿り、自分の宿舎に帰って寝ることはめったになかった。

食うこと飲むことが大好きで、よく曹操のお相伴をしたが、つぎつぎと運ばれる酒や御馳走をかたはしから平らげ飲みほすのを、曹操は「いやさかんなものだ」と満足げに見ていた。

大双戟《だいそうげき》や長刀など、大きな武器をこのんだ。軍中の者は、「帳下壮士有典君、提一双戟八十斤」（帳下の壮士に典君有り、手に持つ双戟《そうげき》八十斤）と言いはやした。「君」と「斤」とが韻である。――なお『演義』では二本の戟を使ったように書いてあるがそうではなく、双戟は先が二股になった大戟である。八十斤は今の二十キロくらいだろう。

建安二年、曹操は宛《えん》に駐屯する張繡《ちょうしゅう》を攻めた。張繡は降伏した。曹操は喜んで、張繡とその将帥を招いて宴会を催した。

曹操が乾杯してまわる。うしろには典韋が刃渡り一尺もある大斧を持ってついている。曹操が、つぎはだれそれ行こう、と言うと、典韋がその者のほうへ斧をあげて目で「行くぞ」と知らせる。張繡も将帥たちもおそろしくて、顔をあげて典韋を見る者はいなかった。

その十数日後に張繡がそむいた。これにはいきさつがある。

張繡《ちょうせい》は張済の族子《ぞくし》である。張済が戦死したのでその軍勢をゆずりうけて宛にいたのである（「族子」は兄弟あるいは従兄弟の子）。

当然張済の家族は張繡の庇護のもとにある。張繡が降伏すると、曹操は張済の妻を納《い》れた。妻といっても、こんにちの日本人の用語をもってすれば若い妾であろう。しかし張繡にとってみれば、父の妻を奪われたのと同じことだから恥辱である。張繡は曹操をうらんだ。それを知った曹操がひそかに張繡を殺そうとした。この計が漏れ、張繡が先制攻撃に出て、曹操の軍営を襲ったのである。

曹操は軍営の外に出て戦ったが敗れて、馬で逃げた。この時に長子の昂《こう》とおい（弟の子）の安《あん》民《みん》が戦死した。

王沈《おうちん》の『魏書』には「公の乗馬は名を絶影《ぜつえい》といい、流矢が顔と足にあたった。公の右腕にもあたった」とあり、『世語《せいご》』には「昂は馬に乗れなくなり公にすすめた。公はまぬかれ、昂は殺害された」とある。

曹昂《そうこう》は二十数歳くらいであったと思われる（その伝に「弱冠にして孝廉《こうれん》に挙げらる」とあるから二十歳をすぎていたことはたしかである）。安民の年はわからない。なお安民というのは名ではなく字《あざな》である。名はわからない。

曹丕《そうひ》はこの年十一歳でやはり従軍している。のちに『典論』の「自叙」で「亡兄孝廉子修《ししゅう》と従兄安民は害に遇った。自分は馬に乗って脱するを得た」と書いている。子修は昂の字である。なお昂の母は劉《りゅう》夫人、丕の母は卞《べん》皇后だから、二人は腹ちがいの兄弟である。

あぶない戦争になぜ幼い子をつれて行ったりするのかと思うが、曹丕は当時をふりかえって「時の故多きを以て、征する毎に余は常に従った」と言っている。残して行くほうがもっと危険だったのである。

さて典韋は、軍営の門の内で敵を引き受けて戦った。「典韋伝」をそのまま直訳しよう。

〈韋は門のなかで戦った。賊ははいることができない。そこでちらばって他の門から同時に突入した。その時韋の将校はまだ十数人いた。全員必死に戦い、一人で十人分の働きをした。賊は前後にだんだん数を増した。韋は長戟《ちょうげき》で左右に撃ち、ひとたび突っこんで行くや十余の矛《ほこ》をくだいた。部下は死傷してほぼいなくなった。韋は身に数十創をこうむり、短兵で接戦した（短兵は小ぶりの武器）。賊がくらいついてきた。韋が二人の賊を両脇にはさんで撃殺したので、他の者は出ようともしなかった。韋はまた突進し、数人を殺した。傷口がはじけ、目をカッと見開き、大いに罵って死んだ。賊はおそるおそる近づき、首を斬り落し、順番にまわして見た。全軍が寄って来てその体軀を観察した。〉

おしまいのところ、情況目に見えるようである。小山のような首無し死体に「でっけえなあ」と感嘆したのである。

曹操はあとで将帥たちをあつめて演説した。「張繡が降伏した時、すぐに人質をとらなかったのが失策だった。ためにことここにいたった。おれは失敗の理由を知った。諸君見ていてくれ。今後は二度と負けない。」

許褚《きょちょ》（？〜？）

許褚も曹操の親衛隊長である。このほうは曹操が天寿をまっとうするまでその身辺を警護しぬいた。まず毛沢東における汪東興《おうとうこう》というところである。

許褚の人物について「魏志・許褚伝」に、「長八尺余、腰大十囲、容貌雄毅、勇力絶人」とある。

三国の著名人物では劉表と諸葛亮が長身のほうで、劉表は「長八尺余」、諸葛亮は「身長八尺」である。許褚も同じくらい。百八十センチ台くらいだろう。「腰大十囲」の「囲」は長さの単位だが、諸説あってはっきりしない。しかし「十囲」という人はときどきあって「九囲」とか「十一囲」とかはいないから、体軀の太い人のことを「十囲」と言ったのである。現在われわれは体の厚さを胸囲で言うが、むかしの中国人は腹まわりで言ったのである。

曹操の部下になる前の逸話を「許褚伝」が伝えている。

許褚の住む町を盗賊が襲い、許褚は配下の悪少年たちや町の男女を指揮して町を囲む壁に拠って防いだ。矢が尽きると、人々に命じ石を削ってシャモジ形のもの――つまり先端が丸くてそれに柄がついた形のもの――を作らせて四隅に置き、許褚がそれを投げるとあたったものはすべて破壊されるので、賊は進んで来なかった。糧食が尽きたので賊と交渉して、牛と糧食を交換することにした。賊が牛をつれに来たが、牛はすぐ逃げ帰ってしまう。許褚が出て片手で尻尾をひっぱって牛をうしろむきに歩かせたので、賊はびっくりして逃げてしまった……。

その後子分たちをつれて曹操の部下になった。

〈太祖（曹操）は一目見てこれを壮とし、「此れ吾が樊噲《はんかい》なり」と言って、即日都尉に任じ、宿衛に入れた。許褚に従って来た侠客たちは皆虎士《こし》（親衛隊士）にした〉

と「許褚伝」にある。樊噲は漢の高祖のボディガードである。

許褚が仕えた当初はまだ典韋《てんい》が生きていて校尉だから、許褚は親衛隊の副隊長くらいだったのだろう。張繡《ちょうしゅう》を攻めて敗れたあと、校尉に進んだ。典韋の後釜である。

曹操のあぶないところを助けたことが三度ある。

一度は建安五年官渡《かんと》の戦いの時で、常従士《じょうじゅうし》の徐他《じょた》という者とその仲間が叛逆をたくらんだ。常従士というのも近衛兵である。――この官渡の戦いの際は、どう見ても袁紹《えんしょう》のほうがはるかに優勢であったから、曹操の周辺で袁紹に通じている者はいくらでもいた。徐他もその一人である。勝ったあと袁紹軍の文書を押収してみると、味方の者から袁紹にあてた内通の手紙がたくさんあった。曹操は「おれ自身でさえ自信がなかったんだから無理もない」と全部焼き捨てた。が、それはあとの話。

徐他らは、許褚の休暇の日を狙って刀をふところに曹操の本営にはいった（敵と対陣中にもちゃんと休日があったところがおもしろい）。許褚はいったん宿舎に帰ったものの何やら胸騒ぎがするのでまたもどって帳下に侍していた。徐他らは、はいってみるといないはずの許褚がいるので驚愕した。そのようすを見て許褚はすぐにさとり、徐他らを撃殺した。この事件でいよいよ曹操の信任があつくなった。その後鄴《ぎょう》の戦いで手柄を立て、関内《かんだい》侯の爵位をたまわった。もう一度はその十一年後、建安十六年、潼関《どうかん》で馬超《ばちょう》・韓遂《かんすい》連合軍と戦った時である。

黄河を北へ渡った際、兵を先に渡し、曹操は親衛隊百人あまりと南岸にいた。そこへ馬超が歩兵一万余をひきいて襲ってきた。許褚は急いで曹操を舟にのせた。馬超軍の放つ矢が雨のようにそそぐ。味方の兵士たちがいっしょに乗せてもらおうと舟にとりつく。許褚は刀をふるって舟のまわりの兵たちを斬り、左手で馬の鞍をささげて曹操をおおった。船頭が矢にあたって死んだので、右手で舟をこいだ。「この日、もし褚がいなかったら、あぶないところであった」と「許褚伝」にある。

この少しあと、曹操は韓遂・馬超と「単馬《たんば》会語《かいご》」した。これは「交馬《こうば》語《ご》」ともいい、双方の大将が軍勢をひきつれず、単独で出て行って騎馬のままサシで会談することである。曹操には許褚一人がつき従っていた。馬超はもとより力には自信があるから、曹操にぶつかってゆくつもりでいた。——というところを見るとこの単馬会語の時は槍も刀も持っていないらしい。馬超は前から許褚の勇は聞いていたので、もしかしたらこの従者がそうではないかと思い、「虎侯《ここう》はどちらですか」ときいた。曹操はふりむいて許褚を指した。許褚は目をむいて馬超をにらんだ。馬超は体がすくみ、計画をとりやめた。——これによると許褚は、一目見てそれと知れるほど巨大な体軀、兇悪な面構えだったのでもないらしい。なお馬超が「虎侯」と言ったのは、許褚は虎のように力があって、癡《ち》、つまり少々知能が足りないように見えたので、「虎癡《こち》」と呼ばれ、それが姓名だとたいていの人は思っていたからである。許褚と虎癡《こち》は音もごく近かったのだろう。癡は失礼だから馬超は「虎殿はどちら」ときいたのである。

この曹操と韓遂・馬超との単馬会語は記事や説がいろいろある。

「馬超伝」は「許褚伝」とほぼ同じで、馬超は突進して曹操をとらえようとしたが、許褚が目をむいてにらんだので動けなかった、とある。

「武帝記」にはこうある。——韓遂が曹操に会いたいと申し入れた。曹操は、韓遂の父とは同じ年の孝廉《こうれん》（高級公務員就職）だし、韓遂とは同世代の朋輩だからとて承知した（といっても韓遂のほうが十歳ほど年上である。曹操は二十歳で孝廉に挙げられているから、韓遂の父は五十何歳か六十歳くらいになってやっと選挙された人らしい）。

両人は馬を交して談話に時を移した。ただし軍事には及ばず、昔の都での友人知己たちのことを語り、時には手を打って歓笑した。韓遂がもどると馬超らが「曹操は何と言った」ときいた。韓遂は「別段何も」と答えた、と。

『通鑑考異』はこれによって曹操と単馬会語したのは韓遂だけであり、馬超もいっしょだったとする「許褚伝」「馬超伝」はまちがいだと言っている。

盧弼《ろひつ》は、「馬超は曹操と韓遂が話している時すこし離れたところにいたのかもしれない。だから『何をしゃべってた』と聞いたのかもしれない。あるいは、韓遂・馬超両人と同時に会ったのではなく、個別に会ったのかもしれない。馬超と会った時だけ物騒だから許褚をつれて行ったのかもしれない」と言っている。

この会語のことは「魏志・張既《ちょうき》伝」に引く『魏略』の「閻行《えんこう》伝」にも出ている。閻行はこの時の韓遂の従者である。曹操は閻行に「親孝行を忘れるなよ」と声をかけている。閻行の父は鄴《ぎょう》にいる（人質に取ってある）から、変な真似をすると親父の命はないぞ、の意である。この記事でも馬超が一緒だったようには見えない。

王沈の『魏書』によると、この時、韓遂・馬超配下の兵士たち（その多くは西北方の異民族の者たち）が本物の曹操を見ようと集ってきて押すな押すなの騒ぎになった。曹操はしごく上機嫌で、兵士たちにむかって「お前たち曹操を見たいか。なに普通の人間だ。目が四つ口が二つあるわけじゃない。ただちっとばかし智慧が多いだけだ」と言った。

こういう記事を読むと、戦いの最中に双方の大将が丸腰で会見して馬上でむかしがたりをしたり、敵がたの兵たちに冗談を言ったり、シビアな三国の戦いにもなかなか文明的な一面がある。

しかし曹操は鄴に帰ると、人質に取っていた韓遂のむすこと孫を殺した。閻行には手紙を出した。「お父上は無事だ。しかし牢獄は親を養うに適当な場所ではない。それに政府がそういつまでも人の老後の面倒を見るわけにもゆかぬしね。」韓遂はこれを見て、自分の末むすめをむりやり閻行にめあわせた。そうすれば曹操が閻行の父を殺すだろう、そうなれば閻行も心おきなく曹操に敵対するだろう、と期待したのである。閻行は韓遂に叛旗をひるがえし、戦って敗れ、家族をひきつれて曹操に投降した。

四年後の建安二十年、韓遂の武将麴演《きくえん》、蔣石《しょうせき》らが韓遂の首を曹操にとどけた。七十数歳であった。

許褚はけっこう長生きし、また出世した。曹操の孫の明帝の時まで生き、牟郷侯《ぼうきようこう》に封ぜられて邑《ゆう》七百戸を賜り、死んで壮侯とおくりなされた。はじめ許褚に従って曹操に仕えた俠客たちも、功によって将軍に任ぜられ侯に封ぜられた者数十人、都尉、校尉になった者は百人以上あった。

2　曹操の参謀

荀彧《じゅんいく》（一六三〜二一二）

曹操の覇業を助けた謀士は数多いが、ナンバーワンはなんと言っても荀彧である。
潁川《えいせん》の人。すなわち曹操が献帝を迎えて都をかまえた許《きょ》は荀彧の郷里である。年は曹操の八歳下。

潁川郡は洛陽の東南、いわゆる中原の地（すなわち中夏、中国）の、そのまた中心になる地区である。許はその潁川の大都市である。

荀氏は潁川の名門で、秀才を輩出することで知られていた。荀彧は若いころから「王佐《おうさ》の才」と言われた。生れついて「駕籠に乗る人、かつぐ人」の「かつぐ人」タイプだったわけだ。諸葛亮も「かつぐ人」だが、しかしその点では荀彧のほうが上である。すぐれたかつぎ手の最重要の能力は、最初に乗り手を選ぶ眼力にきまっている。へたな乗り手をかついだのでは、どんなにじょうずにかついでもうまくゆくはずがない。諸葛亮が選んだ劉備も、もちろんそんなにダメな乗り手というわけではないけれども、荀彧が選んだ曹操とくらべたら器量がちがう。

荀彧は初め冀《き》州牧韓馥《かんふく》の招きに応じた（州牧《しゅうぼく》についてはあとの「劉焉《りゅうえん》」の項をごらんください）。ところが冀州に到着する前に韓馥が袁紹《えんしょう》に冀州をゆずったので、自動的に袁紹の臣下になった。しかしすぐに袁紹が大した人物でないことを見抜き、去って曹操に投じたのである。初平二年（一九一）、荀彧二十九歳の時であった。曹操は「オレの子房《しぼう》ができた」と喜んだという。張子房すなわち張良《ちょうりょう》は漢の高祖を皇帝にしたてあげた謀臣、史上最高の「かつぐ人」である。

荀彧は、体が大きくて荘重な面ざしの人だったという。人を罵るために生れて来たような禰衡《でいこう》が、「荀彧は葬式に行かせるのにうってつけだ」と言っている。いつもおごそかな、やや憂わしげな顔をしていたらしい。

荀彧は曹操が最も信をおいた策士であるが、いつも戦争につれて行ったわけではない。むしろ、重要な戦争、困難な戦争であるほど、荀彧を留守居役に残している。荀彧なら大将の不在中に裏切る懸念は絶えてないし、たとえば曹操が東の敵を撃ちに行っているすきをねらって西や北や南の敵が本拠を襲ったとしても、曹操が急ぎ馳せもどるまで機に臨み変に応じて持ちこたえてくれる、という信頼があったのだ。

曹操の覇業成就に荀彧が決定的な役割を果したことが三度あった。

第一は、興平《こうへい》元年（一九四）、曹操が徐州討伐に出た留守をついて陳宮《ちんきゅう》が呂布を引き入れ、兗《えん》州乗っ取りをはかった際である（くわしくは「陳宮」の項をごらんください）。これが成功したら曹操は帰る場所がなくなって下手をすれば野垂死するところであったが、留守を託した荀彧が程昱《ていいく》とともに、わずかに残った鄄《けん》城など三城を守り抜いて曹操の帰りを待った。

このてんやわんやの最中、豫《よ》州刺史郭貢《かくこう》が兵数万をひきいて鄄城の城下にいたり、荀彧に会見を求めた。夏侯惇《かこうとん》らが「貴公は現在一州の鎮、もしものことがあっては……」ととめたが荀彧は、――こんなに早くあらわれたのは態度未定だからであろう、その未定のうちに説得すれば、「縦《たと》い用を為《な》さずとも中立せしむ可し」、怒らせてあっちにつかせてはまずい、と会いに行った。郭貢は荀彧が平然としているのを見て引き揚げ、はたしてどちらにもつかなかった。

敵になる可能性のある者をできるだけ中立にみちびくのは戦いの要諦であろう。それともう一つ、「中立」というややモダンな感じのことばがこんなに早くからもちいられているのがおもしろい。

それはともかく――、曹操が呂布に勝てたのは荀彧の働きであると言ってよい。

第二は、建安元年（一九六）、献帝を許《きょ》に迎える決定である。曹操周辺ではこれに消極的な意見もあったが、荀彧は、晋の文公が周の襄王を擁した例、漢の高祖が楚の義帝の喪に服した例などを引いて強く曹操にすすめた。もとより漢室に対する忠誠などを言ったのではない。天下を制せんとすれば、どんなに無力な天子でもかついで利用したほうが有利だ、という戦略思想である。曹操はこれに従った。そして天子の存在は曹操の行動を掣肘《せいちゅう》もしたが、全局的にはたしかに有利にはたらいた。

第三は、建安五年（二〇〇）、袁紹との官渡《かんと》の戦いの際である。半年間にらみあいがつづき、曹操軍は兵糧が尽きてほとんど持ちこたえきれなくなった。曹操は許で留守を守っている荀彧に、もう撤退したいと思う、と手紙を書いた。荀彧はすぐ返書を書いて、歴史上の例を引きつつ「こういう際は弱気をおこしてひいたほうが負けだ。じっと耐えていればむこうで変化がおこる。ひいてはいけない」と曹操をはげました。まもなく許攸《きょゆう》が寝返って来て、その情報にもとづいて曹操みずから烏巣《うそう》を急襲して淳于瓊《じゅんうけい》を斬り、これをきっかけに張郃《ちょうこう》、高覧が投降して袁紹軍は大潰する（官渡の戦いの経過については「沮授《そじゅ》」の項をごらんください）。荀彧は、「こちらが苦しい時は敵も苦しいのだ。頑張れ！」と曹操を叱咤《しった》したのであった。

＊

荀彧は、建安十七年（二一二）、曹操に迫られて服毒自殺した。五十歳。『後漢書』には「曹操が荀彧に食べ物を贈った。容器をあけて見ると空っぽだった。それで薬を飲んで死んだ」とある。別に、空の容器を贈るのは自殺命令、というきまりがあるわけではない。以心伝心で通じたということだ。

曹操はなぜ自殺を命じたのか。

すこし前に、曹操を魏国公にすすめ九錫《きゅうしゃく》を与える、という話があった。公は爵位である。九錫というのは九種の物——赤い門とか屋根つきの階段とか——をもちいる資格である。二百年前に王莽《おうもう》が九錫を受けた先例がある。荀彧は賛成しなかった。それで曹操が気を悪くして自殺を命じた、というのが通説である。

——荀彧は漢の忠臣である。曹操を助けたのも曹操が漢王朝を立派に復興してくれると信じたからだ。しかるに、「公に昇るとか九錫を受けるとかいうのは漢室をないがしろにするとんでもない野望のあらわれではないか！」と気づいて荀彧は愕然とし、反対して殺された――というわけだ。清の学者趙翼《ちょうよく》なんぞは、「『三国志』が荀彧を、荀攸《じゅんゆう》や賈詡《かく》の輩といっしょにならべて魏臣あつかいしているのはまったくもってけしからぬ。『後漢書』が孔融《こうゆう》とならべて漢臣としてあつかっているのが正しい」と気焔をあげている（『廿二史箚記《さつき》』）。

どうもこういうことを言う人たちは、それでは荀彧は稀代の間抜けになってしまうことがわからぬようだ。唐の杜牧《とぼく》が「たとえば泥棒に壁を破らせ、箱を開けさせておいて、いっしょに盗らなかったからといって泥棒でないと言えるか」と言っている。まったくその通りである。荀彧が、自分が曹操の何を手伝っているかもわからないほどのバカであったはずがない。

ではなぜ荀彧は死なねばならなかったのか。それはわからない。無論荀彧にはわかっていたが――。英雄と賢者の感情の機微だ。後世にはわからぬこともある。

華歆《かきん》（一五七～二三一）

華歆は、曹操の後期より文帝・明帝の時代にかけて、魏の文臣第一位の座にあった人である。孝廉《こうれん》出身（孝廉については「闞沢《かんたく》」の項に説明があります）。豫章太守《よしょう》として行政手腕を示し、名を挙げた。孫策《そんさく》に降伏し、孫策の死後孫権に仕え、建安五年（二〇〇）ごろ曹操に帰した。議郎、尚書《しょうしょ》、侍中と昇進して、荀彧の死後かわって尚書令となり、曹丕《そうひ》が魏王になると相国《しょうこく》、践祚《せんそ》後司徒《しと》（これは相国の名称変更）、明帝の時太尉。

『三国志』の本伝を見るとこの人は、有能、謹厳、清廉の権化のような人物である。特に、生活が簡素で地位を利用してむさぼるところがなかった、ということがくりかえし強調されている。司徒、つまり総理大臣のような地位にありながら一家そろって粗衣粗食、いたって貧しげに暮しているので、文帝がそれはあんまりかわいそうと一家全員に衣服を作ってやった、というような話がいろいろ伝えられている。

またこの人のことは他の人の伝にもしばしば見えていて、当時において立派な人物と評判が高かったことはたしかなようである。

ところが小説『三国志演義』では、華歆といえば、卑《ひ》賤陋劣《せんろうれつ》、もう最低のやつということになっている。民間の芝居においても、姦雄曹操とそのせがれ曹丕に媚びて亡国の天子献帝をいじめる憎むべき奸臣である。史書と小説戯曲だけではない。後世の評価においても、口をきわめて罵倒する人もあれば（これが多い）、いやいやそれは誤解だと弁護する人もあって、なかなかにぎやかである。

その原因は二つある。一つは伏《ふく》皇后（献帝の皇后）殺しへのかかわり、もう一つは曹丕の奪位へのかかわりである。

比較的罪が軽い奪位のほうから見ましょう。

建安二十五年（二二〇）正月曹操が死に、むすこの曹丕が丞相・魏王の位をついだ。この時の献帝の詔に「今、使持節《しじせつ》御史大夫《ぎょしたいふ》華歆をして策を奉じて詔して丕に丞相の印綬、魏王の璽紱《じふつ》を授け、冀《き》州牧を領せしむ」とある。華歆は、実質は曹操の家来だが、形の上ではあくまで漢朝廷の御史大夫である。曹丕も漢の臣であるから勝手に親父のあとをつぐわけにはゆかんので、華歆に詔書を取って来させたのである。

同年十月いよいよ献帝をやめさせて曹丕が天子になる禅譲の儀式の際、「文帝禅を受くるに、歆は壇に登って儀を相《たす》け、皇帝の璽綬を奉じて、以て受命の礼を成す」と「華歆伝」に引く『魏書』にある。単なる儀式の進行係とも言えるが、皇帝の璽綬を漢王朝から取りあげて魏王朝の首にかけてやったのだから、見ようによっては漢王朝の死刑執行人である。なお「禅」はゆずり。

漢王朝は、中華帝国の基礎を築いた最初の偉大な王朝であり、士大夫にとっては永遠の魂のふるさとである。その漢も、献帝が皇位についたころ以後はもう死に体なのであるが、それでも曹操時代には辛うじて余喘《よぜん》を保っていた。それを最終的に息の根を止めたのが曹丕であるが、その簒奪者自身よりも、まわりを忠義顔でウロチョロしてとどめを刺す手助けをしているやつのほうがいっそう憎たらしい、というわけなのだ。

次にその六年前の伏皇后殺しの件。このほうがもっと反撥が強い（伏皇后その人については「伏皇后」の項をごらんください）。

『後漢書』「伏后伝」にこうある。皇后の璽綬を取りあげ中宮から排除する責任者が御史大夫の郗慮《ちりよ》、副責任者が尚書令の華歆である。

〈華歆は郗慮の副となり、后を収容するため兵をつれて宮中にはいった。后は戸を閉め、壁中にかくれた。歆は后を引っぱり出した。その時帝は外殿で慮を引きとめて坐していた。后は髪がほどけはだしで通りすぎながら泣いて別れを告げた。「もう生きてはいられないのでしょうか。」帝は言った。「私もいつまでの命かわからないのだ。」そして向きなおって慮に言った。「郗《ち》公、天下にこのようなことがあるだろうか。」〉……

一見してお粗末な小説だが、『資治通鑑《しじつがん》』もだいたいそのまま載せている。だいたい、というのは、后を引っぱり出すところを「戸をこわし壁を発《あば》いて」と華歆の行為をいっそう乱暴に書いているからである。

『後漢書』および『通鑑』のネタは裴松之《はいしょうし》が「武帝紀」に引いた『曹瞞伝《そうまん》』という本である。それにこうある。文中の「完」というのは伏皇后の父親である。

〈曹公は華歆に命じて、兵をつれて宮にはいって后を収めさせた。后は戸を閉めて壁中にかくれた。歆は戸をこわし壁を発いて后を引っぱり出した。その時帝は御史大夫の郗慮と坐していた。后は被髪徒跣《ひはっとせん》して過ぎ、帝の手を取って言った。「もう生きてはいられないのでしょうか。」帝は言った。「私もいつまでの命かわからないのだ。」帝は慮に言った。「郗公、天下にこのようなことがあるだろうか。」かくて后を殺した。完および宗族の死んだ者数百人であった。〉

范曄《はんよう》（『後漢書』の著者）が壁をぶち破るというのはいくらなんでもありそうにないと思って削除したのを、温公は華歆の悪党ぶりをきわだたせるためにまた復活させたのである。

『曹瞞伝』は呉の人が書いた曹操の伝記である。著者の名はわからない。書かれたのは曹操の死後、呉が滅びる前だろう。曹操は子供のころの呼び名を阿瞞（アーマン）といったという。だから『曹瞞伝』と題しているのだが、この姓に幼名をくっつけた「曹瞞」という呼びかた自体がすでに曹操を罵倒する（と同時に揶揄する）意味あいをふくんでいる。人に対してそんな呼びかたをすべきものではないのであり、それを承知の上でわざとそう呼んでいるのである。しかもそのうえ「瞞」という字は、目が見えないとか人をだますとかいう意味なのだから、いよいよもって悪い。そういう性質の本である。

なお、阿瞞という幼名はもちろんそういう意味でつけたものではない。ただアーマンという呼び名なのである（アーは南のほうでの愛称で、我が国の「ちゃん」「くん」みたいなもの。名前の前につけるところがちがうけれど）。マンはどんな字だと言ってみてもはじまらない。子供の呼び名なんだから――。どうしても書写する必要があればその時適当に字を当てる。魯迅が小説の主人公の名前アーコイのコイがどんな字かわからんと、ふざけて阿Qと書いたみたいなものである。子供が先生について学問をはじめることになると、「大名《たいめい》」とか「学名」とか呼ばれる正式の立派な名前――曹操の「操」とか魯迅の本名周樹人の「樹人」のごとき――をつけることになるのだが、アーコイは学問なんかしないからおとなになってもアーコイなのである。

それはさておき――

『曹瞞伝』は呉のほうにまで聞えてくる曹操についての話を取りまとめて作ったのだろうが、いわゆる「あることないこと」というやつで、あてになる話ばかりではない。上の華歆の話だっておかしいところがいっぱいある。まず父の完が連坐して殺されたとあるが、完は五年も前に死んでいる。これ一つでもすでにこの記事があてにならんものであることはあきらかだ。逃げもかくれもできない皇后を、壁をこわして引っぱり出したの（皇后の手を臣下がつかむなどありうべくもないことだ）、はだしにざんばら髪で連行したの、それがまた帝の部屋を通りかかったなど、到底ありそうにない。「帝の手を取って」をはぶいたのは、さすがに范曄も温公もアホらしいと思ったからだろう。全体に、近所のどこかであったようなことを宮中に移したという感じである。

それではむかしの中国の士大夫たちはこれを一笑に付すかといえばそれがそうでもなく、口をきわめて華歆を罵るのは、これを読んだとたんに「何をするかこの不埒者！」とカッと頭に血がのぼって、「この記事ちょっとあやしいんじゃないの」と考えてみる心の余裕を失ってしまうからだろう（一笑に付した人も多いと思うが、そういう人は何も言わないから表にあらわれてこない。あらわれてくるのは怒っている人と少数の熱心な擁護者だけ）。

『三国志』は華歆を非常に立派な人物として書いている。華歆ぎらいの人はこれをどう解釈するかというと、華歆の子孫はその後代々栄職にあったから陳寿に圧力をかけたにちがいない、と言うのである。たしかにそういうことはあったかもしれない。現に華歆の孫の嶠《きょう》という人が作った『譜敍《ふじょ》』（家譜の説明文）という本があって陳寿も裴松之も利用している。この手の本は御先祖さまのことをひたすら立派に書いてあるにきまったものである。

だからわたしも、華歆という人が『三国志』に書いてあるような非の打ちどころのない人物だったかどうか、疑問の余地があると思う。しかし伏皇后の件については、それはまあ尚書令なんだから廃后手続きの実施にはかかわっただろうけれど、まさか婦人に対して（それも皇后に対して）暴力をふるったというのはウソだろう、呉の人が、謹厳実直清廉潔白の権化みたいな顔をしている魏の総理大臣を漫画の悪者にしてこしらえたお話であろう、と思うものである。

3　曹操にたてついた男

陳宮《ちんきゅう》（?〜一九八）

陳宮は、小説『三国志演義』ではなかなか重要な人物である。

後漢の中平六年（一八九）、董卓《とうたく》は少帝を廃して献帝を立てた。そして曹操を驍騎《ぎょうき》校尉に任じて相談相手にしようとしたところ、曹操は変名して都洛陽から逃げ出した。――『演義』では董卓を刺殺しようとして失敗し逃げ出したことになっているが、まさかそんなことはない。しかし何か董卓とまずいことがあったにはちがいない。

中牟《ちゅうぼう》県というところで怪しまれて捕えられ、役所へ連行されたが、たまたま知った人がいてとりなしてくれたのですぐ釈放され、ことなきを得た。

晋の郭頒《かくはん》という者が書いた『世語《せいご》』という本に「すでに董卓の発した指名手配が来ていた。県の功曹《こうそう》が曹操と気づいたが、世の乱れている時に天下の雄儁《ゆうしゅん》を拘束すべきではないと考え、県令に意見具申して釈放させた」とあり、『通鑑』がそのまま採用している。ばかな話である。曹操が「天下の雄儁」になるのはあとのことである。かりにその功曹が眼力のある男で曹操を天下の雄傑と見抜いていたとしても、県令に対しては「とるにたらぬ旅の者、行かせてやればよろしい」くらいのことを言ったはず。誰も知る者はない。もしずっとあとになってその功曹が「われこそは若き日の魏王の命の恩人」と名乗り出たのなら名前が残るはず。『通鑑』は謹直な史書ということになっているが、こういう小説を取りこんだところも決してすくなくないのである。裴松之が『世語』のヨタ話を載せたのは、関係資料は玉石あわせて載せる方針だからにすぎない。『世語』の記事の信頼性について裴松之は、「三少帝紀」の注で、「蹇乏《けんぼう》にして全く宮商《きゆうしよう》無く、最も鄙劣《ひれつ》である。時に異事有るを以て、故に頗《すこぶ》る世に行われた。干宝《かんぽう》、孫盛《そんせい》等多く其の言を采《と》って以て晋書を為《つく》ったが、其の中虚錯此《きよさくかく》の如き者が往往にしてある」と評価をくだしているのである。ひらたく言えば、いたって程度のひくい、あてにならぬ本だ、との評価である。

閑話休題——

『演義』ではここで陳宮が出てくる。中牟県令が陳宮なのである。彼は曹操を逮捕しないのみならず、その忠義の心に感じ入って、ただちに県令の地位を棒に振って曹操のお供になる。

二人して東へ逃避行をつづける途中、あの有名な話——数ある曹操のエピソードのなかでも最も人口に膾炙《かいしや》した、かつ最も鋭く曹操の人物をあらわしているとされる、呂伯奢《りよはくしや》殺人事件がおこる。

この話は、正史には見えないものだけれども、ずいぶん早くから——曹操生存中かあるいは死んで間もなくのころからもうあったらしい。裴松之がそのできてくる過程、曹操がだんだん残忍になってくる過程を記録してくれている。

まず最初が、曹操の死後数十年以内に朝命で作られた王沈の『魏書』。これでは、——曹操が数騎の従者とともに知人呂伯奢宅に立ちよったところ主人は不在で、むすこや用心棒たちが曹操主従の馬や荷を強奪しようとしたので斬り殺した、——となっている。別段おもしろい話ではなく、それだけに多分事実をそのまま記したものではないかと思われる。

つぎは『世語』。——主人は不在だったが五人のむすこが手厚くもてなした。曹操は追われる身なので、むすこたちが自分を殺すのではないかと疑い、夜八人を殺して逃げた。

つぎは孫盛の『雑記』。——曹操は調理具の音を聞いて自分をやっつけるつもりかと思い、呂伯奢の家族を殺した。そのあと悽愴《せいそう》として「おれが人を裏切るのはかまわぬ。人がおれを裏切るのは許さぬ」と言って去った。

以上が五世紀はじめ裴松之があつめた資料である。陳宮はもちろん出てこない。もともと陳宮はこの話とは何の関係もないのである。『三国志演義』にいたって曹操の従者になって出てくる。『演義』の話はこうである。——呂伯奢は家にいたが、曹操が来たのでごちそうの材料を買いに出た。奥のほうで刃物をとぐ音や「縛って殺そう」という声が聞えたので、一家八人を惨殺した。あとで豚を殺す話をしていたのだと気がついた。逃げ出すと道で買い物から帰って来た呂伯奢と出くわした。曹操はこれも斬り殺した。陳宮が驚くと曹操は「おれが天下の人を裏切るとも、天下の人がおれを裏切るのは許さぬ」と言った。陳宮はその夜曹操を捨てて逃げた。……

あとになるほど曹操がひどいやつになってゆくのがよくわかる。話が著名であるとともに、曹操のセリフも著名である。『雑記』では「寧我負人、無人負我」。

たしかによくできたセリフだ。もっとも日本語で「ムシロワレヲシテヒトニソムカシムルモ、ヒトヲシテワレニソムカシムルナカラン」なんて言ってたんじゃまのびしてまるで力強さがなくなってしまうが――。『演義』では「寧教我負天下人、休教天下人負我」と七言二句に引きのばしているが、これは全然へたくそ。『雑記』に遠く及ばぬ。

いずれにせよ中国の歴史上天下を取ったほどの男たちは、漢の高祖から毛沢東にいたるまで、みな「寧我負人、無人負我」の心がけでやってきた――いや、心がけずとも天性そういう精神の持主なのである。そういう精神を持ちあわさぬやつは初めから天下を制することなどあきらめたほうが安全なのであった。

*

史上実在の陳宮は、兗《えん》州東郡――現在の地図で言うと山東省と河南省との境目のあたり――の人である。土着の豪族らしい。「剛直烈壮、少《わか》くして海内《かいだい》知名の士と皆相連結す」というから町の顔役だったのだろう。曹操が初平二年（一九一）に東郡太守になり翌三年兗州牧になってからその部将になり、東郡の守備をまかされていた。「程昱《ていいく》伝」に「陳宮が曹操にそむいて呂布を迎え入れたら百城がみな応じた」とある。影響力のある人だったらしい。

興平元年（一九四）、曹操の父曹嵩《そうすう》が徐州牧陶謙《とうけん》の部下に殺された。怒った曹操は、兗州を荀《じゅん》彧《いく》と程昱にまかせて徐州へ報復に行き、むちゃくちゃな殺戮をおこなった。この時ほどの大量徹底虐殺は中国の歴史上でもあまり例がなかろう。攻略した町ではすべての人間と犬や鶏まで殺しつくし、投げこまれた数十万の死体で川の流れがとまった。五つの町ではその後久しく生きて動くものの姿が見られなかった。

この留守を狙って陳宮がそむいた。陳宮は陳留太守張邈《ちょうばく》を語らい、呂布をかついで兗州牧にしたてて兗州乗っ取りをはかった。――この州牧という職は、本来はもちろん朝廷が任命する地方長官なのだが、このころにはもう実力者が勝手になるものになっているのである。曹操が初平三年に兗州牧になったのも鮑信《ほうしん》らにかつがれてなったのだ。曹操が天子から正式に兗州牧に任じられるのは興平二年（一九五）である。

呂布はなんといってもこの時期第一の豪傑だから、兗州の各城はぞくぞく呂布側につき、荀彧と程昱がかろうじて鄄《けん》城、范《はん》県、東阿《とうあ》の三城を死守した。急を聞いて馳せもどった曹操と呂布との戦いになり、これが断続的に四年間続く。陳宮は呂布の智慧袋としてしばしば献策したが、たいてい容れられなかった。

建安三年（一九八）、曹操は下邳《かひ》に呂布を攻めて呂布・陳宮を捕え、下邳城の白門楼で斬った。曹操は陳宮の智謀を高く買っていたから、内心はもう一度配下において使いたかったようだ。しばりあげられた陳宮に曹操が「頭が自慢のおまえがなんでこんなことになった」と問うと、陳宮はかたわらの呂布をあごでさして、「こいつがおれの言うことを聞いてくれなかったのだ」と答えた。「東郡にいる母親をどうする」と訊くと「孝をもって天下を治める者は人の親を害せず、と言う。母の存否は貴公次第だ」と答えた。「では妻子は」と訊くと「仁を施して天下に政する者は人の祀を絶たず、と言う。これも存否は貴公しだいだ。ではやってもらおうか」と、あともふりむかずさっさと刑場へおりて行った。曹操は涙をうかべて見送ったと言う。

曹操は陳宮の母が死ぬまでめんどうを見、むすめはしかるべき者にめあわせた。

これはまたずいぶんめずらしいことで、だいたい曹操は敵や裏切り者を殺すと、その一家眷属も皆殺しにしてしまうのである。現に陳宮とともに曹操に叛いた張邈も、当人は袁術に頼ろうと落ちのびる途中部下に殺されたが、曹操はその一族をとらえて皆殺しにしている。まあこれは曹操にかぎらず、戦乱の世に生きる者の心がまえというものなのだろう。だから胡三省（『通鑑』の注釈者）は、「きっと陳宮の妻子は何もできないという確証があったのだろう」と身も蓋もないようなことを言っている。

華佗《かだ》（?〜?）

華佗は後漢末の名医である。

小説『三国志演義』では、第七十五回、関羽《かんう》の右腕に毒矢があたって毒が骨にまでまわったのを、骨を削り取って治す場面が一番の見せ場になっている。もっともこの場面、骨を削られながら平気で談笑裡に碁を打っている関羽のほうが主役ではあるが——。そのあと、第七十八回、こんどは頭痛に悩む曹操に招かれ、「これは頭蓋骨を切開せねば治りません」と診断したところ、

「わしを殺す気か」と投獄され、獄死したことになっている。

華佗が関羽の腕の手術をした、というのはウソである。関羽が腕の手術をしたのはホントだが、医者の名は伝えられていない。華佗でないことはたしかである。

曹操が華佗に殺されたというのはホントである。曹操が頭痛持ちだったというのもホントであり、華佗を主治医に招いたというのもホントである。しかし頭を斧でたちわって病処を摘出するなんて乱暴なことは言わない。ハリで治していた。そのうちに「郷里から手紙が来たのでちょっと帰ってきます。すぐもどって参ります」と言って郷里へ帰り、妻の病気を理由にもどってこなかった。曹操が人をやって調べさせると妻が病気というのはウソだったので、怒って逮捕投獄し、殺したのである。

その時に曹操の謀臣である荀彧が「腕のいい医者だから」と命乞いをしたが曹操は許さなかった。

『演義』では荀彧ではなく賈詡が命乞いすることになっている。なぜかというと荀彧は第六十一回でもう死んでいるからである。

つまりこういうことだ。

歴史上実在の華佗がいつ死んだかはハッキリしないが、荀彧が死んだ建安十七年（二一二）より前であることはたしかなのである。それを『演義』では関羽と曹操が死ぬころまで生きのびさせたのである。

関羽と曹操とは相前後して死んでいる。関羽が死んだのは建安二十四年（二一九）の十二月、曹操が死んだのは翌年の一月である。『演義』では、関羽は華佗に腕の手術をしてもらった直後に孫権の軍に敗れて殺され、曹操は華佗を殺したあと病気が悪化して死んだことになっている。なぜ小説では華佗を七年以上もよけいに生きさせることにしたのかというと、もちろん、関羽が談笑裡に手術を受けた際の執刀医は名医華佗にしたかったからであり、もう一つ、曹操は華佗の手術を拒否したために病状が悪化して死んだということにしたかったからである。

そして華佗が建安二十四年の暮ごろまで生きていたとなると、荀彧が命乞いするのは無理だから、賈詡に代役をつとめさせることにしたのである。

＊

華佗は麻酔薬を用いて外科手術をしたことで有名である。「魏志」の華佗の伝にこうある。

〈病気が体の内部にあって針も薬も届かず切開する必要がある時は、「麻沸散《まふつさん》」を飲ませるとすぐ無感覚になる。そこで悪いところを取り除く。腸の病気の際は、腸を切って洗い、縫いあわせて薬を塗ると、四五日でよくなり、痛みもなく、当人も気づかぬまでになり、一か月で快癒する。〉

この記事をめぐっては、今世紀前半以来、中国の歴史家、医学史家の間で議論がある。民国の歴史学者陳寅恪《ちんいんかく》などはこの記事を全面的に疑い、これはインドの神話が仏教とともに中国にはいってきて華佗に結びつけられたのだろうと言う（『寒柳堂集』に見える）。しかしそれは少数意見で、大多数は基本的にこの記事を信用している。

二世紀から三世紀にかけてのころに切開とか縫合とかの技術がすでにあった、ということは信じてよかろう。陳寿が『三国志』を書いたのは三世紀後半のことである。その当時において右のごときことがまったくなく、空想で記事を書いたとは思われない。

中国人は古くより豚や牛などを屠殺処理しており、また残酷な刑罰などの際に人の体を切り開くこともめずらしくなかったから、内臓のしくみについてはひととおり知っていた。悪いところがあれば切除してつなぐという発想や試みがあったとしても不思議ではない。

問題は麻酔だ。人体に対する手術の際にはこれが絶対の前提になる。人体の感覚や機能を麻痺させて死亡ないし癈疾にいたらしめる毒薬はむかしからあるが、麻酔薬は感覚や機能がもとどおりにもどるものでなければならない。中国の学者の議論は「麻沸散」の成分にかかわるものが多い。

華佗と同時代の医師張仲景があらわした『傷寒雑病論』に「麻沸湯」という語が見えるが、これは沸騰した湯のことである。たしかに麻酔薬に「沸」の字がもちいられるのはおかしい。だから「麻沸散」は「麻《ま》蕡散《ふんさん》」の誤りであろうと考える学者が多い（「沸」と「蕡」は音が近い）。「麻蕡」は大麻のめしべで麻酔作用がある。また、曼陀羅花を主剤として草烏《そうう》、当帰《とうき》、川芎《せんきゅう》、南《なん》星《せい》などを調合したものだろうと考える人もある。

関羽の腕を手術した医者は華佗ではないが、やはり麻酔薬をもちいたであろうから、関羽が痛がらなかったというのは理解できる。しかしむかしの麻酔薬は飲用するもので、局部麻酔はなかったようであるから、「蜀志」に言うごとく関羽が手術中諸将と飲食談笑できたかどうかは疑問である。

＊

華佗はなぜ曹操の主治医の職を放棄して帰ってしまったのか。

「魏志」の華佗の伝には、その医師としての腕前の実例をたくさんならべたあと、「佗の絶技はこのようであった。しかし本来士人であるから、医をもって力量を示すことには常に不満をいだいていた」とある。そのあと曹操の主治医になりながら職務放棄した記事がつづくのである。

むかしの中国の医師というものに、こんにちの常識を押しおよぼしては大いに見当がちがう。むかしの中国においては、医術にかぎらず、広い意味での「技術」というものの社会的地位が低く、したがってそれにたずさわる者は、人々からそれほど尊敬されるものではなかった。「広い意味での技術」と言うのは、数学・測量・天文とか、法律の知識や運用とかいった特定分野の知識や能力も含むからである。そうしたものはすべて「末技《まつぎ》」であった。たとえばこのころの中国では、機械じかけで歩く人形とか、水の上を自在に走りまわる船とかをもう作っているが、そうしたたぐいのものは所詮精巧なおもちゃであって、その技術が生産の拡大なり生活水準の向上なりにつながってゆかない。かりに多少つながったとしても、円満な道徳的世界の完成、という学問の目的とは関係ない。「科学技術」というものの持つ意味が、産業革命以後の欧米（および現在の世界）とは全然ちがうのである。

医術にしても、死にかけた病人を治せば珍重されるにはちがいないが、いかに腕がよかろうとそれは「方技《ほうぎ》」（技芸）の範囲内であり、学問の範囲にははいらないのである。

華佗は、自分では「士人」、学問をやった人間をもって任じているのに、なまじ医術が高明であったために一技芸者としてしか遇せられなかった。曹操なら自分を士人としてあつかってくれるかと思ったら、やっぱりあくまで医者あつかい、頭痛の時に呼ばれるだけである。それが不満で華佗は去ったのであった。

三　北方の勇者たち

公孫瓚〈附〉劉虞　張燕

袁紹

沮授〈附〉田豊　許攸

公孫瓚《こうそんさん》（?〜一九九）

《附》劉虞《りゆうぐ》（?〜一九三）
張燕《ちようえん》（?〜?）

言うまでもなく『三国志』は、三国時代をその記述範囲とする正史《せいし》である。
その三国時代はいつからはじまるかと言えば、それは、黄初《こうしよ》元年（二二〇）十月、魏文帝（曹《そう》丕《ひ》）が漢献帝の譲りを受けて帝位につき、魏帝国が創建された時にはじまる。それまではまだ漢の時代であり、『後漢書』の守備範囲である。

しからば『三国志』はその年から記述をはじめればよいかと言うと、それはちょっとぐあいがわるい。そうしたのでは、なぜ三人もの皇帝が同時に立っているような異常な情況が生じたのか、そのいきさつがわからないからである。

そこで陳寿は、その数十年前、漢朝廷が混乱におちいり、統制力を失って無力化し、群雄が割拠して混戦するあたりから記述をはじめることにした。その結果、『三国志』には、前代の人物、つまり三国時代がはじまった時にはもうこの世にいない人物が伝を立てられることになった。いわば「プロローグ的人物」である。

そういう人はたくさんあるが、そのうち特に重要な人は、のちに范曄《はんよう》が『後漢書』を作る時に再び伝を立てることになる。『後漢書』としてもそれらの人物なしにはすまされないからである。
そういう、両正史に伝を立てられた人が十二人いる。つぎの通りである。

董《とう》卓《たく》（?～一九二）
袁《えん》紹《しょう》（?～二〇二）
袁《えん》術《じゅつ》（?～一九九）
劉《りゅう》表《ひょう》（一四二～二〇八）
呂《りょ》布《ふ》（?～一九八）
臧《ぞう》洪《こう》（?～一九五）
公孫瓚（?～一九九）
陶《とう》謙《けん》（一三二～一九四）
劉《りゅう》焉《えん》（?～一九四）
荀《じゅん》彧《いく》（一六三～二一二）
仲長統《ちゅうちょうとう》（一八〇～二二〇）
華《か》佗《だ》（?～?）

右のうち、おしまいの三人はちょっと除外してよい。
荀彧は、魏帝国建国前に死んでいるとは言え、曹操の配下、つまり純然たる魏臣である。にもかかわらずなぜ范曄が『後漢書』において立伝したのかと言うと、荀彧は曹操が魏国公に進もうとしたのに反対して自殺した。すなわち漢臣として死んだと認定したのである。「荀彧伝」の論に「蓋《けだ》し其の正に帰するを取るのみ。亦《また》身を殺して以て仁を成すの義なり」と言っている。

しかし虚心に見て荀彧の伝が『後漢書』に立てられるのはやはり当を失している。――なお公平のために言っておくと、清の歴史学者趙翼《ちょうよく》はわたしとは反対意見で、范曄が荀彧を漢臣としてあつかったのが相当だと言う。『廿二史劄記《さつき》』に「陳寿がすでに魏臣の内に入れたのに、范蔚宗《はんうつそう》(范曄)は独り提出して後漢書に列し、伝論に、其の帰正を取る而已《のみ》、亦殺身《さつしん》以て仁を成すの義、と明言している。此れ実に平心の論である」と言っている。

仲長統《ちゅうちょうとう》(姓仲長、名統)は建安《けんあん》期の文人。『三国志』に立伝されていると言っても「劉劭《りゅうしょう》伝」に附してわずか一行(二十四字)の伝である。『後漢書』は作品をたくさん掲げている。

華佗《かだ》は医者である。曹操に殺されたのだから建安中に死んだことはまちがいない。『三国志』は「方技伝」に、『後漢書』は「方術伝」に立伝している。末技にたずさわる特殊な人物である。

そこでその三人をどけてみると、あとの九人、いずれも漢末の世に覇を一方にとなえた大物ばかりである。この顔ぶれが、四百年つづいた漢の時代の、いわば葬儀委員会である。

そしてもう一人、葬儀委員長がいる。言わずと知れた曹操である。曹操もみずからが築いた魏帝国の建国前に死んでいる。つまり曹操の生涯は漢代のうちにあるわけである。しかし無論、曹操は魏の皇帝だからその伝が『後漢書』に載るわけはない(「伝」とは皇帝でない人間についての記録のことである)。司馬懿《しばい》と同じである。司馬懿はまったく三国時代の人物であり、晋帝国ができるより十五年も前に死んでいるが、死後晋の皇帝となったため、将来『晋書《しんじょ》』が作られる時その開巻第一の宣帝紀で記述されるはずであるから、『三国志』に伝が立つことはないのである。

＊

公孫瓚は、東漢末、東北の辺境に覇をとなえた人である。

長城の外、現在の遼寧省《りようねい》に、四つの行政区があった。一番西（内地寄り）が遼西郡《りようせい》、その東が遼東属国、その東が遼東郡、その北が玄菟郡《げんと》である。辺境を通りこして国外支配地という感じだ。幽州《ゆう》に属するが、幽州の本体（現在の河北省《かほく》北部一帯）より面積から言ったらずっと広い。烏丸《うがん》（烏桓とも書く）という異民族がおもに住んでいる。トルコ系かモンゴル系の遊牧民である。

なお、「属国」というのは、郡レベルだが郡よりはやや小さい行政単位である。郡の長官は郡太守《たいしゆ》だが、属国の長官は属国都尉《とい》と言う。遼東属国は遼東郡から分置したものである。特に烏丸が多く住んでいるところなので、独立の行政区としたのである。

公孫瓚は遼西の人である。家は代々二千石《にせんせき》（郡太守）だという。たしかに遼西遼東方面では公《こう》孫《そん》という姓の人が幅をきかしている。孫権《そんけん》にミソをつけた公孫淵《えん》は祖父の代から遼東の支配者だ。ただし公孫瓚は母が卑賤の女だったとある。地方の名門の男が下女か娼妓か何かに生ませた子なのである。だから名門の恩恵は受けていない。

遼西郡の小吏になったところ、美男子で賢いので太守が気に入ってむすめをやり、涿《たく》郡の盧植《ろしよく》のところへ勉強にやってくれた。ここで劉備とクラスメートになる。

郡にもどって孝廉《こうれん》に挙げられ（孝廉については「闞沢」の項をどうぞ）、遼東属国の長史《ちょうし》になった。長史は属国の副長官で、兼ねて軍の指揮官である。都尉の名前は出てこないから、実質上の長官だったのだろう。

なにしろいくさの好きな男で、烏丸との戦争に明けくれた。何もそう烏丸を目のかたきにしなくてもよいのだが、なぜかこの男は烏丸を掃滅せぬと気がすまぬのである。

「烏丸との衝突の知らせがあるたびに、憤怒の形相すさまじく、仇敵に対するように砂塵にむかって追撃し、時には夜戦におよんだ。虜《りよ》は瓚《さん》の声をおぼえ、その勇を恐れ、さからう者はいなかった」と『後漢書』の本伝にある（虜は異民族をさして言う語）。

公孫瓚は白馬が好きであった。自分が白馬に乗るのみならず、騎射をよくする勇士数十人を選んでみな白馬に乗らせ、これを自分の左右にならべて、「白馬義従《ぎじゅう》」と称した。すなわち公孫瓚親衛隊である。烏丸の人たちは「白い馬を見たらかくれろ」と言いあった。どうもまことに気の毒なことで、こんな男に植民地軍の大将になられたのでは、原住民はたまったものじゃない。

それで、烏丸に対して慰撫宥和《いぶゆうわ》策を取る幽州牧劉虞《りゅうぐ》としばしば衝突した。

＊

劉虞は東海郡の人、皇室の遠い親戚で、祖父は朝廷の光禄勲《こうろくくん》、父は丹陽《たんよう》郡の太守という名門である。

何を見てもこの人のことはたいへんほめてある。温厚寛容な長者だったらしい。はじめ幽州刺《し》史《し》になり、異民族を保護したので評判がよかった。その後朝廷にもどり、宗正《そうせい》（九卿《きゅうけい》の一、皇族のことをつかさどる）にのぼった。中平四年（一八七）、前の中山《ちゅうざん》国の相《しょう》張純が烏丸と連合して叛乱をおこし、辺境地方が混乱におちいったので、翌五年、宗正のまま、また幽州牧に出た（刺史と州牧《しゅうぼく》とについてのくわしいことは「劉焉」の項をごらんください）。赴任すると、この人はあくまで平和路線で、屯兵を廃止し、張純の首に懸賞をかけたら、すぐ部下の者が大将の首をとって出頭してきた。

　いったい幽州は東方に遼東遼西という不毛で金ばかりかかる広大な地域をかかえているから財政が苦しい。毎年、南隣の冀《き》州とその南の青州から税のあがりをまわしてもらってまかなっているようなありさまだったが、劉虞は産業に力を入れ、農業を奨励し、塩や鉄を輸出して財政をたてなおした。黄巾《こうきん》の乱の時は青州徐州から百万人以上の難民が流入してきたが、みな生業を得て居ついてしまったという。

　中平六年（一八九）、并州牧董卓《とうたく》が陳留《ちんりゅう》王協《きょう》を帝に立てた。献帝である。翌初平元年、関東の州郡みな兵を起して董卓を討たんとし、袁紹を推して盟主とした。董卓は帝をつれて長安へ行ってしまった。袁紹は困った。天子を取られてはやりにくい。しかし考えてみると、天子と言ったって八つか九つの子供で、董卓が勝手に立てた看板にすぎない。董卓が天子を立てるのなら、袁紹が立てたっていいわけだ。そこで冀州牧韓馥《かんふく》とはかって、劉虞を皇帝に立てることにした。劉虞なら、皇室の血筋である。温厚円満な人格者だから誰からも文句は出るまい。年寄りだからガキの献帝よりよほど貫禄がある。そこで楽浪《らくろう》太守の張岐《ちょうき》などを使者として、劉虞に尊号《そんごう》をたてまつろうとしたが、劉虞はおこってことわった。もし劉虞が承知していれば、漢の皇帝が二人できて、献帝はいずれ曹操の手に帰するわけだから、袁紹と曹操という両雄がそれぞれ漢の天子をいただいて雌雄を決することになったわけだが、劉虞がことわったからそうはならなかった。

＊

張純と烏丸が連合してそむいた時、朝廷は公孫瓚に、劉虞の節度《せつど》を受けるように、つまりその指揮に従うように命じた。しかし平和主義者の言うことなど聞く公孫瓚ではない。烏丸を鎮圧したあとも、いよいよ軍を大きくし、冀州の諸城をみなその支配下におさめ、さらには自分の部下を勝手に青州、冀州、兗《えん》州の刺史に任命し、郡守、県令も自分が配置した。

そのすこし前、初平二年（一九一）に、袁紹は冀州牧韓馥をおどかしてその地位を奪い取っている。だから冀州の長官は、朝廷（董卓）が任命した冀州牧壺寿《こじゆ》と、自分で冀州牧になった袁紹と、公孫瓚が任命した冀州刺史厳綱《げんこう》と三人いるという状態であった。

公孫瓚は、初平二年から三年にかけてたびたび袁紹と戦い、勝ったり負けたりしている。負けたほうが多い。劉虞は公孫瓚が自分の指図に従わず、勝手に戦争ばかりするので朝廷に訴えた。公孫瓚も負けずに訴えかえす。董卓や李傕《りかく》・郭汜《かくし》の朝廷では、このケンカはどうにもなるはずがない。

一触即発の形勢になってきたので、公孫瓚は薊《けい》城に丘を築いて陣をかまえ、劉虞に備えた。初平四年（一九三）の冬、劉虞は兵十万をひきいて公孫瓚を攻めた。

この時、公孫瓚の兵はあいにくほとんどが出はらっていた。どう考えたって劉虞の勝ちだ。ところがなにしろ平和主義者だから、戦いに臨んでの兵士たちに対する命令が、「公孫瓚だけが相手だ。他の者を傷つけてはならぬ」「建物をこわしたり火をつけたりしてはならぬ」というのだからやりにくい。それにそもそも、劉虞の兵士たちは、ほとんど戦争なんかしたことがない。公孫瓚もはじめは命一つで逃げるつもりでいたのだが、これならいけると、鋭士数十人をつのり、風上にまわって火を放ち、風に乗じて突撃したら、劉虞の軍は総崩れになり、劉虞は居庸《きよよう》県まで逃げたが、とうとうつかまってしまった。たまたま朝廷から段訓《だんくん》という人が、劉虞と公孫瓚を昇格させる使者としてやって来た。公孫瓚はその段訓を、縛りあげた劉虞のところへつれてゆき、「こいつは袁紹と組んで皇帝になろうとした悪いやつです。そなた朝廷を代表して斬りなされ」と言った。段訓は人の首など斬りたくないが、ことわれば何をされるかわからない。とうとう薊のさかり場で段訓が劉虞を斬った。公孫瓚はその首を都へ送りとどけた。段訓は公孫瓚の推薦で幽州刺史にしてもらった。

『後漢書』「劉虞伝」のおしまいにおもしろいことが書いてある。

劉虞は非常に質素倹約な人だった。州牧という高い地位にありながら、よれよれの服にワラの靴、冠がすり切れて穴があいたらツギをあててかぶっていた。ところが劉虞が殺されたあと公孫瓚の兵士が邸宅に踏みこんでみると、妻妾たちはゼイタクな衣服を着、豪華な装身具をつけていた、というのである。

つまり劉虞は偽善者だったのだ、と言いたいらしい。温厚も寛容も平和主義もそう見せかけていただけだ、と。

しかしいくら見せかけでも、それを貫き、それで負け、殺されたのなら、それはそれで立派なものだ。

＊

劉虞が死んだあと、もと部下、むすこ、恩義を感じていた烏丸《うがん》・鮮卑《せんぴ》などが連合して報復の軍をおこし、それに袁紹も援軍を送って、盛大なとむらい合戦がおこなわれた。公孫瓚は一年あまりの持久戦でやっとこれをしりぞけた。

しかし公孫瓚は、ちょうどマクベスみたいに、世の中がみな自分に敵対し、だれもが自分の命をつけ狙っているような妄想にとらわれるにいたったらしい。易水《えきすい》のほとりに丘を築いてとりでを作り、物見やぐらを何十も建て、まわりを三重の城壁で囲んでたてこもった。これを、易水に臨んでいたので「易京《えききょう》」と言う。「京」は人工の丘である。

『後漢書』にこうある。

〈瓚《さん》は万一をおもんぱかって高京に住いし、鉄で門を作った。左右の者をしりぞけ、男は七歳以上の者は易の門を入るを許さず、まわりにいるのは姫妾だけで、文書類は吊り上げた。女たちに大声を出す訓練をさせて数百歩のむこうまで聞えるようにし、命令を伝えさせた。賓客を疎遠にし、だれをも親信しなかったため、謀臣猛将はだんだん乖散《かいさん》した。〉

つまり、高い丘の上のノッポビルのようなところに女たちと住み、文書はひもの先にカゴをつけたのでつりあげて審査し、指示は数百歩むこうの鉄門の外にいる部下にむかって、女たちが大声張りあげて「××さんを死刑にしてくださあーい」などと叫んだのである。どうも、もはや常態ではない。

建安三年（一九八）、袁紹が大軍をもよおして公孫瓚を攻め、易京をひしひしと取り囲んだ。瓚はむすこの続《ぞく》を、黒山《こくざん》盗賊のもとへ救援依頼に行かせた。翌四年春、黒山賊の大将張燕《ちょうえん》が十万の兵をひきいて続と共に救援にやってきた。公孫瓚は援軍に、「近づいて来たら火をあげて合図せよ。こちらからも打って出る」と密書を送った。ところがその密書が寄手の手におちた。袁紹は伏兵の備えを十分にして火をあげた。公孫瓚はそれきたと飛び出したから、自分で網にかかりに行った魚みたいなもの、さんざんに打ち破られて命からがら逃げもどったが、もはやこれまでと、姉妹妻子をくびり殺して本営に火をつけた。袁紹麾下《きか》の兵が丘を駆けあがって行って、公孫瓚を斬った。

＊

東漢末の盗賊は黄巾《こうきん》が特別規模が大きく、著名でもあるが、その他にも多くの盗賊があった。黒山賊はその中でも大きいもので、張燕はその首領である。もとは褚《ちょ》という姓で、常山国真定《しんてい》（今の石家荘《せきかそう》市）の人。ナラズモノをあつめて盗賊団を作り、山沢の間をあらしまわっているうちに一万人の規模になった。お隣の中山国博陵《はくりょう》の張牛角《ちょうぎゅうかく》を首領とする盗賊と連合し、張牛角を兄貴分とした。この張牛角が戦闘中矢にあたって死んだのであとをつぎ、姓もついだのである。

燕というのも本名ではなく、身が軽いので燕とか飛燕とか言われたのだ。張牛角の牛角ももちろん本名ではない。

中小盗賊団の親分が団体で加盟してきて百万人の集団になり、集団名を黒山《こくざん》と号した。昔から中国の盗賊団やその首領は、強そうな名やカッコいい名を名乗る。同じころ黄巾の一派で白波《はくは》という賊があり、これも相当大きかった。この名が素敵なので、日本で盗賊のことを白波《しらなみ》と言うようになったのである。黒山もなかなかいい名だ。

黒山賊が強いので朝廷もとても討伐はできず、張燕を平難中郎将に任じ、河北諸山谷事《かほくしょさんこくじ》を領して年々孝廉《こうれん》・計吏《けいり》を挙げることを得しめた。つまり広大な山間部の長官として認められたのである。

なお、「魏志・張燕伝」に引く『九州春秋』では、楊鳳という盗賊が黒山校尉に任ぜられ諸山賊を領して孝廉・計吏を挙げる資格を得たとあるが、黒山の首領は張燕だからこの記事は信じられない。『後漢書』「朱儁《しゅしゅん》伝」に「遂に燕を平難中郎将に拝し……」云々とあるのが正しいであろう。

張燕は公孫瓚との関係がよく、袁紹と公孫瓚とのたびたびの戦争には援軍を送っていた。だから救援にかけつけたのである。

黒山賊は袁紹に負けてから勢力が衰えた。曹操が冀州を定めると張燕は全軍をひきいてくだり、平北将軍に拝せられ、安国亭侯に封ぜられた。

盗賊と群雄とは実質的にはそうちがうものではない。ただ形式がちがう。「張燕伝」に引く

『典略《てんりやく》』に「黒山・黄巾の諸師はもと冠蓋《かんがい》に非ず」と言うように、大将の素姓がちがうのである。張燕のように何の資格もない者が勝手に部下を集めて武力集団を作れば、これは「盗賊」である。公孫瓚のように、朝廷の官僚として任地を与えられた者が、その任地をはるかにハミ出して他人の任地を占領したり支配したりしたのは「群雄」である。

群雄のほうが有利とは、かならずしも言えない。要は身の処しかたである。公孫瓚のように、いくら強くてもムチャをやりすぎると惨めな最期をとげる。張燕のように身のほどを知って、一番将来のたしかそうな人のところへ「盛業をお助け申しあげたい」と降参して出れば、栄位を与えられ爵号をたまわって子孫に伝えることができる。盗賊張燕の子や孫は堂々たる貴族である。

袁紹《えんしょう》（？〜二〇二）

後漢王朝が衰微し、一時朝政の権を握った董卓《とうたく》が警護隊長の呂布に殺された時点で、天下を取る可能性が最も大きかったのはだれかと言えば、それは袁紹である。

いったい後漢時代というのは地方豪族の時代である。地方豪族の子弟の優秀なのが中央官庁の高官になったり、地方の長官になったりして、政治を動かすとともに、権勢・財産を手にする。優秀な地方豪族子弟を見つけ出して政府に推挙するのはその地をおさめる長官の大事な仕事である。これを「選挙」つまり「選んで挙げる」と言う。——いまでは中国でも日本でも選挙といえば「投票」と同じ意味みたいになっているが、本来はそうではないのである。——長官としても何千何万という若者を一人一人全部見て歩くわけにもゆかぬから、輿論《よろん》、つまり評判に常に注意することになる。

そういうことなので、どこの町（あるいは村）のなんという家のなんというせがれが出来がいい、とか、どういう人物だ、とかの情報が口コミで広く伝えられ、多くの人に知られる、という情況ができあがっていた。

その際、最重要注目点が三つある。一つは家柄である。一つは容貌・容姿——これを「儀表《ぎひょう》」

という——である。もう一つが人柄である。——ついでに言うとこの人柄については、「温厚」とか「せっかち」とか抽象的に言うよりも、それをピタリとあらわすようなエピソードのほうが印象的である。それで人物のエピソードを語ることがさかんにおこなわれ、のちにそれがまとめられて『世説新語《せせつしんご》』のような本ができることになる。こうしたエピソードはかならずしも事実ではないかもしれない。しかしその人の人柄を的確に語っているゆえに真実である、と言ってよかろう。

袁紹はこの三つとも上々である。まず家柄は四世にわたって三公《さんこう》を出したという名門。「三公」というのは、司空《しくう》、司徒《しと》、太尉《たいい》、これは人臣として最高の位である。袁氏は袁紹の父親の代まで四代連続この三公が出ている。儀表は堂々。人柄は上品で教養あり、貴族らしいコモンセンスを身につけている。

袁紹の宿敵曹操は正反対である。父親は宦官《かんがん》の養子だから貴族としては最低に近い。儀表はパッとせず、頭脳明晰だが刻薄残忍である。そういう男が勝って天下を取ったのだから、たしかに三国時代というのはその前後とはちょっとちがう時代だった。

袁紹と曹操の関が原が官渡《かんと》の戦いである。この戦いで袁紹は田豊《でんほう》・沮授《そじゅ》という耿直有為《こうちょくゆうい》の臣の能力を生かすことができなかった。許攸《きょゆう》のような男も、それはそれで使いようがあったろうに、存亡を決する時に逃げられ、最重要の軍機を曹操にリークされた（「沮授」の項をごらんください）。

武将にも逃げられた。烏巣《うそう》の兵糧屯積地が曹操に襲われたという知らせがとどいた時、袁紹は、それなら官渡の本営は手薄だろうと判断して、張部《ちょうこう》と高覧《こうらん》に攻撃を命じた。張部が「曹操が本営のそなえをしていないはずがない。それより烏巣の淳于瓊《じゅんうけい》を救い曹操を討つのが先決だ」と主張したが、袁紹は聞かなかった。張郃と高覧はやむなく官渡の本営攻撃にむかったが、もとより十分なそなえがありかんたんに落ちるわけがない。そのうち烏巣大敗の報がはいったので、両人は兵器を焼いて投降した。張郃・高覧部隊が寝返ったと聞いて、袁紹軍は大潰した。袁紹が天下を取る機会は永遠に去った。

曹操は袁紹を「志は大なれども智は小、色は厲《れい》なれども膽《たん》は薄く、克《こく》を忌むも威を少《か》く」と評した。「色」は、顔つき、物腰、外見。「克」は下の者が智力・指揮能力等で自分を抜くこと。『後漢書』は「外寛雅《そとかんが》にして局度有り、憂喜色に形《あら》わさず。而《しか》れども性矜愎自《せいきょうふくじ》高《こう》、善に従うに短なり。故に敗に至る」と評する。

いずれも剴切《がいせつ》の言である。

袁紹は建安五年（二〇〇）の秋に曹操に敗れて鄴《ぎょう》にもどり、二年後、同七年の夏に死んだ。「武帝紀」に「紹は軍が破れて後、病を発して血をはき、夏五月死んだ」とある。『献帝春秋』に「紹の治政は寛容であったので、百姓《ひゃくせい》はこれを徳としていた。河北の士女は傷怨《しょうえん》せざるなく、市《し》巷《こう》に涙を揮《ふる》い、親族を失ったようであった」とある。

袁紹には、息子が三人あった。譚《たん》、煕《き》、尚《しょう》である。腹ちがいらしい。末子尚の母劉氏は後妻で、袁紹はこの末っ子を最もかわいがっていた。『典論』に袁紹没後のこんな話がある。

「劉氏は焼餅やきで、紹が死ぬと、その寵妾五人をことごとく殺した。死人に意識があってあの世でまた紹と一緒になっては困ると思い、妾たちをみな坊主頭にして顔に入墨をし、出会ってもわからないようにした。息子の尚は妾たちの家族も全部殺した。」

沮《そ》授《じゅ》（?～二〇〇）

《附》田豊《でんほう》（?～二〇〇）許攸《きょゆう》（?～?）

中国には「美人女房はウスバカ亭主に添うて寝る」ということわざがある。人間の釣合いというのはうまくゆかぬもので、美しく賢い女がデクノボウの妻になるようなことがありがち、ということである。男女のあいだにかぎったことではない。男の世界では無能な上司に仕える優秀な部下、という形でしばしばあらわれる。当人がいかに有能でも、上がバカでは腕のふるいようがない。エモやんの名言を借りれば「ベンチがアホでは野球がでけん」というやつだ。

三国の世界にはボンクラ大将に仕えて切歯扼腕《せっしやくわん》する切れ者参謀がたくさん出てくるが、その最たるものは袁紹《えんしょう》に仕えた沮授であろう。この人については、『後漢書』の「袁紹伝」がおもしろい。これは、袁紹・沮授を両主役に、ボンクラ大将に仕えた有能な参謀の悲劇として一篇を仕立ててある。沮授の見通しの鋭さと、それがことごとく受け入れられない痛憤を描き出すことによって、おのずから袁紹の無能が浮彫りにされる――という形にこしらえてあるのである。

この沮授はよほど主君運のわるい人で、最初に仕えたのが冀《き》州牧の韓馥《かんふく》という人だった――冀州は今の河北省南部、州牧は長官、後漢末群雄割拠期には事実上一国のあるじである。

韓馥はその群雄のなかで一番の弱虫だった。冀州というのは中国の中心部にあり、物産もゆたかな、いい国である。ところがこの人は弱虫だから考えることもかわっていて、こんないい国を持っていてはいつどこから攻められるかわからないから物騒だ、そっくりだれかにくれてやろう、ついては一番強そうな袁紹にやってしまおう、と考えた。沮授が「わが冀州は、兵士百万、食糧の備蓄も十年分あります。なんで人にやってしまわにゃあかんのですか」と必死にとめたが聞き入れず、領土も軍隊も参謀たちも全部袁紹にゆずってしまい、自分は身一つで袁紹の居候になった。

ところが袁紹が沮授をはじめ審配《しんぱい》、田豊など韓馥からゆずられた参謀たちを高位に取り立てたので、韓馥はこわくなって逃げ出し、陳留太守の張邈《ちょうばく》に身を寄せた。しばらくのち、たまたま用があって袁紹が張邈のところへ使者をつかわした。韓馥は「これはオレを殺す相談に来たのに相違ない」と便所に逃げこみ、そこで自殺してしまった。『三国志』の登場人物のなかでもこれほど弱気な人は珍しい。

袁紹は、後漢末混乱期に各地に蹶起《けっき》した群雄のなかでは、才幹・雄略ある大将の一人であると言っていい。ただ、なまじ頭がいいものだから自信過剰で、部下の建議が自分の考えとあっていれば喜んで受け入れるけれども、ちがっていれば却下する。しかしそれではなんのために参謀がいるのかわからない。自分の考えとちがう建議でもよく聞いて、そっちのほうが筋が通っていれば考えを改めるというのがすぐれた大将なのだが、袁紹はその柔軟さがなかった。人の上に立つものとしては重大な欠陥である。袁紹の「無能」はまさしくその点にあった。

袁紹の命運を決したのが建安五年（二〇〇）の官渡《かんと》の戦いである。この戦いで曹操にやぶれて、袁紹の天下を制する望みは絶たれた。

その四年前、曹操は献帝を許《きょ》に迎え、天子を擁して天下に号令する形を得ている。この時代、天子はもう人形みたいなものでなんの力もないのだが、それでも漢王朝四百年の習性で大義名分の役には立つのである。天子を迎えることを曹操に強くすすめたのはふところ刀の荀彧《じゅんいく》であるが、実はそれより前に沮授が袁紹に同じことをすすめているのである。しかし他の参謀たちが「天子なんかつれて来たっていいことはない。何をするにもいちいちおうかがいをたてなきゃならんし、言うとおりにすればこっちの値打ちが軽くなるし、従わなければ勅命をこばんだということになる。やめといたほうがよろしい」と主張し、袁紹もその考えだったので採用されなかった。

ところがいざ曹操が天子を迎えると、「しまった！」と後悔し、やっぱり天子がほしくなった。それで曹操に、「許は土地が低くて湿気が多い。さりとて洛陽は戦乱で廃墟になっている。この際都を鄄《けん》城に移してはどうであろうか」と提案した。鄄城ならば、袁紹の本拠鄴《ぎょう》からも、曹操の許からも、ほぼ等距離である。しかし曹操はことわった。

沮授は曹操を攻めることには反対した。というのが、この前年、建安四年に袁紹は幽州の公孫瓚を攻め滅ぼしている。この戦いで国力を相当消耗しているから、数年は農業の振興、国力の充実に専念したほうがよい、というのが沮授の考えであった。袁紹はこれをしりぞけ、大軍をもよおして南下した。沮授は親戚をあつめ、自分の財産を全部分けてしまって従軍した。将軍は顔《がん》良《りょう》と文醜《ぶんしゅう》、それにこの官渡の戦いでは劉備が袁紹軍の一将軍として加わっている。逆に関羽は曹操軍の一部将になっている。

最初の白馬の戦いに袁紹は将軍顔良を出した。沮授は「顔良は強いけれども心が狭い。一人で行かせるのは危険です」と進言したが容れられなかった。はたして顔良は関羽に斬られた。

そのあと袁紹は全軍をひきいて黄河を南へ渡ろうとした。沮授は「それは危険です。兵を分けて一部を渡らせ、勝てば残りが渡ってもおそくはない。全軍が渡ってもし負けたらもどるにもどれません」と進言したが袁紹は聞かなかった。沮授は渡河に臨んで、「上は其の志に盈《み》ち、下は其の功を務《つと》む。悠々たる黄河、吾其れ済《わた》らん乎！」と嘆いた。——このあたり、だいぶ小説的ですね。でも『通鑑』も採用している。

全軍渡河ののち文醜と劉備が出撃し、文醜は敗れて戦死、劉備は逃げもどった。沮授は「兵員の数は我が軍のほうが多いが質は敵のほうが上である。食糧はこちらが多く敵はすくない。したがって敵は短期決戦が有利であり、味方は持久戦が有利である。戦闘をしかけず持久戦に持ちこむのがよろしい」と進言したが、袁紹はあくまで戦いをいどんだ。

沮授はまた、「食糧の集積地烏巣《うそう》を曹操が襲うかもしれない。淳于瓊《じゅんうけい》の守備隊だけでは心もとないから援軍を送ったほうがよい」と進言したが、袁紹はとりあげなかった。はたして曹操はみずから精鋭五千をひきいて烏巣を急襲して焼きはらい、これがきっかけになって袁紹軍は大敗、袁紹は兵八万を殺されて冀州へ逃げもどり、二年後憂悶のうちに死ぬことになる。

沮授は曹操軍にとらえられた。曹操のもとへつれて行かれた沮授は、「降参したのではないぞ。

つかまったのだ！」と叫んだ。敵がたの有能な将軍や策士を鄭重に遇して味方に引き入れるのは曹操の最も得意とするところであるから、「わたしといっしょに働いていただけないか」とねんごろにすすめたが、「家族の命が袁紹に握られている。早く殺してくれ」と言うばかり、陣中に置いて大切にあつかっていたら脱走して袁紹のもとへ逃げもどろうとしたのでやむなく殺した。

＊

袁紹に容れられなかった策士や将軍は多い。そのうち沮授とならんで正直《せいちょく》の人と後世の評価が高いのが田豊である。これももとは韓馥の配下で、冀州といっしょに袁紹にゆずられた。

建安四年十二月、曹操は官渡に進出し、翌五年正月、みずから徐州の劉備を攻めた。部下が「大将が陣を空けるのは危険です。袁紹が留守を襲うかもしれない」と言ったが、郭嘉《かくか》が「袁紹は行動をおこすのがおそい男だから大丈夫です」と言ったので出陣し、劉備を破った。――この敗戦で劉備は袁紹のもとへ逃れ、関羽は曹操に降参して、官渡の戦いでは主従が敵味方になるというわけだ。

田豊は曹操が官渡を離れたと聞いて「今がチャンス！」と袁紹に許《きょ》を攻めるようすすめたが、袁紹は「子供のぐあいが悪いから」と動かなかった。袁紹が一番かわいがっていた末っ子の袁尚がちょうど病気だったのである。田豊は「この千載一遇のチャンスをガキの病気でのがすとは！」と杖で地を打ってくやしがった。袁紹は曹操が劉備を破って許にもどってから、「さあ行くぞ」と腰をあげた。

田豊は「曹操がもどったからにはもう戦争はしかけないほうがよい。三年間くらいは農業の振興、国力の充実に専念すべきです」と沮授と同じことを主張したが、受け入れられなかった。それでも田豊がうるさく言うものだから袁紹は田豊を獄につないで出陣した。曹操は田豊が出てこないと聞いて「これで勝てる」と胸をなでおろした。

袁紹が官渡で負けて帰ってくると聞いて、ある人が田豊に「今後は重用されるでしょう」と言った。田豊は「勝ったのならごきげんがいいから望みもあるだろうが、負けたのではとても助かるまい」と言った。袁紹は冀州へもどってくると、「おまえの意見を聞かなかったので笑いものになったぞ」と田豊を殺した。

＊

沮授・田豊と反対に後世の評判の悪いのが許攸である。

この人は曹操とも袁紹とも若いころからの友だちで、後漢末には南陽の太守をしていたから、元来の地位は沮授や田豊よりはだいぶ上である。その後袁紹の策士になっていた。欲張りで人間が汚い、という評判が全国的に鳴り響いていたらしい。

官渡の戦いの前に曹操が荀彧に、袁紹配下の人物についてたずねた。荀彧は「田豊は剛にして上を犯し、許攸は貪《たん》にして正しからず」と答えている（『後漢書』「荀彧伝」）。「上を犯す」とは上のものに対してはばかるところなく直言すること、「貪」は、金に目がないことである。また袁術《えんじゅつ》は許攸を「凶淫《きょういん》の人にして性行不純」と評している（「魏志・荀攸伝」）。

許攸は官渡の戦いのさなかに袁紹を捨てて曹操陣営に走った。理由は、進言が容れられなかったから、とか、冀州で悪いことをしていたのがバレて家族が逮捕されたから、とか、袁紹のくれる給料がすくなかったから、とか、本によっていろいろ書いてある。なにしろ性行不純の人だから、ぐあいの悪いことがいろいろあったのだろう。曹操陣営に投じるとすぐ、「袁紹軍の兵糧は烏巣《うそう》に屯積してあって淳于瓊が警備しているが手薄だ。これを焼きはらえば袁紹軍は総崩れになる」と曹操にすすめ、曹操がそれを容れてみずから精兵五千をひきいて烏巣を急襲することになるのである。だから官渡の戦いの転機は許攸の裏切りにあった、とも言える。

曹操は敵将淳于瓊および殺した敵兵全部の鼻を切り取り、牛馬は舌を切り取って、袁紹陣営に送りとどけた。袁紹軍の兵士たちは山のような鼻と舌とを見てふるえあがった。こういう心理効果の計算も曹操の得意とするところである。

淳于瓊は鼻を落されただけでは死なないで曹操の前へ引き出された。曹操が「どうしてこんなことになった」と問うと淳于瓊は「勝敗は時の運だ。問う必要はない」と昂然と答えたので、曹操は配下に加えようという気になった。ところが許攸がわきから「こいつ毎朝鏡を見るたびに、どなたかを思い出すでしょうなあ」と言ったので、思いなおして殺してしまった（「武帝紀」）。『演義』に、手足の指まで切りおとして袁紹に送り返し、袁紹が殺した、とあるのは小説家の創作である。

以後許攸はいよいよ曹操に狎《な》れ親しみ、「おい、おまえが冀州を取れたのはオレのおかげだぜ」という調子であったので、とうとうしまいに曹操に殺された。曹操になれなれしくしすぎて殺されたのは、孔融《こうゆう》、許攸、婁圭《ろうけい》、それに崔琰《さいえん》、と「魏志・崔琰伝」にある。『演義』で許褚《きょちょ》に殺されたことになっているのは、これも小説家の創作である。

四　献帝とその周辺

献帝
董承
伏皇后

曹丕

献帝《けんてい》（一八一～二三四）

献帝は後漢最後の皇帝である。中平《ちゅうへい》六年（一八九）即位し、黄初《こうしょ》元年（二二〇）退位した。在位三十二年。――当時年数や年齢を言う時はすべて足かけである。最初の年も最後の年も一年と数える。

いわゆる「三国」の著名な故事――関羽・張飛の活躍とか、官渡の戦いとか、赤壁《せきへき》の戦いとか――は、たいていみなこの献帝の在位中のことである。ほんとうは「三国時代」というのは、後漢王朝がほろんだあと（つまり献帝が退位したあと）、魏・呉・蜀にそれぞれ皇帝が立って、同時に三人の皇帝がいる時代のことをいうのであるが、まあそううるさいことを言うのはよしにして、大勢に順応して献帝の時代以後を漠然と「三国の時代」ということにしておく。

この献帝が皇帝の位についたのは九歳の時である。昔の中国の皇帝というのは、実際に天下の権力を一手に握るとともに政治軍事の一切の責任を負う存在なのだから、それが九つやそこらの子供ではたよりないことおびただしいが、後漢の時代にはこれが普通であった。どうして普通なのかというと、皇帝がみんな若死にするのでどうしてもそうなってしまうのである。

後漢の皇帝は全部で十三人いる。献帝の父の霊《れい》帝まで十一人の、皇帝になった時と死亡時の年齢を見ると――

光武《こうぶ》帝。二十歳で即位。六十二歳で死去。

明帝。三十歳で即位。四十八歳で死去。

章帝。十九歳で即位。三十三歳で死去。

光武帝と明帝はまあ普通。章帝もまあまあ許せる。以下が即位も早ければ死ぬのも早い。

和帝。十歳で即位。二十七歳で死去。

殤《しょう》帝。一歳で即位。二歳で死去。

安帝。十三歳で即位。三十二歳で死去。

順帝。十一歳で即位。三十歳で死去。

沖帝。二歳で即位。三歳で死去。

質帝。八歳で即位。九歳で死去。

桓《かん》帝。十五歳で即位。三十六歳で死去。

霊帝。十二歳で即位。三十四歳で死去。

殤帝だの沖帝だのは自分が皇帝だと気がつく前に死んじゃっているんだからひどいものである。質帝も似たりよったりだ。


こんなに皇帝がみな若い、あるいは幼いとどういうことになるかというと、当人は何もわからないから母親が権力を持つことになる。といっても母親は女で政治だの軍事だのはわからんから、母親の父か兄、つまり皇帝の祖父もしくは伯父が権力を握ることになる。これを「外戚《がいせき》」という。

「外」は母方ということである。

皇帝が無事に成長して二十歳以上くらいになると、オレは一天万乗の君であるはずなのになんの権力もないのはどうしたわけだろうと疑問を持って、まわりの者に相談することになる。まわりの者とはすなわち宦官《かんがん》である。皇帝のまわりにいる男は宦官だけなのである。

宦官はもちろん自分が仕える皇帝に実権を持たしてやりたいから、外戚を退治しなさいと皇帝にすすめる。外戚は退治されてはたまらんから宦官を目のかたきにする。かくて内廷は外戚と宦官の争闘の場となる。勝ったほうが負けたほうを殺したりするのだから、これはなかなかシビアな争いである。

内廷の勢力はこの二つだが、もう一つ、外廷つまり官公庁の高級官僚の勢力がある。

高級官僚になるのは地方の豪族の子弟である。この連中は子供のころから詩書《ししょ》を学んで選挙されて中央へ出て高級官僚になる。——詩書というのは儒家の古典のことで、その代表が『詩』(詩経《しきょう》)と『書』(尚書《しょうしょ》)だからこれをもって儒家の古典の意にもちいる。つまりみな文人である。選挙されるというのは今で言えば高級公務員の試験に合格するというようなことである。この官僚文人集団のことを「清流《せいりゅう》」という。歴史の記録を作るのはこの連中だから、宦官の「濁流」や女がらみで権力を握った外戚に対して、自分らのことを「清流」と称するのである。この連中は政治・財政や軍事・警察などの実務をやっているのだが、これがしばしば内廷の争闘にからんで三つ巴の争いになる。

概して言えば、官僚文人集団が一番家柄もいいし、まともなやつが多い。

外戚というのは、地方の豪族でむすめや妹を宮裏に入れてそれがうまく男の子を生んだというばあいが多いから、清流と根もとは同じであることが多いが、霊帝の何《か》皇后の実家は肉屋だったというような例もある。

宦官というのは、いかにもきたならしい、いやらしい印象があるが、宦官にも頭のいいのもいれば勇気のあるのも腕力の強いのもいる。しかし官僚文人は概して宦官を非常に嫌悪し、蔑視する。歴史を書くのは官僚文人だから、清流を実際より立派に書き、宦官は悪く書き、外戚は中間くらいに書いてあるんじゃなかろうかと少し用心して読むのが安全である。

*

霊帝が死んだあともまた三つ巴の争いがおこった。

霊帝が死んだのは中平六年（一八九）である。まあだいたいこの年を、後漢末から三国の混乱・戦乱の時期のはじまりと思っておけばよい。

霊帝の長男の辯《べん》（少《しょう》帝）があとを継いだ。母は何《か》皇后。この何皇后の兄の何進《かしん》が権力を握って宦官を皆殺しにしようとしたが、もたもたしているうちに自分のほうが殺された。袁紹《えんしょう》たち官僚が内廷に突入して宦官を皆殺しにした。そこへ董卓《とうたく》が入って来て少帝を退位させ、母の何皇太后を殺し、少帝の弟の協《きょう》を皇帝にした。これが献帝で、この時九歳。なお少帝は翌年董卓に殺された。

献帝は少帝の異母弟である。母は王美人《びじん》。この「美人」というのは妃嬪《ひひん》（帝王の姫妾侍女）の位の一つだが、王美人はほんとうに美人だったらしい（まあ後宮《こうきゅう》の女なんだからたいてい美人にきまってるけど）。それで、何皇后はもともとヤキモチを焼いていたところへ男の子を生んだものだから、おこって王美人を殺してしまった。献帝は生まれたとたんに母を失い、父霊帝の母、つまり祖母にあたる董《とう》太后に育てられた。だから献帝にとって董卓は、皇位にはつけてくれるし母のかたきはとってくれるし、なかなかの恩人である。

董卓はなぜそんなに献帝をひいきにしたのか。一つには、最初に少帝・献帝兄弟に会った時（それは皇宮の混乱で二人が外へ避難している時だった）、十七の兄は泣いてばかりいて九つの弟が董卓の質問にハキハキ答えたので「うん、こいつのほうがしっかりしている」と思ったこと、もう一つは献帝を育てた董太后が自分の同族だからだという。この「同族」は同姓というだけのことだろうが。

董卓の天下になったので袁紹や曹操は都洛陽から逃げ出して、翌初平元年（一九〇）反董卓の旗を挙げた。董卓は献帝をつれて長安へ遷都した。

翌々初平三年、その董卓が殺された。以後しばらく長安は、董卓の部曲将《ぶきょく》（私兵の将）だった李傕《りかく》と郭汜《かくし》が実権を握ることになる。

興平二年（一九五）にいたって献帝はまた洛陽へつれもどされることになった。これは艱難辛苦の旅であった。送ってくれるはずの李傕・郭汜の軍に追っかけられたり、崖の上からロープで下の舟に吊りおろされたり、畑の中で野宿したりして、ちょうど一年目にやっと洛陽にたどりついた。そしてすぐまた曹操によって許《きょ》に移された。

以後二十五年間許にあって曹操に庇護監視され、かつ利用されて、黄初元年（二二〇）、曹操が死んだあと曹丕《そうひ》（魏文帝）に禅譲して山陽公の位をもらい（この年ちょうど四十歳）、次の明帝の青龍二年（二三四）、五十四歳で死んだ。後漢の天子としては異例の長命である。

董承《とうしょう》（?〜二〇〇）

漢王朝最後の天子献帝《けんてい》は、建安《けんあん》元年（一九六）曹操に許《きょ》へつれて来られてから黄初元年（二二〇）曹丕《そうひ》に位を奪われるまで、事実上軟禁されているみたいなものであった。

献帝もその側近たちも、二十五年間ひたすらおとなしくその境遇に甘んじていたわけではない。しかし曹操に反抗するのはなかなか困難であった。『後漢書《ごかんじょ》』「伏后伝《ふくこう》」にこうある。〈帝は許に都してより、単に位に在るというだけであった。宿衛《しゅくえい》も兵侍《へいじ》も曹氏の党旧姻戚にあらざるはなかった。一度議郎の趙彦《ちょうげん》が帝のために時策を陳言したところ曹操はこれをにくんで殺した。そのほか内外で多くの者が誅戮《ちゅうりく》された。〉

右の議郎というのは天子の顧問官のような役職で、東漢ではなかなか高い地位であった。趙彦の件は袁紹《えんしょう》の曹操を責める檄《げき》にも、議郎趙彦が忠諫《ちゅうかん》直言したら曹操は言路《げんろ》を杜絶《とぜつ》せんとしてただちに逮捕殺害した、と見えるが、くわしいことはわからない。「時策」とか「忠諫直言」とかいうのは、要するに曹操を除けということだったのだろう。

はっきりした曹操暗殺計画の最初のものは、車騎《しゃき》将軍董承によるものである。この人は、むすめが献帝の貴人《きじん》（妃嬪《ひひん》の一）になっている。だから献帝の岳父にあたる。「蜀志・先主伝」には

「献帝の舅」とある。

董承の素性については諸説ある。

裴松之《はいしょうし》は「董承は霊帝の母董太后の姪《てつ》である」と言っている（「姪」はおい）。そうすると霊帝といとこ同士ということになる。

「魏志・董卓《とうたく》伝」に引く『献帝起居注』に、董卓の手足として、董旻《びん》・董承・董璜《こう》の三人を列挙している。董旻は董卓の弟、董璜は董卓の兄の子である。すると董承も董卓の弟かおいかということになる。

『後漢書』「董卓伝」には「牛輔《ぎゅうほ》の部曲《ぶきょく》董承」として名前が出てくる。牛輔は董卓の女壻《じょせい》、部曲は私兵である。

この三つは、どれか一つがほんとうだとするとあとの二つはまちがい、という関係にある。董太后は河間《かかん》の人であり、董卓は隴西《ろうせい》の人だから、董太后のおいで同時に董卓の弟（もしくはおい）ということはない。

皇帝の母の一族である人が牛輔風情の私兵になるわけはないし、董卓が手足と頼む弟（もしくはおい）をむすめむこの兵隊にすることもなかろう。

董卓が殺された時、その一族は婦人子供まで全部殺されている。弟やおいが天子のまわりでのうのうとしているはずがない。『献帝起居注』は誤りとしてよかろう。もしくは董卓には承という弟がいたのだろう。

裴松之は何か拠るところがあったのだろうし、のちの献帝の信頼ぶりから見て董承は董太后の縁つづきの人だったのだろうとわたしは思う。

董承の名前が歴史にあらわれるのは、興平二年（一九五）、洛陽に再遷都することになって献帝が長安から洛陽へ帰る時に、安集将軍（まもなく衛将軍に昇進）として警衛部隊の一つを指揮することになってからである。

＊

この旅行は、献帝が百官・宮女・近衛兵等をともない、そのまわりを李《り》傕《かく》・郭汜《かくし》・董承・楊《よう》奉《ほう》・張済《ちょうせい》、それに途中から張楊《ちょうよう》、等々の将軍がそれぞれの部隊をつれて警護した。だから順調に行けばゆっくり進んでも一か月もあれば洛陽に到着できるはずのところ、まるまる一年かかった。最初は、東駕に同意した李傕・郭汜が気が変って献帝を奪って西へつれもどそうとし、他の将軍たちとの戦争になったからである。その上他の将軍たちも互いに反目し、天子を自分の軍営に引き入れようとして争った。一貫して献帝に忠誠だったのが董承と楊奉だった。李傕・郭汜との戦いで多くの兵を失ったので、董承と楊奉は、白波《はくは》賊の首領の韓暹《かんせん》・李楽《りがく》・胡才《こさい》等に応援をたのんで来てもらったが、これで話がよけいややこしくなり、うちわもめをしながら追尾してくる敵と戦いつつ進むというむずかしいことになって、とうとう一年もかかったのである。

苦労してやっと洛陽にたどりついたと思ったら、献帝はすぐ曹操に許へつれて行かれた。東駕にかかわった将軍や軍人たちはほんの一年ほどのあいだに——

李傕は曹操が派遣した将軍段煨《だんわい》に殺された。

郭汜は部下の伍習《ごしゅう》に殺された。

楊奉は劉備に殺された。

張済は戦死した。

張楊は部下の楊醜《ようしゅう》に殺された。

韓暹は杼秋《ちょしゅう》県令の張宣に殺された。

胡才はかたきに殺された。

李楽は病死した。……

というぐあいでたちまちみんないなくなってしまい、董承一人が献帝のそばに残った。

建安四年、献帝は董承に曹操を誅せよと密詔をあたえた。「蜀志・先主伝」には「衣帯中の密詔」とある。小説めいた話だが、同志を集めるには天子自身の書いたものが必要だったろうし、まわりがみな曹操の手先となれば、何かにかくして渡さねばならなかったのかもしれない。

董承がまず声をかけたのが劉備である。劉備は少し前に呂布《りょふ》に負けて曹操に身を寄せていた。曹操と劉備のあの有名な話——二人がいっしょに食事をしていた。曹操がなにげなく「いま天下で英雄と言えるのは君とおれだけだな」と言ったので、劉備は陰謀がバレたかとぎょっとした拍子におぼえずスプーンを取り落した。ちょうどその時雷が鳴ったのでそのせいにしてごまかした、という話はこの時のことである。どうせ作り話だろうが、「先主伝」にあり、『資治通鑑』も採っている。劉備の小胆をよくあらわしているからだろう。——ああ、さきには「箸をおとした」と言い、ここでは「スプーンをおとした」と言う。どっちがほんとうなんだ、との御疑問。「先主伝」には「失匕箸」とある。匕はスプーン、箸はハシである。といってもスプーンとハシとを同時にバタリとおとしたというのではなく、要するにその時手にしていた食事道具をおとしたということで、どちらでもよろしいのである。

劉備はこわくなって、ちょうど袁術《えんじゅつ》を攻めていた朱霊《しゅれい》の応援に行くと名目をつけて逃げ出し、そのままもどらなかった。

董承は劉備に逃げられたので、偏《へん》将軍の王服《おうふく》、議郎の呉碩《ごせき》など数人を語らったが、建安五年初め、露顕して曹操に殺された。董承のむすめの董貴人はちょうど妊娠中だったので、献帝は何度も命乞いしたが許されず、これも殺された。――伏皇后がこれを見ておそろしくなり父親に手紙を出したのがのちに禍になる。なお偏将軍は武官だが、この時期の漢の皇帝に武力のあるはずもなく、王服は単に献帝の身辺の官僚の一人である。

十九年後の建安二十四年、劉備は漢中《かんちゅう》王になったが、その時献帝に手紙を送って、「昔車騎《しゃき》将軍董承とともに曹操を誅殺しようとしたのですが、露顕したため忠義を果すことができなかったのは残念でした」と手柄の一つとして特筆している。権力者に対する陰謀というのは、実は邪魔者を抹殺するための権力者によるでっちあげであることが多いものであるが、董承の曹操暗殺計画は実際にあったのである。

伏皇后《ふくこうごう》（?～二一四）

伏皇后は献帝の皇后で、曹操に殺された人である。名は寿。年はわからないが、献帝より数歳年上くらいであろう。代々の名家で、父の伏完《ふくかん》は桓帝のむすめ陽安公主《ようあんこうしゅ》を娶《めと》っている（ただし伏后の母は名を盈《えい》という人で、公主ではない）。——公主というのは皇帝のむすめのことです。日本の内親王にあたる。

初平元年（一九〇）長安遷都の年に掖庭《えきてい》に入って貴人になり、興平二年（一九五）皇后に立った。この年献帝は十五歳である。なお掖庭は妃嬪《ひひん》の居住するところ。妃嬪は皇帝の妻たち。

建安五年（二〇〇）董承の陰謀が露顕し、妊娠中の董貴人も連坐して殺された。伏后は父に手紙を出した。『後漢書』によれば、曹操の残虐を訴えるとともに、曹操を殺してくれるよう依頼したものであったという。伏完は行動を起さぬまま同十四年に死んだ。同十九年にいたって手紙のことがあらわれた。

『後漢書』が伝えるこの経過にはにわかに納得できぬものがある。そもそも手紙で暗殺を依頼する（原文は「令密図之」）というのがありそうもない話だし、そんな見つかれば当人はもとより一族皆殺しになるようなあぶない手紙を、伏完が焼きもしないで残してあったというのも信じがたい感じがする。

しかし『三国志』にも「昔父に与えた手紙に、帝は董承を誅殺せられて曹操を恨んでいる、と言い、辞甚《はなは》だ醜悪」とあるから、何か曹操をあしざまに言った手紙が出て来たということはあったのであろう。

曹操は大いに怒って、帝にせまって伏后を廃させた。下世話に言えばつまり離縁である。その策（天子の命令）に廃后の理由を「既に任姒徽音《じんじきいん》の美無く、又身を謹み己を養うの福に乏しく、妒害《とがい》を陰懐し、禍心を苞蔵《ほうぞう》す」と言う（任は文王の母、姒は武王の母）。女の分をわきまえず心がけがよくない、というわけである。またその処分については「皇后の璽綬《じじゅ》を返し、中宮を退避して他の館に遷《うつ》れ。これはおまえがみずから招いたことであり、裁判にかけられないのは幸いと思え」とある。

尚書令の華歆《かきん》が兵をひきいて宮に入り后をとらえた（この件については「華歆」の項をごらんください）。

伏后は暴室《ばくしつ》に下されて死んだ。——この「暴室」というのは、もともとは布を織ったり染めたりする部屋で、それが、後宮の女が病気になった時の病室としてもちいられ、さらに、天子の意にかなわぬ女を閉じこめて死なせる場所になっていた。桓帝の鄧《とう》皇后、霊帝の宋皇后も廃せられて暴室で死んでいる。恐ろしげな名前だが、暴力を加える部屋という意味ではない。染めたものを日に暴《さら》す部屋、という意味である。日当りがいいから病室にもちいられたのだろう。

伏后は皇子を二人生んでいたが、これは酖殺《ちんさつ》——つまり毒を飲まされた。伏后の兄弟および一族百余人が殺された。母など十九人が涿《たく》郡に流されたとあるが、これはみな女なのであろう。

曹操の伏皇后殺しは、実質はもちろん弑逆《しいぎゃく》だが、一応形はととのっている。皇后は婦徳にかけるところあったため皇帝によって廃せられ、他館にうつったのち病で死んだ、という形になっているのである。陳寿はこの形に従って「后は廃黜《はいちゅつ》せられて死に、兄弟は法に伏した」と書いている。

五　荊州の人々

劉表

蒯越〈附〉蔡瑁

黄祖

徐庶

劉表《りゅうひょう》（一四二～二〇八）

三国の地図を見るとちょうどまん中にあるのが荊州《けい》である。現在の湖北省、および河南省南部にあたる。この荊州の北一帯が魏、東が呉、西が蜀である。まさに中枢の地だ。当然戦乱の舞台になりそうだが、実は一貫して平和であった。戦争はすべて荊州の外でおこなわれた。この荊州を治めていたのが劉表である。それだけでもう、この劉表という人が並々ならぬ人物であったことがわかる。

劉表が来るまでの荊州は、はなはだ不穏な土地であった。「荊州の人情はさわぎを好み、そのうえ四方は駭震《がいしん》し、寇賊《こうぞく》は煽動しあい、あちこち沸きたっている」と『後漢書』は書いている。劉表はそんな荊州へ、初平元年（一九〇）朝廷から刺史《しし》に拝せられて赴任した。といってもそうスンナリと赴任できたわけではない。当時荊州の一番のガンは宗賊《そうぞく》というものであった。これは、一族郎党、ないしは一村一地区が単位になって横行する賊である。劉表は蒯越《かいえつ》の策をもちいて宜《ぎ》城に宗賊の首領五十五人を招き、一挙に全員を誅殺して、しかるのち襄陽《じょうよう》にはいってここを治所とした。

以後建安十三年（二〇八）に死ぬまで二十年近く、劉表は徹底した荊州モンロー主義をとる。

兵十余万を常備して外からの侵攻に対応したが、荊州外へ兵を出すことはしなかった。群雄の争いにはすべて局外中立の立場を守り、もっぱら内政に意を注いだ。官渡《かんと》の戦いの際には双方から支援要請が来たが、どちらも謝絶もしくは黙殺している。

だから戦争らしい戦争は、赴任の翌年、袁術《えんじゅつ》にそそのかされた呉の孫堅《そんけん》が侵入して来た時だけである。それも総大将の孫堅が血気にはやって兵の先頭に立って馳駆するものだから、劉表の救援にかけつけた黄祖《こうそ》の配下の兵が射た矢にあたってあっけなく落命し、たいしたことにはならなかった。——もちろん呉にとっては一大事であったが。

周辺が皆戦乱に荒廃するなかで荊州のみが平和で豊かなので、学者や文人が数多く避難して来て文運隆盛した。諸葛亮なども避難して来た知識人の一人である。

あの戦争好きの劉備も、荊州にいた七年間——建安六年から十三年まで——は無聊をかこつほかなかった。例の「髀肉《ひにく》の嘆」はこの時のことである。ヒマでしようがないからあちこちをぶらぶらして、諸葛亮に出会うことにもなった。建安十二年、曹操が烏丸《うがん》討伐に出征した際には、留守になった許《きょ》を襲えと劉表をそそのかしたが、もとより劉表は乗らなかった。

小説『三国志演義』では、劉表は進取の気象に乏しい、優柔な大将ということになっているが、決してそんなことはない。むしろ三国の時代の最も立派な大将といってもいい。果断を要する時には果断であったのは宗賊誅殺の件が示している。みずからの力量をはかって、全国の戦乱を鎮めるに足りぬと見れば、治政をあずかった荊州の平和を保全しようとしたのは、賢明な判断と言うべきである。

もっとも劉表の晩年には、局外中立はもうだんだんむずかしくなっていた。群雄のバランスが崩れて、曹操が突出して強くなって来たからである。中立政策というのは、列強の力がある程度拮抗していないと維持できないもののようだ。劉表のブレーンである蒯越、韓崇《かんすう》、劉先《りゅうせん》、蔡瑁《さいぼう》などは一致して、荊州の平和を保つためには曹操につくほかないと考えはじめていた。だから、建安十三年劉表が死ぬとすぐ、蒯越らの主導のもと荊州が曹操にくだったのは、おのずから然るべき勢いなのであった。

なお――

劉表の行年ははっきりしない。六十七歳説と六十五歳説とがある。通説にしたがっておいた。

蒯越《かいえつ》（?〜二一四）

《附》蔡瑁《さいぼう》（?〜?）

蒯越は劉表のブレーンのトップである。その点では、曹操の荀彧《じゅんいく》、劉備の諸葛亮に相当する。しかしはたした役割はだいぶちがう。荀彧や諸葛亮は主君が戦争に勝ち版図をひろげるのを手つだったのであるが、蒯越は、主君が戦争をせず版図をひろげず、国内の平和を保つようリードした。この点では呉の張昭《ちょうしょう》に近い。ただし張昭は、若くて雄心勃々の孫権ともめてばかりいたが、劉表と蒯越は人馬一体であった。もう一つこの人にとって幸せであったのは、他のブレーンたち——韓嵩《かんすう》、劉先《りゅうせん》、蔡瑁、張允《ちょういん》等——と、基本的な考えかたでほとんど齟齬《そご》がなかったことだ。そのかわりはなばなしい話は何もないから、小説『三国志演義』ではいたって地味な存在であるのは是非もない。

蒯越の基本政策は、中立平和主義であった。しかし劉表の晩年には、曹操の力が他を圧して強くなり、中立政策の維持が困難になっていた。蒯越たちのあいだで、荊州を保全するには曹操にくだるほかなかろうという合意がほぼかたまった建安十三年（二〇八）、劉表が病死し、次子の劉琮《りゅうそう》があとをついだ。——劉表が初平元年（一九〇）に荆州刺史になったのは、前任者が死んだので朝廷から任命されて赴任したのである。ところが劉表が死んだ時には、子供があとをつぐのが当然のことになっている。このあいだに、中央政府の地方行政区だったものが、割拠する諸侯の国に変質しているのである。

若い劉琮は、自分があとをついだとたんに国を失ってしまうことにはすくなからず躊躇したが、父の代からの老臣たちの包囲説得で、州を挙げて曹操にくだった。劉表が死んだのが八月、降伏決定が九月である。曹操は荀彧に送った手紙に「荆州を得たことよりも蒯越を得たことのほうがうれしい」と書いた。

劉琮は列侯に封ぜられ、かつ青州刺史に任じられた。列侯は漢の二十爵の最高位である。蒯越以下十五人の重臣が侯になり、その上蒯越は光禄勲《こうろくくん》、韓崇は大鴻臚《だいこうろ》等、それぞれ大官にいたった。蒯越は建安十九年に没した。

＊

『三国志演義』では、実在人物と全然ちがうキャラクターにされた人が何人もいる。蔡瑁もその一人である。

『演義』の蔡瑁は、「つぎつぎと悪事をたくらんでは失敗し、最後は天罰テキメンみじめな死にかたをして観客の溜飲を下げる、こざかしい小悪党」という役どころである。これは、史実からではなく芝居から来たものだ。

まずは『演義』の蔡瑁を見ておこう。

劉表の妻蔡《さい》氏の兄、もしくは弟である（第七回では兄、第三十四回では弟と言っている）。劉表の次子劉琮は蔡氏の生んだ子だから、蔡瑁は劉琮のおじさんにあたる。蔡瑁と蔡氏のきょうだいはそろってタチが悪い。そのたくらみは二つ。一つは、劉表の客人である劉備をなきものにすること。もう一つは、先妻の子である長男の劉琦《りゅうき》を追い出して、劉琮をあととりにすることである。

二度にわたって劉備殺害をはかるが二度ともうまく逃げられてしまう。そのうちの一度が有名な「的盧《てきろ》を躍らせて檀渓《だんけい》を渡る」である。これは蔡瑁が劉備を宴会に招いて殺そうとした時のこと。劉備は愛馬的盧にうちまたがって逃げ出す。前に横たわるは名にし負う急流檀渓、うしろには蔡瑁が兵をひきいて迫る。あわや英雄劉備もついに一巻の終りか……、と思ったらさすがは名馬的盧、一躍三丈この急流を渡ってしまう。

長男追い出しのほうは成功し、劉琦は、江夏《こうか》太守黄祖が呉に殺された後釜を命じられて赴任して行った。

劉表が死ぬと蔡瑁は、蔡氏およびこれも悪党仲間の張允とともに遺言状を偽造して劉琮にあとをとらせ、さっさと曹操に降伏する。その功により曹操から、蔡瑁は水軍大都督《だいととく》に、張允は副都督に任命される。つまり曹操の水軍の総大将になったわけだ。

そのまま曹操に従って赤壁の戦いに参加、呉の水軍大都督周瑜《しゅうゆ》をびっくりさせるほどの手並みを見せる。周瑜はこんなにすごい指揮官がいたのではとても勝てないと、謀略をもちいて蔡瑁が呉に通じていると曹操に思わせる。曹操はまんまとひっかかって蔡瑁を殺してしまった。——これが『演義』の蔡瑁物語のあらましである。

さて実在の蔡瑁のほう——

蒯越、韓崇らとともに劉表のブレーンの一人で、同時に劉表の親戚筋、というのはほんとうである。劉表の後妻蔡氏は蔡瑁の姉である。ただし劉琮は蔡氏の生んだ子ではない。蔡姉弟のめいが劉琮の妻、という関係である。なお張允も実在人物で、これも劉表の親戚筋である。

劉表夫妻が長男の劉琦より次男の劉琮をかわいがったということは『三国志』にも『後漢書』にも書いてある。どうもこの、両親から重臣たちまでがグルになって劉琦をいじめたという話は、劉表が死んだ直後のころからあったようだ。すでに同時代の魚豢《ぎょかん》の『典略』に、劉琦は父親の死に目にも会わせてもらえなかった、という話が出ている。もっともこの『典略』という本は、歴史事実を記載したというよりむしろ噂話をあつめたような本で、はなはだ信用ならんのであるが——。

またこんな話が「諸葛亮伝」に出ている。——劉琦は諸葛亮を誘って高楼に登り、人ばらいをしたうえで、両親にきらわれた自分の身の振りかたを相談した。諸葛亮は「申生《しんせい》は内にあってあやうく、重耳《ちょうじ》は外にあって安全だったじゃないか」、つまり殺されないうちに外へ出ろと入れ智慧した……。これなんか、二人だけのひそひそ話が洩れるわけもなく、したがって作り話にきまっているのだが、范曄《はんよう》も司馬温公《しばおんこう》も平気で採用している。なお重耳は春秋の晋の文公、申生はその腹ちがいの兄である。

まあ現に次男の劉琮があとをついでいるのだから、多少の家庭内のいざこざはあったのだろうが、あとから作られた話のほうが多いだろうとわたしは思う。

劉備が劉表の客人として長年居坐っているのが、中立主義・一国平和主義をむねとする荊州の重臣たちにとって迷惑であったことはたしかであろう。なにしろ戦争好きの男であり、しかも向背つねなき男である。今は劉表の世話になっていても、利害次第ではいつだれと組んで荊州に攻撃をしかけるかわからない。

しかしだからといって、重臣たちが劉備暗殺をはかったというような事実はない。劉備は劉表が死ぬまで荊州にいたのである。そう何べんも暗殺未遂の目にあって依然として同じところにおとなしくしていられるはずがない、と孫盛《そんせい》が言っている（「先主伝」注）。その通りだ。

蔡瑁が曹操に降伏して水軍大都督に任ぜられたというところからあとはすべて創作である。降伏のあと、荊州の重臣十五人が侯に封ぜられ、高い官職を与えられた。蔡瑁はもちろんこの十五人のなかに入っている。軍人ではないのだから水軍都督になったりはしない。

なお『演義』では曹操が劉琮と蔡氏を殺すことになっているが、これはどうもムチャである。いくら曹操が乱暴でも、一州を手つかずで献上してくれた君主を殺すことはない。そんなことをしたらもうだれも降参してくれなくなる。

以上を要約すると蔡瑁という人は――蒯越・韓崇などとともに荊州の中立・平和を守ることをむねとした。自分のめいの夫である次子劉琮に肩入れした（らしい）。中立政策が限界と見るや曹操に降伏して、荊州を保全するとともにみずからの安泰をも保全した、十五人の重臣の一人である。――そういう別段はなばなしいところは何もない文臣にすぎない。本来『三国志演義』に登場させてもらえるほどのキャラクターではないのである。

それがなぜ悪役として舞台に出ることになったのかというと――

第一に、中国では昔から、長男を擁護するのは忠臣、次男や末っ子に肩入れするのは姦臣、と相場がきまっている。蔡瑁はそれにひっかかった。第二に、『三国演義』では、曹操に抵抗もしないで降参するようなやつは、腰抜け、意気地無し、卑劣漢ということになっている。この二つの罪によって、蔡瑁は歴史上の罪人になってしまったのだ。というのが、こと三国時代に関するかぎり、中国人の観念はまったく芝居と小説によってできあがっている。おとなになってからいくら史書を読んでも、人物や事件に関する観念は、子供のころに見た芝居や読んだ小説から得た強烈な印象をくつがえすにはいたらないのである。中国人の観念においては、歴史上の実在人物がどうであろうと、蔡瑁は永遠に、憎むべく、かつ笑うべき、こざかしい小悪党なのである。

黄祖《こうそ》（?～二〇八）

黄祖という人は気の毒な人である。「呉志」を読んでいるとしきりにこの黄祖という名前が出てくる。黄祖は呉の人間ではない。なのになぜこう頻繁に名前が出てくるのかというと、黄祖は呉が国をあげてカタキとつけねらう相手だからである。

孫策《そんさく》も孫権《そんけん》も、位をついだ時から自分に課せられた使命は黄祖を殺すことだと心得ている。孫権なんぞは日ごろから箱を用意して、いまにかならず黄祖の首をこの箱に入れてお父さんの霊前に供えるのだと誓っているほどだ。したがって武将たちの伝記においても、黄祖討伐戦に従軍したとか、手柄を立てたとかがこまめに記録されるから、黄祖の名前がくりかえし出てくることになるのである。

黄祖は荊《けい》州刺史劉表《りゅうひょう》配下の大将である。荊州の東南の要地江夏《こうか》（現在の武漢）の守備をまかされていた。初平二年（一九一）、袁術《えんじゅつ》の命を受けた孫堅《そんけん》が荊州に侵入した。孫堅は腕と度胸だけで頭角をあらわした男で、袁術がその腕と度胸を買って豫《よ》州刺史に抜擢してくれたという事情があり、袁術の野望の手先に使われたのである。劉表の居城襄陽《じょうよう》をめざす孫堅と、救援にかけつけた黄祖との遭遇戦になり、黄祖は負けて山中に逃げこんだ。孫堅は黄祖を追って山に入り、黄祖の部下が木の繁みから放った矢にあたって死んだ。

公平に見て、これはどうも孫堅がよろしくない。人の国に無断で侵入したことの是非はしばらくおくとしても、山中に逃げこんだ敗残の将の捜索なんぞは部下にやらせておけばよいことで、大将が先頭に立って林中に分け入るというのは不用意である。みずから招いたわざわいと言われてもしかたがない。

しかし孫策・孫権兄弟をはじめとする呉の人間にはそのリクツがわからなかったと見えて、黄祖を親のカタキ、主君のカタキと憎悪し、何度も黄祖討伐軍を出す。また黄祖が守っている江夏というのが荊州のなかでも一番呉には近いところだから攻めやすいのである。

建安八年（二〇三）の討伐戦の際、黄祖の配下で弓をよくする甘寧《かんねい》が、呉軍の校尉《こうい》凌操《りようそう》を射殺した（校尉は将軍に次ぐ武官）。甘寧はこの手柄で地位を上げてもらえると期待したが、何の沙汰もなかった。実はこの甘寧はヤクザあがりのガラの悪い男なので黄祖が昇進させなかったのである。甘寧は黄祖を恨み、呉に寝返った。

建安十三年（二〇八）孫権はまた黄祖討伐軍を出した。このあたりは川の多いところだから、戦争はたいてい水上戦である。黄祖は川幅の狭いところに軍艦をならべ、錨《いかり》をおろして固定し、艦上の弓手千人が雨のごとく矢を射て呉軍を防いだ。呉の董襲《とうしゆう》と淩統《りようとう》（甘寧に殺された凌操のむすこ）がそれぞれ百人の決死隊をひきい、全員鎧を二重に着て船で突っこみ、錨のロープを切ったので、軍艦が流れ出して、勝負が決した。黄祖は逃げ出したが追いつかれ、馮則《ふうそく》という兵に首を取られた。――いったい昔の史書にこういう下級兵士の名前が載っていることはきわめてすくない。敵の大将を実際に討ち取ったのがだれであれ、指揮した将軍の手柄になるからである。しかしこの場合は超弩級《ちょうどきゅう》の殊勲であるから、呉の公式文書に「騎士馮則追うて其の首を梟《きょう》す」と記録されたのである。ただし翌日の祝勝会では、孫権がさかづきをあげて、ロープを切った董襲の功をたたえた。

なお小説『三国志演義』では甘寧が黄祖の首を取ることになっている。しかし甘寧はこの戦いには参加していないようである。凌統が先鋒をつとめているのだから甘寧をいっしょに出すわけにはゆかないだろう。凌統がずっと甘寧を恨んでいたこと、孫権も甘寧と凌統の任地を引き離す処置をとっていたことは、裴松之が引く韋昭《いしょう》の『呉書』にも見えている。『演義』で、甘寧が凌統のあぶないところを助け、以後うらみが解けたとする（第六十八回）のはもちろん小説である。

徐庶《じょしょ》（?〜?）

徐庶は諸葛亮の親友として知られる人である。

劉備に仕える前の諸葛亮のことはほとんど何もわからない。ただ、徐庶が諸葛亮の若いころからその才幹を認め、かつ劉備に推挙したということが『三国志』に書いてある。ほかにネタがないものだから、諸葛亮の伝記はみな、親友徐庶、と書き立てるのである。

魚豢《ぎょかん》の『魏略』の伝によれば、この人は若いころはならずものである。人殺しをして逃走中につかまった。黙秘して姓名身元を言わない。役人が車に柱を立てて縛りつけ、盛り場に置いて情報提供を求めたが、後難を恐れてだれも何も言わなかったという。よほどタチの悪いヤクザだったようだ。

悪党仲間が集団で救い出してくれた。そこで発奮して足を洗い、お寺にはいって修行をはじめた（そのあたりの論理的ないし心理的脈絡は『魏略』に書いてない）。修行仲間たちは元暴力団と聞いてこわがって近づかなかったが、当人は毎日早起きして、一人で掃除をして、お経をよんで、なかなか神妙であったという。

そのうち世の中が乱れてきたので平和な荊州へ行き、諸葛亮と知り合い、劉備に仕え、諸葛亮を推薦した、というわけだ。

同じく『魏略』によれば、この人はもともと福《ふく》という名前である。『魏略』では後年魏朝の御《ぎょ》史《し》中丞《ちゅうじょう》になったあたりまでずっと「福は……」「福は……」と記述してある。晩年になって庶と改名したらしい。

小説『三国志演義』では最初「単福」という名前で登場する。名の福はわかるが、単という姓はいったいどこから出てきたのか。

実は『魏略』の徐庶の伝に「本単家子」（もと単家《たんか》の子である）とあるのである。『演義』の作者はこれを、単という姓の家の子、とよんだわけだ。しかしそうではない。『魏略』の徐庶の伝のところはだいたい同程度の高官になった人十人の伝が並んでいるが、その半分くらいが「単家」の出身である。そんなに同姓の人がいるはずがない。「単家」とは、ごくふつうの家、庶民の家、ということである。後漢の時代は家柄が重視されるから、しかるべき家の出でないとなかなか出世できない。魏晋も基本的には同じだが、なかには全然家柄のバックがなくおのれの才幹のみをたよりに高官にいたった人もあるので、そういう人については「単家出身」と書いてあるのである。清の大学者銭大昕《せんだいきん》が、この「単」を姓と思うとは無知もはなはだしい！（妄之甚矣）とおこっている。銭大昕先生も『三国志演義』をお読みになっていたらしい。

＊

徐庶は親孝行の人として著名である。建安十三年（二〇八）、劉表が死んで荊州が曹操にくだると劉備は部下やその家族をつれて南へ逃げ出したが、当陽《とうよう》で曹操軍に追いつかれ、悲惨な敗北をこうむった。混乱のなかで徐庶の母が曹操軍につかまってつれてゆかれた。この時は大将の劉備さえ妻子を失ったくらいだから徐庶が母を見失ったのもやむを得ない。

ついでに言うと、むかしの本を読んでいると勝ったほうが負けたほうの人間を根こそぎつれて行ってしまうということがよく出てくる。女はともかく老人や子供までつれて行ってどうするのかと思うが、昔は人間が唯一の生産手段で、今日の紡織機にも靴製造機にも鍋製造機にもトラックにも相当するわけだから、それぞれに使い道があったのだろう。

徐庶は劉備に目通りし、自分の心臓をさして「これまで将軍とともに王覇の業をはかろうとしていたのはこの方寸の地であります。いま母を失って方寸が乱れてしまい、お役に立てません。ここでお別れします」と言って去った。以後は曹操に仕えて、大臣宰相とまではゆかないがそこそこの高官にいたった。

『演義』は徐庶のこの親孝行話を、徐庶の母が曹操を漢の賊とののしってすずりで殴りつけたの、曹操の腹心の程昱《ていいく》がニセ手紙を書いたの、徐庶がだまされてやってくると母は「この馬鹿者！」と怒って首を吊って死んだのと、たいへんにふくらませている。『演義』のなかでも最も感じの悪い個所の一つだ。

史上の徐庶は当陽で劉備と別れておしまいなのだが、『演義』ではあと二度登場させている。一度は、曹操が南下する前に劉備に降伏をすすめる使者に立っている。劉備がひきとめようとすると徐庶は「それでは人に笑われる。しかし曹操のためには一謀をも設けません」と言って帰って行った。――『演義』はせっかく孝行者徐庶のために話をこしらえたのだが、ここはリクツがわからない。もう母もいないのだから憎い曹操にひきつづき仕えねばならん理由はないし、第一何で人に笑われるのかわからない。『演義』の批評をした毛宗崗《もうそうこう》もこれにはすくなからず頭を悩まして、「あちらに母の墓があるから曹操と絶縁することはできぬのである」と苦しい説明をつけている。

もう一度は赤壁の戦いの際で、呉が火攻めに来ることを看破し、自分だけは助かろうと、西のほうで馬騰《ばとう》・韓遂《かんすい》がそむいたから征伐に行く、と嘘をついて抜け出した。――このほうはリクツはわかるが、名だたる孝行者にしては少々身勝手なようでもある。

六　西方の暴れ者

北宮伯玉　〈附〉辺章　王国
傅燮
馬騰　〈附〉馬超
韓遂

北宮伯玉《ほくきゅうはくぎょく》（？〜一八六）

《附》辺章《へんしょう》（？〜一八六）
王国《おうこく》（？〜一八九）

この「西方の暴れ者」の章は、その全体の主人公が韓遂《かんすい》である。韓遂は『三国志』のなかでも最も魅力に富む人物の一人だ。ところがこの男は、常に他の者をトップに立てて、自分は二番目の位置にあって実権を握る、というやりかたをとった。だから韓遂を語ろうとすると、どうしてもまず、彼がトップにかついだ辺章・王国・馬騰《ばとう》などについて言わねばならない。そのつもりで読んでいただければさいわいである。

＊

中平元年（一八四）に黄巾《こうきん》の乱がはじまると、西方涼州《りょうしゅう》の異民族の動きもにわかにあわただしくなった。その主力は羌族《きょう》である。

東漢十二州の一番西が涼州である。ちょうど現在の寧夏《ねいか》・甘粛《かんしゅく》両省にあたる（いまは寧夏を「回族《かい》自治区」と称しているが、この「自治区」というのは省と同じこと）。東南から西北へ斜めに長くのびて、両端がふくれ、まん中がくびれて、柄の短い鉄亜鈴みたいな格好をした地域である。その西北部分は名目的なものであって、実質的に統治がおよんでいるのは東南部分である。つまりこのあたりが当時の「天下」の西端である。

涼州全体には十の郡があるが、そのうち南端の金城《きんじょう》、漢陽《かんよう》、隴西《ろうせい》の三郡、このあたりが町も多く人も多く、しばしば騒乱の舞台になる。

この涼州は異民族が数多く住んでいて、半分外国みたいなところである。漢の植民地と言えばよかろうか。一番多いのが羌族で、次に多いのが氐《てい》族である。羌も氐もチベット系の種族らしい。これがまたいくつもの部族にわかれている。そこへ漢人も数多くはいりこんでいて、なかなかあつかいにくいところである。

『後漢書』「董卓《とうたく》伝」にこうある。

〈中平元年の冬、北地の先零羌《せんれんきょう》および枹罕《ほうかん》・河関《かかん》の群盗が叛乱をおこし、これがいっしょになって湟中《こうちゅう》の義従胡《ぎじゅうこ》北宮伯玉と李文侯《りぶんこう》を将軍として、護羌校尉《ごきょうこうい》の冷徹《れいてつ》を殺した。〉

ちょっと説明を加える。涼州のなかで一番東よりの郡が北地郡である。先零はセンレンとよむ。先零羌は羌族の部族の一つで、勇猛をもって知られる。枹罕・河関は北地からずっと離れて、隴西郡の北部あたりである。「群盗」と言っているが、これも異民族である。こんなに離れたところの者がいっしょになって叛乱をおこしたのだから、だいぶ組織的なものであるようだ。湟中は金城郡の西端一帯である。義従胡というのはもとをただせば羌族とはちょっとちがうようで、『後漢書』の「西羌《せいきょう》伝」には、「湟中の月氏胡《げっしこ》は、その先祖は大月氏《だいげっし》の別派であって、号して義従胡と言う」と言っている。しかしまた「被服・飲食・言語はほぼ羌に同じ」と言っている。義従胡とは、漢に忠誠を誓う異民族、という意味である。この湟中義従胡の酋長である北宮伯玉と李文侯をかついで将軍にした。兵をひきいている。護羌校尉というのは朝廷から派遣されて異民族の監視にあたっている官である。羌人から見れば目の上のタンコブみたいな存在だ。だからまずこれを襲って殺したのである。

さてそのつづき。

〈伯玉らは金城の人辺章と韓遂をおどしてつれてきて、軍政を一任し、ともに金城の太守陳懿《ちんい》を殺し、州郡を攻めて焼いた。〉

辺章と韓遂は漢人で、金城郡の名士であった。おどしてつれてきて（原文は「劫致」）叛乱軍の総司令にしたというが、そういうことはイヤイヤやれることではないから、二人のほうも大いに乗気であったのだろう。

この叛乱、北地の先零羌と隴西の異民族が手を結んでおこし、湟中義従胡の酋長をかつぎ、さらにその上に金城の名士をかついだのだから、地域的にも広範囲であるし、参加者も各族各層にわたっている。涼州をあげての大叛乱であったことがわかる。

叛乱軍の勢いが盛んなので、翌中平二年（一八五）はじめ朝廷は、黄巾討伐で功績をあげた名将皇甫嵩《こうほすう》を西都長安に鎮せしめ、園陵《えんりょう》を守らせた。

園陵というのは皇帝のお墓である。わが国の各天皇の御陵にあたるが、あれよりもっと大規模なものだ。長安の西方一帯には西漢諸帝の陵墓が集中している。

いつの時代でも叛乱の軍は、現王朝に対する否定の表現として皇室のお墓を襲撃し、掘り返して荒らす。祖先のお墓を掘り返されるのは恥辱であるから、朝廷側も厳重に防備するのである。涼州の叛乱軍は、はたしてこの春三月、数万騎をもって三輔《さんぽ》（現在の陝西省《せんせい》、長安を中心とする地域）に侵入し、園陵に迫った。史書はこの時の侵攻軍について、あるところでは「北宮伯玉の軍」と書き、あるところでは「辺章・韓遂の軍」と書いている。辺章・韓遂を総帥とし、北宮伯玉、それに李文侯を実戦部隊の将軍とする編制だったのであろう。

朝廷ははじめ、董卓と皇甫嵩にこれを迎え撃たせたが、皇甫嵩が負けたのでクビにし、同年八月、あらためて、司空の張温《ちょうおん》を総大将とし、執金吾《しっきんご》の袁滂《えんぼう》を副とし、その下に破虜《はりょ》将軍董卓と盪《とう》寇《こう》将軍周慎《しゅうしん》とをつけた総勢十余万の大軍を編成して園陵を守った。ここに、美陽《びよう》の戦い、および楡中《ゆちゅう》の戦いがおこった。

美陽は園陵のすこし西の町である。官軍十数万がここに屯しているところへ賊軍が攻めて来て何度も戦闘があり、そのたびに官軍が負けた。ところが十一月にいたって、光の長さ十余丈の火の如き流れ星が賊軍の真上にかかり、兵站《へいたん》物資輸送用の驢馬がいっせいに鳴いたので、これは縁起が悪いと、賊軍は根拠地の金城へ引きあげはじめた。官軍はこれを追撃して大いに破り、数千の首を取った。賊軍はどんどん逃げて涼州に逃げこみ、さらにどんどん逃げて、漢陽郡と金城郡の境の楡中という町でやっと踏みとどまった。官軍は、周慎が三万の兵をひきいてこれを追っかけ、楡中を包囲した。一方董卓の別動隊三万は、途中から周慎と別れて先零羌の根拠地望垣《ぼうえん》（漢陽郡南部）を襲った。

ちょっと地図をのぞいて見ていただけるとありがたいのであるが、美陽から楡中（ないし望垣）まではずいぶん遠い。そこを賊軍がどんどん逃げるものだから調子に乗ってどんどん追っかけて、ハッと気がついてみると、補給線がのびきっている。これが叛乱軍の狙い目であった。流れ星が落ちたの驢馬が鳴いたのというのも、官軍をわが勢力範囲に誘いこむための策略だったのだろう。踏みとどまった北宮伯玉たちは、官軍の後方へ回って補給線を切断する作戦に出た。敵地で補給が切れては命がない。周慎軍三万は算を乱して潰走した。

董卓の方はうまく逃げた。補給が切れて食いものがないから川の魚を取って食べましょうと、堰を築いて川の水をせきとめた。実はこれが敵の目をあざむく策略で、その堰の下を通って、三万の兵がきれいに逃げてしまった。賊軍が追って来ると堰を切ったから水がドッと川にあふれ、渡ることができない。一兵もそこなうことなく退却帰還した。董卓の配下には、こんにちのダム築造技師みたいな有能な技術屋がいたものと見える。

かくて、美陽楡中の戦いは叛乱軍の頭脳勝ちに終った。こんな作戦を立てたのは多分韓遂だったのであろう。どんどん逃げた時に殺されて首を取られた数千人はかわいそうだが、それはどうせ、かり集めの輜重輸《しちょうゆ》卒《そつ》あたりを最後尾においてヨタヨタ走らせていたのだろう。韓遂にとってはそれくらいの犠牲は物の数でもないのである。

さあ官軍をうまくやっつけた、となると、たちまち内ゲバがはじまった。叛乱軍の首脳は、辺章、韓遂、北宮伯玉、李文侯の四人であるが、一番切れ者の韓遂があとの三人を殺して、一人お山の大将になった。

西羌の叛乱のことはあちこちに見えているが、たいてい「辺章韓遂の乱」と言ってある。すなわち大将二人を列記する際には必ず辺章を上にしている。また一人の名のみをもって言う時は「辺章の乱」「西涼賊辺章」のごとく辺章をあげている。ナンバーワンが辺章であったことはまちがいなさそうだ。すくなくとも朝廷側はそう見ていた。

＊

辺章に関する史料はいたってすくない。

『後漢書』「董卓伝」に引く『献帝春秋』にはこうある。

〈涼州の義従宋建《そうけん》・王国等が反し、金城郡に降伏するとウソをつき、涼州の大人《たいじん》でもと新安《しんあん》の令の辺允《へんいん》と従事の韓約《かんやく》に会いたいと求めた。約は会わなかった。太守の陳懿《ちんい》が会いに行くようにすすめた。国《こく》らは約ら数十人をとらえて人質にした。金城が乱れたので懿は城外へ出た。国らは護羌校尉の営へつれて行って殺し、約・允らは釈放した。隴西郡《ろうせい》が奸佞《かんねい》をもって公示し、約・允の名に冠して賊とした。涼州が約と允とをそれぞれ千戸侯で購《あがな》った。約と允とは購われ、約を改めて遂とし、允を改めて章とした。〉

右のおしまいのほうは、よくわからない。「隴西郡が」云々と訳したところ、原文は「隴西以愛憎露布冠約允名以爲賊州購約允各千戸侯」。

韓約・辺允らは、叛乱軍にいったんとらえられ、金城太守が殺されたあと釈放されたけれども、そのまま賊の陣営にとどまっていた。そこで金城郡の隣の隴西郡が、韓約と辺允は叛乱がわの手引をして郡太守を殺させた賊である、というおふれを出した。涼州刺史が二人に、千戸侯をやるから賊と手を切ってもどってこいと誘った。二人はその誘いに乗ってもどってきた。これまでの名前は公式文書に賊として記載されてしまったので、それぞれ改名した、……ということであろうか。

とにかくはじめからしまいまで、よくわからぬ記事である。

『献帝春秋』のこの部分、裴松之《はいしょうし》は引いていない。

この『献帝春秋』は、袁暐《えんい》という人の書いた本である（「呉志・陸瑁《りくぼう》伝」では袁曄《よう》とする。どちらかが字のまちがいであろう）。裴松之は二百数十種の史書を用いて『三国志』の注を書いたが、この『献帝春秋』と、もう一つ楽資《がくし》の『山陽公載記《さいき》』に対する評価が最も低い（山陽公は献帝が帝位を奪われたあとの称号）。たとえば袁紹伝の注に両書を引いたあとこう言う。

〈資《し》・暐《い》の徒はいったい何者か知らぬが、然否を識別もできずしてしかも軽率に翰墨《かんぼく》を弄し、妄《みだり》に異端を生じ、以てその書を行《や》っている。かくのごときの類は、まさに視聴を誣罔《ぶもう》し、後生《こうせい》を疑《ぎ》誤《ご》するに足る。まことに史籍の罪人であり、達学の取らざる所の者である。〉

また「馬超《ばちょう》伝」の注に『山陽公載記』を引いたあと言う。

〈袁暐・楽資らが記載する所の諸事は、穢雑虚謬《わいざつきょびゅう》、かくのごときの類は、まったく問題にもならぬことである。〉

裴松之は、後世の人たちとはくらべものにならぬ数多くの、漢末三国の史料を持っていた。それらを比較検討して、右のごとき評価をくだしているのである。

それでも裴松之は、一々文句をつけながらも、『献帝春秋』を二十六条（『山陽公載記』は十条）引いている。しかし上にあげた部分は引いていない。あんまりデタラメだと思って捨てたのであろう。それを二百五十年ほどのちに章懐太子《しょうかいたいし》が拾ったのである。

辺章に関する記載はもう一つ、「武帝紀」建安二十年、韓遂の死をしるすくだりに裴松之が引く『典略』にある。

〈遂《すい》は字は文約《ぶんやく》、はじめ同郡の辺章と共に西州に名をあらわした。章は督軍従事《とくぐんじゅうじ》であった。遂が計を奉じて京師《けいし》にいたった際、何進《かしん》はかねてその名を聞いていたので、特に会見した。遂は進に宦官《かんがん》たちを誅するよう説いた。進が受け入れなかったので帰った。たまたま涼州の宋揚《そうよう》・北宮伯玉らが反し、章と遂を主に挙げた。章は病気で死んだ。遂は揚らに脅迫されてやむなく兵に依って乱をおこし、以後三十二年、ここにいたって死んだのである。七十余歳であった。〉

これによれば、辺章は叛乱軍の首領に推されたが、病死したため実現しなかったと言う。しかし上に述べたごとく諸記録に「辺章の乱」「西涼賊辺章」と言っているのだから、一時期首領であったことはまちがいなかろう。

辺章に関する記録はいたってすくないが、まず次のようであると言っていいであろう。

――辺章は涼州金城郡の名士であった。何らかの官職についたことがある（あるいは現についていた）ようである。中平元年、韓遂とともに、北宮伯玉らにかつがれて叛乱軍の総帥になった。地位は韓遂より上であった。中平二年、三輔《さんぽ》に侵入し、皇甫嵩、董卓ら官軍諸将と戦った。中平三年の末に、韓遂に殺された。

*

王国とはたいそうな名前だが、別段の仔細はない。姓が王、名が国である。西方の叛逆者の一人。

「蜀志・馬超伝」に引く『典略』に「民王国等及び氐《てい》・羌《きょう》が反叛《はんぱん》した」とあり、『後漢書』「董卓伝」に引く『献帝春秋』に「涼州義従宋建王国等反す」とある。異民族系の庶民で勇力ある者だったのだろう。

『後漢書』「霊帝記」中平四年（一八七）の項にこうある。

〈夏四月、涼州の刺史耿鄙《こうひ》が金城の賊韓遂を討った。鄙の兵は大敗した。遂は漢陽を寇《こう》し、漢陽の太守傅燮《ふしょう》は戦没した。扶風《ふふう》の人馬騰《ばとう》、漢陽の人王国も並び叛し、三輔《さんぽ》を寇した。〉

これによれば、王国が叛したのは耿鄙が敗れたあとのように見える（なお、馬騰についてはあとにくわしくのべます）。

同「傅燮伝」には「中平四年、鄙は六郡の兵を率いて金城の賊王国・韓遂等を討とうとした」とあり、王国はすでにその前から叛していたように見える。そのあたりの先後は朝廷側ではよくわからなかったのだろう。なおここで、「王国・韓遂」と王国の名を上にあげている。

同「董卓伝」には、中平三年冬以降のこととしてこうある。

〈韓遂は辺章及び伯玉・文侯を殺し、兵十余万を擁し、進んで隴西を囲んだ。太守の李相如《りしょうじょ》は反し、遂と連和し、共に涼州刺史耿鄙を殺した。鄙《ひ》の司馬扶風の馬騰も兵を擁して反叛した。また漢陽の王国は、自ら合衆将軍と号した。両人とも韓遂と合した。共に王国を推して主と為し、悉《ことごと》くその衆を領せしめ、三輔を寇掠《こうりやく》した。〉

どうも実力では兵十余万を擁する韓遂のほうが上だと思われるが、形の上では、王国をリーダーとして立てたのである。だから「傅燮伝」が「王国・韓遂」と書いてあるのはなかなか正確なのである。また賊軍が傅燮に降伏をすすめる記事にも、「王国は、もとの酒泉《しゆせん》の太守黄衍《こうえん》をつかわして燮を説得させた」とある。王国が賊軍の代表取締役だからこれでよいのである。

王国を首班とする涼州叛乱軍は、中平五年、陳倉《ちんそう》を攻めた。陳倉は涼州から三輔にはいって最初の城である。冬から春にかけて八十余日間包囲攻撃をかけたがおとすことができず、あきらめて引きあげるところを皇甫嵩に追撃されて大敗した。『後漢書』「皇甫嵩伝」に「連戦して大いに破った。斬首万余級。国はにげて死んだ」とある。これによれば、逃げるところを追いつかれて殺されたようだが、そうではないらしい。同「董卓伝」には、叛乱軍が陳倉攻めに失敗して逃げもどったあとのこととしてこうある。

〈韓遂らはまた共に王国を廃し、もとの信都の令、漢陽の閻忠《えんちゆう》をおどかして諸部を督統《とくとう》させた。忠は衆に脅迫されたことを恥じ、憤慨のあまり病気になって死んだ。遂らはおいおい権利を争い、たがいに殺し合い、その諸部曲《ぶきよく》もそれぞれ分散した。〉（「部曲」という語については「劉備」の項参照）

実際には、韓遂が「今回の敗戦の責任は総大将である王国にある」と言って殺してしまったのだろう。そのあと韓遂はまた、閻忠という男を総大将に仕立てている。「諸部を督統する」、つまり全軍の総指揮官になるんだから悪くなさそうだが、韓遂らは閻忠を脅迫してならせているし、閻忠のほうは、おどされて総帥になったことを恥じて死んでいるから、ありがたい地位ではなかったらしい。しかしそんな総帥でもやはり総帥は必要らしく、閻忠が死んだあと、叛乱軍は分散してしまった。

韓遂という男は、自分が大将になるよりも、誰か別の者を大将に立ててそれをうしろからあやつるのが好きな男であった。もっともその韓遂も、もとを正せば北宮伯玉らにかつがれたのである。だからそれは、韓遂の好みというより、西方の異民族の習慣、ないし常套手段だったのかもしれない。

「霊帝紀」に「中平六年春二月、左将軍皇甫嵩が王国を陳倉で大破した」とあるから、王国が韓遂らに責任をとらされて殺されたのはそのあとまもなくのことであろうと思われる。

傅《ふ》燮《しょう》（?～一八七）

傅燮は東漢末の硬骨の正義漢である。立派な人物、と言えば言える。愚かな男、と言えばまたそうも言える。みずからの信ずるところをまっすぐに述べ、上司や権力者に対してもすこしも遠慮しなかったから、その能力や功績から言えば朝廷の大官になってもおかしくない人だが、昇進できなかった。

霊帝の中平元年（一八四）、西方涼州で辺章・韓遂の叛乱がおこった。涼州は現在の甘粛《かんしゆく》、寧夏《ねいか》。少数民族の羌人《きよう》が多いところで、これが、かねて人望のある金城郡の辺章・韓遂をかついだのである。朝廷はこれに対処するため「天下に徴発し、役賦《えきふ》已《や》むことなし」、すなわち対策費をつぎこんだが、少しも成果あがらず、ドブに金を捨てるようなことであった。そこで司徒の崔烈《さいれつ》が、いっそ涼州を放棄しましょうと言い出した。霊帝は諸臣をあつめて会議を開いた。傅燮は議郎《ぎろう》であったからこれに出席し、声をはげまして「司徒を斬らねば天下は治まらぬ」と発言した。司徒といえばまず総理格である。それを殺してしまえというのだから過激だ。

傅燮は涼州の北地郡の人である。自分の家郷を放棄しようなどと言い出すやつがあらわれたから特別アタマに来たのかもしれない。

崔烈は銅臭《どうしゅう》大臣と言われた人である。「銅」は銅銭、つまりお金のこと。この人は九卿《きゅうけい》の地位にあったが、財政難に苦しむ朝廷に五百万銭を寄附して三公の一である司徒になった。あからさまに言ってしまえば司徒を金で買ったのである。それであの大臣は銅銭のにおいがする、と言われた。後世、金の力で高位を得た人や、金にガメツイ高官を「銅臭あり」と言うのはこの崔烈の故事による。わが国で言えば田中角栄さんなんぞは銅臭大臣の一番手だろう。

しかし崔烈の言うところは案外正論だったかもしれん。当時の朝廷は官位を売って収入を得ねばならぬほど財政難であった。崔烈はそれを文字通り身をもって知っている人だ。見こみのない辺境に際限なく金をつぎこんでいたのでは朝廷自体がもたないと思ったのだろう。

傅燮は、「涼州は天下の要衝、国家の藩衛《はんえい》である。崔烈は宰相でありながら、国のためにこれを安寧にする策を立てようともせず、一方万里の土を割棄しようと言う。いったい何を考えておるのか。もし左衽《さじん》の虜《りょ》がこの地を得て乱をなせば、これぞ天下の至慮、社稷《しゃしょく》の深憂である。もし崔烈がそんなこともわかっておらぬのであれば、こいつは至極のバカである。わかっていながら言っているのであれば不忠である」と、帝の前で大いに弁じた。傅燮は「身長八尺にして威容あり」という偉丈夫であったから迫力があったろう。なお左衽の虜とは異民族のこと。左衽は衣服の左前。『論語』に「管仲《かんちゅう》なかりせば吾は其れ被髪左衽せん」(もし管仲がいなかったら、われわれは蛮人に征服されてその習俗を強制されたろう)とある。

霊帝は傅燮に賛成し、涼州放棄案は否決された。

しかし傅燮はそんなふうに上の人にたてついてばかりいたから、その涼州の漢陽郡の太守に出されてしまった。漢陽郡は、叛乱軍が占領している金城郡の隣、つまり一番あぶないところである。

この傅燮という人は、さきに言ったようにもともと涼州の人であるから、異民族のあつかいには慣れていたようだ。漢陽郡へ行くと、宥和政策をとったから羌人《きょう》たちがぞくぞく降附してきた。そこで広く屯田《とんでん》を開き、四十余営を列置したという。

中平四年（一八七）、耿鄙《こうひ》という人が涼州刺史になってやってきた。

ちょっと横道にそれるが、この涼州刺史の職は、中平元年に羌族の叛乱がおこって以来、むやみに交替が多い（この件については『後漢書』の「蓋勲伝《がいくん》」がくわしい）。乱がおこった時の刺史は左昌《さしょう》という人であった。この左昌は悪いやつで、乱を鎮圧するための軍資金をかきあつめ、それを全部自分のふところに入れてしまった。それでクビになった。

左昌にかわったのが宋梟《そうきょう》という人である。これはまた迂儒《うじゅ》の見本みたいな人で、赴任して来て諸処騒乱のさまを見てたいへん心を痛め、「ああ、何というなげかわしいことであろうか。こんなふうに叛乱が頻発するのは道徳教育が行われていないからである。『孝経』をたくさん写させて一家に一冊づつ配布し、人々に毎日読ませて親孝行の大切さを教えたら、叛乱に加わるような者はいなくなるであろう」と発案した。部下の蓋勲が「閣下、この火急の際にそれはあんまりノンビリすぎるのではありませんか」といさめたが、「いやいやそうでない」と朝廷に対して、「このたびの叛乱にはこういう方策で臨みたい」と奏上したので、朝廷もあきれてすぐクビにした。

そのあとに来たのが楊雍《ようよう》という人である。この人は何でクビになったのか残念ながら史書に記載がない。しかしこれも短期間でおわって、そのあとへ耿鄙が来たわけである。

この数年後、皇室の親族で朝廷の太常《たいじょう》という高位にあった劉焉《りゅうえん》が、「州の刺史にはもっと大物をあてねばダメだ」と主張している。劉焉のばあいは下心があってそういう建議をしたのだが(くわしくは「劉焉」の項をごらんください)、しかしこの涼州刺史の頻繁な交替、しかも大事なところへロクでもないのばかりやってくるようすを見ていると、劉焉の主張も、大いに一理も二理もあると思えてくるのである。

さて耿鄙である。この人は武勲にはやる性格で、叛乱地区の刺史になってやってくるとすぐ、六郡の兵を挙げて金城の賊を攻撃すると言い出した。傅燮は、それはおやめなさいと進言した。この進言がなかなかすぐれた議論なので、左にご紹介申し上げよう。

〈閣下は着任して日が浅く、兵はまだ閣下の指揮になじんでおりません。孔子は、『人を教えずして戦わせるのは、これを捨てるに等しい』と言いました。いま不習の人をひきいて大隴《たいろう》の険を越えるのは、十中十まであぶない。しかも賊は、大軍がやってくると聞けばかならず万人心を一つにしましょう。辺兵は勇多く、その鋒はあたりがたい。こちらは新合の衆で、上下いまだ和せず、万一内変があれば悔いても間にあいません。軍をやすめ徳を養い、賞罰を明らかにするのが得策です。賊は寛解を得て、官軍は取るに足らんと思いましょう。さすれば頭目同士が争いをはじめ、バラバラになります。その時に教習成った兵をひきい、すでに渙散した賊を討てばやすやすと勝利が得られましょう。いま万全の福を為さずして必危の禍に就くのは、閣下のために取らぬところであります。〉

まあこの通りに言ったのかどうかはわからんが、趣旨にちがいはあるまい。新しく指揮下にはいった軍をすぐに動かして戦争をするのは危険だというのは、まったくその通りであろう。特に、大軍が押し寄せてくると聞けば一致団結する、敵は弱いからこないとわかれば安心してうちわもめをはじめ離散する、そこを討て、というのはさすがに異民族をよく知っている人だけあって、理にかなっている。

しかし耿鄙はこの進言を聞き入れず、金城を攻めに行って、はたして負けて殺されてしまった。賊軍は勢いに乗じて東進し、傅燮の居城漢陽を囲んだ。城中兵すくなく糧はつき、援軍の見こみはなく、陥落は必至である。

この時、北地の胡騎《こき》数千が包囲軍に加わっていた。傅燮は北地の人であり、かつ羌人には人気がある。彼らは城外において叩頭《こうとう》し、傅燮に「われわれが安全にお送りしますからいっしょに郷里に帰りましょう」と求めた。

これに応ずれば命は助かる。傅燮自身だけでなくみんなの命が助かる。しかし大将がまっさきに戦線を離脱して逃げるのであるから、硬骨の傅燮が簡単に応ずるはずがない。と思ったから、左右の者は傅燮のむすこの幹《かん》に頼んだ。幹はこの時十三歳で父とともに城中の官舎にあったのである。――ここからはちょっと、楠公父子桜井の別れに似た場面である。

幹は言った。

「国家は昏乱し、父上を朝廷に居られなくしてしまいました。」

「国家」は今の日本語の国家ではなく、朝廷、王朝、権力機構の意。このばあいだけでなく、

「国家」の意味は常にそういうことである。統治機構、およびその機構に参加している人間の総体を「国家」と言う。いまの日本語の「国家」に相当することばはない。ことばだけでなく、そういう概念がない。あるいはそういう考えかたがない。これは大切なことなので、ちょっと横道になるがここで言っておく。昏乱した、とはボケてしまった、ということ。

「いま天下はすでにそむき、兵は自ら守るに足りません。郷里の羌胡《きょうこ》は先に恩徳をこうむったので、郡を捨ててお帰りになるようにと言っております。どうか御承知下さいますよう。郷里に帰ってから、義徒をあつめ、有道《ゆうどう》を見ればこれを輔翼《ほよく》し、もって天下を救うことにすれば……」

むすこのことば途中、傅燮は慨然として嘆じ、幹《かん》の小字（幼名）を呼んで言った。

「別成《べっせい》よ、お前はこの父には死しかないのがわかっておるであろう。聖なるは節を達し、次なるは節を守る、と言うではないか。殷紂《いんちゅう》は暴であったが、それでも伯夷《はくい》は周の粟《ぞく》を食らわずして死に、仲尼《ちゅうじ》はその賢を称した。いま朝廷は殷紂ほどに甚しくはない。わが徳が伯夷を絶つことができようか。世が乱れては浩然《こうぜん》の志を養うことはできぬ。禄をはんでその難を避けたいなどと言えるものか。この父がいったいどこへ行けるというのか。ここで死ぬほかないではないか。お前は出来のよい子だ。しっかりやってくれ。主簿《しゅぼ》の楊会《ようかい》がわが程嬰《ていえい》である。」

幹はむせび泣いてもはやことばをつづけることができず、左右もみな涙くだった。――なお、程嬰は春秋の時代、晋の臣趙朔《ちょうさく》の遺児趙武《ちょうぶ》を敵の手から守って成人させた人である。楊会が程嬰であるというのは、お前は楊会とともにここからのがれ、おとなになったら父の志をついで漢朝に忠義をつくしてくれ、ということ。

叛乱軍の王国が、もとの酒泉《しゆせん》郡の太守黄衍《こうえん》（いまは寝返って叛乱側についている）を使者としてつかわして傅燮を説得した。

「勝敗はもうきまっています。さきに立ちあがった者が、上は覇王《はおう》の業をなし、下は伊呂《いりよ》の勲をとげるのです。天下はもはや漢のものではありません。閣下ひとつわたくしのために軍を指揮していただけませんか。」

伊呂は伊尹《いいん》と呂尚《りよしよう》（いわゆる太公望《たいこうぼう》）、覇王の業をたすけた人である。わたくしのために軍を指揮せよとは、降参すれば一軍の将に取り立ててやるということ。

傅燮は剣を按じて黄衍を叱咤した。

「なんじ剖符《ぼうふ》の臣でありながら、かえって賊のために説くか！」

かくて傅燮は、羌胡の好意を謝絶し、招降の誘いはもとより拒否し、城から打って出て戦死した。朝廷は壮節侯と謚《おくりな》した。

傅幹《ふかん》は成人してのちに扶風の太守に至った。漢朝のためにどんな働きをしたか、史書に記載がない。

馬騰《ばとう》（？〜二一二）

《附》馬超《ばちょう》（一七六〜二二二）

馬騰の伝は（十分にそなわったものではないけれども）、「蜀志・馬超伝」の注に引く『典略』にある。隴西《ろうせい》郡の生れで、父は漢人、母は羌《きょう》人である。

「長八尺余、身体洪大、面鼻雄異、而《しか》うして性は賢厚《けんこう》」とある。背が高く、体が大きく、顔も鼻も大きかった。英雄の骨格である。「性は賢厚」というのは、なかなかの人格者だったということであろう。

「少《わか》くして貧しく産業無し」とある。「産業」とは、食ってゆくための物質的手だてのことである。農民なら土地、商人なら元手、職人なら仕事場や道具、そういうものを何も持たなかった。それではどうやって食っていたかというと、山に入って木を切って、それを町へかついで来て売っていた。いよいよ腕力も足腰も強くなったことだろう。のち、募集に応じて兵隊になり、たちまち頭角をあらわした。

その名が記録にあらわれるのは中平四年（一八七）である。『後漢書』「霊帝記」、涼州刺史耿《こう》鄙《ひ》の敗北と漢陽太守傅燮《ふしよう》の戦死をしるしたあとに、「扶風《ふふう》の人馬騰、漢陽の人王国《おうこく》、並びに叛し三輔《さんぽ》を寇《こう》す」とある。また「董卓伝《とうたく》」に、韓遂《かんすい》らが耿鄙を殺したことを記したあと、「鄙の司馬扶風の馬騰もまた兵を擁して反叛《はんぱん》す」とある。兵隊になった馬騰は、昇進して耿鄙配下の部隊長クラスになっていたのである。中平四年に至って叛乱し、韓遂らと連合した。なお扶風は馬騰の父の原籍である。扶風の人である父が、隴西へ流れてきて、羌人の女に生ませたのが馬騰で、だから馬騰は隴西で生れ、成長したのだが、やはり扶風の人という。それがならわしである。

ちょっと話が横道にそれるが、小生一九八〇年に台湾へ行った時、台北の大学に在学する学生と偶然知り合いになって話をしたことが何度かあった。無論それぞれ別々のばあいで、男も女もあった。「おうちはどこ?」とたずねる。それは無論、どこから台北へ出てきたのかきいたのである。生れ育ったところ、現在両親のいるところをきいたつもりである。ところが相手は当然のごとく「山東です」とか「湖南です」とか答える。どこで生れようと現在どこに家があろうとそれらはすべて一時的なものであり、根っこはあくまで山東なり湖南なりにあるという意識らしい。史書に出てくる「どこそこの人」というのもすべてそういう含意なのであるから気をつけないといけない。

言帰正伝《もとにもどつて》——

董卓が洛陽から長安への遷都を強行したのは初平元年（一九〇）のはじめである。董卓が朝権を掌握するや関東の諸将が袁紹《えんしよう》を盟主に打倒董卓の兵を挙げたので、関中に難を避けたのである。董卓は関東の勢力に対抗するために、西方の実力者韓遂と馬騰を味方に引き入れようと工作した。

韓遂・馬騰はこれに応じて長安にいたった。

初平三年（一九二）四月、司徒の王允《おういん》らが董卓を殺し、李傕《りかく》、郭汜《かくし》らが朝権を握った。彼らは韓遂を鎮西将軍に任じて金城に帰らせ、馬騰を征西将軍に任じて郿《び》に駐屯させた。郿は長安の西百キロのところである。これによっても馬騰のほうがおだやかで安心な人物だったらしいことがわかる。

興平元年（一九四）はじめ、李傕と馬騰との間に悶着がおこった。詳細はわからないが、馬騰が李傕に何かを要求したが拒否されたので怒ったらしい。天子がとりなしたがおさまらない。韓遂が涼州からとりなしに出てきて、馬騰の言い分を聞いて馬騰の味方についた。

一方朝廷内では、諫議《かんぎ》大夫《たいふ》の种劭《ちゆうしよう》、左中郎将の劉範《りゆうはん》（益州牧劉焉《りゆうえん》のむすこ）などが李傕・郭汜を倒す陰謀を進めていた。种劭らは、馬騰・韓遂をなかまに引き入れ、彼らに外から長安を攻撃させ、内部で种劭らが呼応する計画を立てた。馬騰らは長安の西の長平観《ちようへいかん》に兵を進めた。しかし長安攻撃にかかる前に計画がもれ、种劭らは槐里《かいり》（長安の西五キロほどのところ、右扶風《うふふう》の治所）へ逃げた。李傕・郭汜の軍が長平観を攻め、馬騰らは敗れて涼州へ逃げ帰った。ついで李傕らの軍は槐里を攻め、种劭らはみな殺された。朝廷はすぐに詔を発して馬騰らを赦し、馬騰を安狄《あんてき》将軍に、韓遂を安降将軍に任じた。負けたとはいえ、二人の力は朝廷にとって脅威だったのである。――なになに？　ああ「右扶風」というのは行政区です。長安の西方一帯。天子は南面している。だから西のことを右と言う。その右扶風の役所が槐里にある。神奈川県の役所が横浜にあり、山梨県の役所が甲府にあるようなものである。それから「安狄将軍」とか「安降将軍」とかいうのは、別に以前からそういう軍職があるわけじゃない。適当にきこえのいい将軍名をつけてやるのである。こういうのを雑号将軍といっていっぱいある。どういう地位・職分の将軍かときかれても困る。そういう名号をもらったのである。

翌興平二年（一九五）、献帝の車駕は東へむかった。長安は荒廃のままに残された。『後漢書』「董卓伝」にこうある。

〈初め帝が関中《かんちゅう》に入った時には三輔の戸口はなお数十万あった。李傕・郭汜が攻めあい、天子が東帰して以後、長安城中は四十数日のあいだからっぽで、強者は四散し、弱者は食いあい、二三年の間、関中にはもはや人跡はなかった。〉

涼州へ帰った馬騰と韓遂についても同伝にこうある。

〈韓遂と馬騰は涼州に帰ってより、互いに戦争を始め、隴《ろう》を下って関中に拠《よ》った。〉

「蜀志・馬超伝」の注に引く『典略』はそのことをもうすこしくわしく、つぎのように書いている。

〈(馬騰は) 鎮西将軍の韓遂と異姓兄弟の契りを結び、はじめは甚だ相親しんだが、後に転じて部曲を以て相侵入し、いっそう讐敵になった。騰が遂を攻めると、遂は逃げ、衆を合してもどってきて騰を攻め、騰の妻子を殺し、いくさがやむことなかった。〉

そうやってたがいに相争いながら、権力の空白地帯となった関中に双方とも勢力を築いたのである。

さてこちらは中原――

曹操は建安元年（一九六）に天子を許へつれてきて天下に覇《へ》をとなえる形は作ったものの、その翌年ころの情勢は決して容易なものではなかった。北には袁紹が、冀《き》・青《せい》・幽《ゆう》・并《へい》の四州をおさえている。東には呂布《りょふ》がいる。南には張繡《ちょうしゅう》がいる。この建安二年に曹操は張繡を攻めたが、長子昂《こう》を殺され、親衛隊長典韋《てんい》を失い、手ひどい目にあって帰ってきたばかりだ。

最大の敵は無論袁紹だが、袁紹と対決するためにはまずうるさい東の呂布と南の張繡をかたづけておかねばならない。しかしまた、東と南に手をつけていると、その間に袁紹が西方関中の諸将と組んで中央をうかがうのが心配だ。天下の中央にいるのは格好はいいが、四方のことをみな考えねばならぬからやっかいなのである。

謀臣たちに相談したら、荀彧《じゅんいく》が「関中の将帥は何十人もいるが、これが一つになることはない。一番強いのは韓遂と馬騰である。この二人のもとへ使いをやって慰撫し、しばらくのあいだおとなしくさせるのが先決です。どうせそう長くはおとなしくするはずがないが、こちらが当面の急務をかたづけるあいだだけでいい。使いには侍中《じちゅう》・尚書僕射《しょうしょぼくや》の鍾繇《しょうよう》が適任です」と言った。そこで鍾繇に司隷校尉《しれいこうい》（中央地区の治安担当最高官）を兼任させて長安へやった。

そのあたり『典略』にはこうある。

〈建安の初め、国家は綱紀まったくゆるんだので、司隷校尉鍾繇、涼州牧韋端《いたん》をして両人（韓遂と馬騰）を和解せしめた。騰を呼びもどして槐里《かいり》に屯せしめ、転じて前将軍に拝し、假節《かせつ》とし、槐里侯に封じた。〉

同様のことは「馬超伝」の本文にもあるが、「鍾繇《しょうよう》伝」のほうがくわしい。こうある。

〈時に関中の諸将馬騰・韓遂らは、おのおの彊兵《きようへい》を擁して相争っていた。太祖はちょうど山東で事有って忙しく、関右《かんゆう》のことを心配していた。そこで鍾繇に侍中を以て司隷校尉を兼任させ、持《じ》節《せつ》督関中諸軍に任じ、これに後事を委ね、特に科制に拘《かか》わらざらしめた。繇は長安に至ると、書を騰・遂らに移し、ために禍福をのべた。騰・遂はおのおの子を遣わして入侍せしめた。〉

この建安二年ごろの段階で、馬騰・韓遂は一応曹操の支配を受け入れたわけである。

なお右のうち――

「山東」は「関東」と同じである。華山《かざん》に目をつけてそこから東と言えば「山東」であり、函谷《かんこく》関《かん》・潼関《どうかん》に目をつけてそこから東と言えば「関東」である。西漢の首都は長安であるから、そこに身を置いて「東方一帯」と言う時には「関東」「山東」となるわけで、その言いかたがその後も踏襲されているのである。現在の山東省とはちがうから注意。なお華山も函谷関も潼関も、要するに「黄河が直角にまがるあたり」と思っておけばよい。

「関右」は「関西《かんせい》」「関中」と同じことである。このばあいも関はもちろん函谷関・潼関のこと。「関西」は「関の西側」、「関中」は「関の内側」の意味でこれはだれでもわかる。「右」は「西」の意味である。逆に「左」は「東」である。天子は南面して坐る。その右手のあるほうが西、左手のあるほうが東、これも言われればごくわかりやすい道理である。要するに「関中」「関西」「関右」とは、いまの陝西《せんせい》省、渭水《いすい》流域のことである。

さてこの関中は、かつて首都のあったところだから、地方ではない。つまりどこの「州」でもなく、中央直轄地である。したがって司隷校尉の管轄である。たとえて言えば、関中というのは、いまの日本の東京の三多摩地区（JR吉祥寺駅の線から西の一帯）のようなものである。東京の中心ではないけれども東京にはちがいないから警視総監の管轄である。それと同様に、東漢の首都は洛陽だからそっちのほうが中心だが、関中も一応中央の範囲に属するのである。で、その三多摩地区が無政府状態のムチャクチャになって、近藤勇みたいな暴れ者連中が好き放題をやっているので、警視総監が出かけて行って、お前らちっとおとなしくしてくれよ、となだめたら、へいへいと受け入れたのである。ただし、あくまでもなだめたのであって、力をバックに抑えこんだのではない。この時期の曹操にはまだそれほどの力はない。曹操が関西諸将を力で抑えこむのは、これからまだ十五年ものちである。

あとこまかいことを一つ二つ――

「假節《かせつ》」とか「持節《じせつ》」とかいうことが出てくる。「節」というのは、大人の背丈よりちょっと高いくらいの長さの棒で、上部に三重のふさのついたものである。天子から権限を与えられたことを示すゆゆしきものだ。水戸黄門の葵の印籠にちょっと似ている。天子の使者として外国へ行く者は、一種の身分証明証としてこの節を持って行く。だから「使節《しせつ》」というわけだ。漢の武帝の使者として匈奴に派遣された蘇武《そぶ》は、匈奴につかまって十九年間抑留されたが、寝てもさめてもこの節を手離さず、羊飼いをさせられた時も節をふるって羊を追ったから、先端のふさが全部抜け落ちてしまった。そういうわけで、忠誠を守る、自分の志を守ることを「節を守る」と言い、志をまげて敵に降参することを「節を失う」と言うのである。同じく西域に派遣された張騫《ちょうけん》も匈奴につかまって十数年抑留され、その間に匈奴の女を女房にもらって子供までできたが、やはり寝てもさめても節を手離さなかったから、この人も「守節の臣」である。女房をもらおうと子供ができようと、そんなことはメじゃないのである。

さてまた軍人が天子の命を受けて出征する際も節をさずかって行く。この節を持っていれば軍規に違反した者を自分の判断で斬ってよいのである。それで、後漢の末ころから、この「節を持っている」というのが、その身分を示す語になった。馬騰《ばとう》について「拝爲前将軍、假節」と言い、鐘繇について「持節督関中諸軍」と言うのがそれである。「持節」も「假節」も「節をあたえられている」ということだが、ランクがちがい、「持節」のほうが上である。「持節」は本式に持たされてる感じだが、「假節」は臨時に持たされている感じである。これが「使持節《しじせつ》」となると、「持節」よりもう一つランクが上になるのである。

「移書」とは官府が公文書を送ることである。司隷校尉の鐘繇が公文書をもって馬騰たちに、「お前さんたち、ちいとおとなしくしたほうがトクですよ、あんまりムチャばかりしているとソンですよ」と説いて聞かせたのである。

曹操は建安五年に袁紹に勝ったが、袁一族の力はまだまだ強かった。建安七年（二〇二）、袁紹のむすこの袁尚《しょう》は部下の郭援《かくえん》を河東《かとう》（いまの山西省）の太守に任命した。郭援と、もう一人の袁尚の部下高幹が軍をひきいて河東へやってきて、匈奴《きょうど》の南単于《なんぜんう》と連合し、勢いはなはだ盛んであった。これに対抗した曹操側の大将が司隷校尉の鐘繇である。この河東郡も中央の直轄地で司隷校尉の守備範囲なのである。

馬騰は関西の雄将だから郭援と鐘繇と双方からお呼びがかかった。馬騰ははじめ、郭援のほうにウンと言った。ところが曹操の手先の傅幹《ふかん》という口のうまいやつがやってきて、舌先三寸、「ぜったい曹操方についたほうがおトクです」とまるめこんだので、急に宗旨がえして曹操側についた。と言っても傅幹は、曹操のほうが強いと言ったのではない。曹操のほうが弱い、と言った。弱いけれども、お前さんがついてやればかならず勝てる、そうすれば曹操のやつは、お前さんのおかげで勝てたと、ものすごくお前さんに感謝するよ、と言ったのである。

馬騰は自分のかわりにむすこの馬超をやった。もう年だから自分で戦争に行くのはおっくうだったのかもしれない。馬騰の正確な年齢は不明だが、むすこの馬超がこの年二十七歳である。馬騰は五十をすぎていたろう。当時としてはもう年寄りである。馬超は大活躍で、汾水《ふんすい》の戦いで袁軍に大勝し郭援の首を取った。

曹操が荆州征伐に出た建安十三年（二〇八）、馬騰は、また韓遂との折合いがわるくなったこともあり、曹操の強いすすめもあって、朝廷の衛尉の職についた。曹操としては、都を留守にするについて西方の雄馬騰の動向が気がかりで、これをその軍から引き離して都で職につけてしまえば安心と考えたのだろう。馬騰は一族をつれて鄴《ぎょう》に引き移った。西方の軍はむすこの馬超があとをついだ。

建安十六年（二一一）三月、曹操は、漢中の張魯《ちょうろ》を攻める軍を出した。漢中へ行こうとすればかならず関中を通らねばならぬ。関中諸将は、曹操はほんとうは自分たちを討伐しようとしているのではないか、と疑った。この疑いは当然である。『通鑑』の注で胡三省《こさんせい》がこう言っている。〈操が関中を舍《お》いて遠く張魯を征するのは虢《かく》を伐《う》って虞《ぐ》を取るの計である。けだし超・遂を討た

んと欲して名分がないので、先ず討魯の勢を張って以てその反を速め、しかるのちに兵を加えようというのである。〉

「虢《かく》を伐って虞を取る」というのは『左伝』の僖《き》公五年に見える話である。大国の晋が小国の虢を征伐するので途中の虞《ぐ》の国を通らせてほしいと頼んだ。通らせてやったらついでに虞の国もほろぼされてしまった。「ちょっと通るだけだから」と言ってもなかなか油断はならんのである。

関中諸将――馬超・韓遂をかしらに侯選《こうせん》、程銀《ていぎん》、楊秋《ようしゅう》、李《り》堪《かん》、張横《ちょうおう》、梁興《りょうこう》、成宜《せいぎ》、馬《ば》玩《がん》ら十人は、こぞって反曹操に立ちあがった。待ってましたと曹操はおんみずから出動し、年内に関中を平定した。

曹操は翌建安十七年（二一二）正月鄴にもどり、五月、馬騰とその一族を皆殺しにした。中平四年（一八七）に叛旗をかかげてより二十六年、これもなかなか息の長い男であった。

上にあげた関中諸将十人のうち一番うまくやったのは楊秋で（この人は十人のうち、馬超、韓遂につぐ格である）、曹操に帰順して栄進し、文帝の代に討寇《とうこう》将軍、臨涇《りんけい》侯にいたった。ほかに帰順したのは侯選と程銀。戦死したのは李堪と成宜。梁興は翌年夏《か》侯淵《こうえん》に討たれた。張横と馬玩の究竟は不明である。韓遂と馬超は本拠の涼州へ逃げもどった。その馬超を趙衢《ちょうく》・尹奉《いんぽう》などの将が追い、妻子をとらえて梟《きょう》した。梟は首を切って木にかけることである。

馬超は、張魯のもとに逃げこんだが、あまり厚遇されず、さらに成都包囲中の劉備に身をよせた。劉備はこれを手厚くもてなした。曹操とちがって劉備は軍人の人材が極端に不足しているから、馬超クラスならA級である。劉備が帝位につくと、軍人ナンバーツー、すぐ張飛が死んだのでナンバーワンになった。しかし翌章武二年（二二二）、四十七歳で死んだ。死ぬ前に書いた上《じょう》疏《そ》に「臣の門宗二百余口、孟徳《もうとく》の誅するところとなってほぼ尽く」とある。一族二百人あまり、ほとんど全部曹操に殺されました、ということである。

韓遂《かんすい》（?〜二一五）

韓遂は西方の暴れ者である。当時暴れ者はほかにも数々いたが、この男のエライところは暴れた期間の長いことだ。実に三十二年にわたって西方の擾乱者でありつづけた。

もっともこの人のことはそんなによくはわからない。時々大暴れをする。それは朝廷の記録にのる。しかし大暴れと大暴れのあいだは何をしているのか、多分つぎに暴れる準備でもしているんだろうが、そういうことは記録にのらないからわからない。

実は名前もそうハッキリしているわけではない。前に「北宮《ほくきゅう》伯玉《はくぎょく》」の項で申しあげたとおりである。韓約《かんやく》、としている本もあるし、はじめ韓約で途中から韓遂に改名した、と言っている本もあるし、名が遂で字《あざな》が文約《ぶんやく》、とする本もある。しかし大多数の史料が韓遂と書いてあるからそれでよいのだろう。

年は、建安二十年に死んだ時七十余歳とある。そうすると、暴れ出したのは四十歳くらいからということになる。わりあいオクテである。

この人の長持ちの秘訣は、いつもよい相棒を持ち、かつその相棒をトップに立てることにあったようだ。ただし実力は、いつだって韓遂が一番なのである。しかし形の上では相棒を立てる。

ぐあいの悪い時にはトップに腹を切ってもらって自分は生き延びる。

韓遂が歴史に登場するのは、中平元年（一八四）、まさしく黄巾《こうきん》の乱がはじまって漢王朝が衰滅にむかったその年である。この年、西方涼州で羌《きょう》族が義従胡《ぎじゅうこ》酋長の北宮伯玉らをかついで叛乱を起した。北宮伯玉はさらに自分の上に、金城郡の名士辺章《へんしょう》と韓遂をかついだ。

上に言ったように韓遂はこの時四十歳くらいである。この四十歳ごろまでどこで何をしていたのか、あるいはその氏素性《うじすじょう》などはいっこうにわからない。わずかに、金城で下級官吏をしていたことがあるらしいこと、都洛陽にいたことがあるらしいことが、断片的史料から推測されるだけである。しかしともかく、名士という以上、金城で勢力もあり財産もある人だったのだろう。以後三十数年、韓遂は叛乱の大将として戦塵のなかを馳駆する生涯を送ることになる。

叛旗をかかげてより最初の数年は、辺章をトップに立て、北宮伯玉らと三輔《さんぽ》（長安周辺。現在の陝西省渭水《いすい》流域地区）に侵入して官軍を悩ませたりしたが、中平三年（一八六）の暮から翌春にかけて、何が気に入らなかったのか辺章・北宮伯玉らなかまの大将をことごとく殺した。

そのあとは王国《おうこく》と組んでこれをトップに立て、涼州刺史耿鄙《こうひ》、漢陽太守傅燮《ふしょう》を殺し、また三輔に侵入した。その王国を中平六年（一八九）に殺した。

そのあとは馬騰《ばとう》と組んだ。馬騰とのコンビは長くて、二十年つづいている。ただし終始仲よくやっていたわけではなく、しょっちゅうケンカしている。史料を見ていると、「馬騰と韓遂が争っていたころ」というのがよく出てくるが、いつも争っているので、いつのことをさして言っているのかわからなくて困る。

その馬騰と組んでいた期間のうち、長安城を攻めようとしておこったのが興平元年（一九四）の長平観《ちょうへいかん》の戦いである。ただしこれは内応組がドジったので失敗した。

興平二年（一九五）に、献帝が東に帰ったあと、関中は権力の空白地帯になり、それが十五年間つづいた。ナラズモノの天下である。韓遂は他の諸将とともに、形の上だけ漢朝に服属しつつ、西方に君臨した。

この期間のおわりごろ、建安十三年（二〇八）に、長年の相棒でもありケンカ相手でもあった馬騰が現役引退した。そこでこんどは、馬騰のあとつぎの馬超が韓遂の相棒になった。年は三十以上韓遂が上である。しかしやはり馬超を立てていたようだ。

建安十六年（二一一）、曹操は懸案の関中平定に乗り出した。馬超・韓遂は関中諸将を総動員して抵抗に立ちあがったが、やはり曹操の敵ではなかった。関中はその年内に平定された。

この戦いの際の圧巻は、曹操と韓遂の「交馬語《こうばご》」である。交馬語とは、対陣する双方の大将が、武器を持たず、単独で馬に乗って出て行って話をすること。さきに「許褚」の項でものべたが、ややくわしくくりかえしておこう。

「武帝紀」建安十六年にこうある。

〈韓遂は請うて公と相まみえた。公と遂の父とは同年の孝廉《こうれん》であり、また遂とは同時の儕輩《せいはい》である。そこで交馬語して時を移した。軍事には及ばず、ただ都にいたころの古なじみたちの話をし、手を打って歓笑したのみであった。〉

さすがに貫禄である。この時曹操は五十七歳、韓遂はすでに七十近い老人である。血なまぐさいいくさをしている両軍の大将が、むかし都にいたころの話をして、「そうそう、そうだったなあ」と手をたたいて笑いあう。いい情景だ。

話がすんだあとで、馬超らが韓遂に「曹操は何を言ってたんだ」と聞くと、韓遂は「いや別に」と答えた。それから馬超は韓遂を疑い出したという。戦乱の世の武将だから疑うのは無理もないが、やはり韓遂にくらべると、馬超はまだまだ小粒だなあ、の感はまぬがれない。まあ年の差もある。韓遂くらいになると、勝敗を超越した風格がある。

なお右の「武帝紀」の文章、韓遂の父親と曹操とが同じ年の孝廉であったというのは少し疑問である。韓遂の父と曹操とでは多分四十くらい年が離れているはずである。曹操は二十歳で孝廉に挙げられているから、絶対にないこととは言えないが、何かのまちがいではないかという気もする。『資治通鑑』はこの文章をほぼそのまま採っているが、この部分だけ省き、単に「操與遂有舊」（操と遂とは昔からの知り合いだったので）に置きかえている。

韓遂は交馬語が好きだったらしい。これはだいぶ前のことになるが興平元年の長平観の戦いの時にもある。この時、韓遂は負けて逃げた。追ってきたのは官軍の大将の樊稠《はんちゅう》である。この人は涼州の出身で、もと董卓《とうたく》の部曲将。董卓の死んだあとの朝廷では、李傕《りかく》・郭汜《かくし》についで第三位の権力者だった。「董卓伝」の注に引く『九州春秋』にこうある。

〈馬騰・韓遂の敗の際、樊稠は追って陳倉《ちんそう》に至った。遂は稠に言った。「天地は反覆して知ることができない。本来われわれが争っているのは私怨ではなく、王家の事にすぎない。貴君とは同郷のあいだがらであり、いまは小異があるが、大同につくべきだ。ともに仲よく語りあった上で別れたい。一万回に一度顔を合わせることさえ意にならぬのだ。いまをのがして再び会えることがあり得ようか！」そこで双方とも従者をしりぞけて進み出で、臂《うで》を交して相加え、ともに語ること久しくして別れた。〉

このあとまもなく樊稠《はんちゅう》は李傕に殺されている。それは樊稠が敵の韓遂としたしく話をしていたという報告を聞いたからで、つまり韓遂は李傕と樊稠との離間を狙って交馬語を提案したのであり、それがまんまとあたったのだと言う人もあるが、まあそこまでカンぐらずともよかろう。

さて曹操に敗れて涼州に逃げもどった韓遂は、羌《きよう》・氐《てい》諸部族に拠って勢力回復をはかった。これまで韓遂が何度負けてもまた巻き返すことができたのは、これら異民族の強い支持があったからである。

曹操は鄴《ぎよう》に引揚げると、人質に取ってあった韓遂の子と孫を殺した。子や孫の命を気づかって弱気になり帰服するようなヤワな男じゃないと見きわめたからだろう。曹操得意の人質で牽制する手法も韓遂には通じなかったわけだが、しかしこのあたり曹操は容赦のない人だ。馬を交して昔語りに歓娯したことなど知ったことかと言わんばかりである。

建安十九年（二一四）、曹操は夏侯淵《かこうえん》を涼州に派遣して韓遂を攻めさせた。韓遂は漢陽郡の顕《けん》親《しん》にいたが、逃れて略陽《りやくよう》城に入った。諸将は略陽を攻めようと言ったが、夏侯淵の考えはこうだった。

「韓遂の兵は強い。だから長離《ちようり》の諸羌《きよう》（羌人諸部族）を討ったほうがよい。韓遂の軍には長離諸羌出身の兵が多い。家郷があぶないとなったら帰って救おうとするだろう。もし韓遂がそれでも略陽を守れば兵を失って孤立する。兵たちと共に長離を救いに行けば官軍はこれと野戦に持ちこめる。どっちにしても勝てる。」

純朴で家族思いの少数民族兵士の心理を利用してやっつけようという作戦である。うまいと言えばうまい。汚いと言えばまことに汚い。もっともきれいではなかなか勝てぬのがいくさというものではある。

夏侯淵は軽兵をひきいて長離に進撃し、諸羌の部落を攻めた。はたして韓遂は羌兵たちをひきいてその家郷を救いにかけつけてきた。それを散々にやっつけた。韓遂はまた逃げた。

翌建安二十年（二一五）、曹操は漢中の張魯《ちょうろ》を攻めにみずから出動した。四月、散関を出て涼州武都《ぶと》郡の河池に進駐した。翌月、西平（金城郡の一部を西平郡とした）、金城の諸将、麴演《きくえん》・蔣石《しょうせき》らが韓遂の首を斬って届けてきた。「武帝紀」の注に引く『典略』に、「乱をなすこと積んで三十二年、ここに至ってとうとう死んだ。年は七十余であった」とある。

「魏志・王脩《おうしゅう》伝」の注に引く『魏略』「郭憲《かくけん》伝」にややくわしいいきさつがある。

〈郭憲字は幼簡《ようかん》、西平の人、郡の右姓《ゆうせい》（由緒ある家柄、名門）である。建安中郡の功曹となり、州がまねいたが就かず、仁篤《じんとく》をもって一郡の帰するところであった。建安十七年、韓約（韓遂のこと）が衆を失い、羌中より還《かえ》って憲に依《よ》った。衆人多く約を取って功を徼《むか》えんと欲した。憲は怒って言った。「人が窮して我に帰したのに、これを危くするとは何事か！」かくて彼を擁護厚遇した。その後約が病死すると、田楽《でんがく》、陽逵《ようき》らが約の首を斬り、送ろうとするにあたり、憲の名も列記しようとしたが、憲は拒絶した。時に太祖は漢中を攻めている時で武都にあったが、そこへ逵《き》らが約の首を届けてきた。太祖はかねてより憲の名を聞いていたのに、条疏《じょうそ》のなかにその名が見えないので逵らにたずねた。逵らは事情を説明した。太祖はその志義を嘆じ、逵らとともに表列し、並びに関内《かんだい》侯をたまわった。これより名が隴右《ろうゆう》に震《しん》した。〉

韓遂の首を届けてきた者を、「武帝紀」は「麴演《きくえん》・蔣石《しょうせき》ら」と言い、『魏略』は「田楽・陽逵ら」と言う。何しろ大物の首だ。持って行けば恩賞まちがいない。だから「へい、あっしどもがこの首を取りました」と、大勢がぞろぞろと出かけて行ったのだろう。そして首につけた送り状には、さらに多くの人の名が「首取り協力者」としてならべてあったのだろう。郭憲はそこに名をつらねることを拒否した。曹操はその節義に感心し、首を持ってきた連中と同等の恩賞を与えたというわけだ。もし曹操が、名をつらねなかった郭憲をほめ、手柄顔で首を持ってきた連中を「薄汚いやつめ！」とひっぱたいて追い出しでもしたら日本人好みだが、そうはならない。やっぱり首を取ってくるのは手柄である。

これによれば韓遂は殺されたのではなく、病気で死んだあと首を斬りおとされたのである。『後漢書』「天文志」にも「建安十九年、韓遂羌中に逃《のが》れ、病死す」とある。しかし同「董卓伝」には「建安十九年、韓遂金城の羌中に走り、其《その》帳下の殺す所となる」とある。参謀か警護兵か、とにかく部下に殺されたというのである。どっちがほんとうかわからない。

「魏志・張既《ちょうき》伝」の注に引く『魏略』および『典略』に、韓遂に最後まで仕えた成公英《せいこうえい》の話がある（成公が姓、英が名）。

おしまいのころの韓遂はさすがにだいぶ弱気になっていたようだ。「親戚には離反され人衆はだんだんすくなくなる。蜀へでも行くほかないか」と成公英に相談した。英は「軍をおこして数十年、負けたからといってわが門を捨てて他人によりすがろうとはなにごとですか！」とはげました。韓遂は「わしはもう年だよ、どうせよと君は言うのかね」とたずねた。英は「昔の知り人を集め、羌胡《きょうこ》を慰撫して会すればまだまだやれますよ」と答えた。遂はそれに従うこととした。この時彼に随従する者は、それでもまだ男女数千人あった。もともと遂は羌人に手厚くしたから、羌人が彼を守ったのである。

韓遂が死んだあと、成公英は曹操にくだった。曹操は喜んで軍師とし、列侯に封じた。ある時曹操のお供をして猟に行った。三匹の鹿が前を通った。曹操が英に射てみよと命じた。三発三中、鹿は三匹とも弦に応じて倒れた。曹操は手を叩いてほめ、英に言った。「韓文約にだけ忠節をつくして、俺にはダメかね。」英は馬よりおり、ひざまづいた。「正直に申し上げます。もしわたくしのもとの主人が生きておりましたなら、わたくしは決してここへは参らなかったでしょう。」そう言って涙を流し、むせび泣いた。……

鹿を倒したのと、そこで曹操が「俺には韓遂に対するほどの忠節はダメかね」と言ったのと、どういう関連があるのかもう一つよくわからぬけれども、すくなくとも成公英にとって、曹操は韓遂ほど魅力ある主人ではなかったらしい。いや、主君としての曹操に魅力のないはずはないが、韓遂にはさらに、曹操にはない魅力があったということなのだろう。

七　孫権の家臣

張昭　〈附〉顧雍
周瑜
魯粛
闞沢

張昭《ちょうしょう》（一五六〜二三六）

《附》顧雍《こよう》（一六八〜二四三）

張昭は呉の大久保彦左衛門である。

呉主孫権《そんけん》の筆頭の臣下だから、曹操にとっての荀彧《じゅんいく》、劉備にとっての諸葛亮にあたるわけだが、格が違う。荀彧は曹操より八つ年下、諸葛亮は劉備より二十歳年下だが、張昭は孫権より二十六歳も年上である。

それに荀彧や諸葛亮は、インテリには相違ないが、二十台で群雄の幕下にはいった――いまで言えば大学の法学部を出てすぐ役所にはいったような人であるのに対して、張昭は『春秋左氏伝解』や『論語注』などの著書のある学者である。

また事情もちがう。曹操・劉備にとって荀彧・諸葛亮は、自分で気に入って選んだ部下だが、孫権は自分で張昭を選んだわけではない。母と兄が選んでつけてくれた後見人である。「なんでこんなうるさい爺いを……」と文句を言おうにも、母も兄ももうこの世にいない。

その上困ったことにこの両人は、どうも気性があわなかった。孫権は豪放で積極タイプ、張昭は謹直で慎重タイプである。お互い「イヤなやつ」と思いながら離れるわけにゆかない。張昭のほうがまだしもすこしは自由があって、いよいよ我慢がならないとストライキをきめこんで自宅にひきこもってしまった。孫権は一国の主だからストライキをするわけにゆかない。「もうおまえなんか顔を見るのもいやだ。消えうせろ！」と言いかけると、「そもそもそなたの御母上がいまわのきわに……」と言い出す。これを言われると孫権は全面降伏するほかないのである。そんなふうにして、孫権は十九歳から五十五歳まで、張昭は四十五歳から八十一歳まで、三十六年間つきあった。悪因縁と言うほかない。

＊

孫策《そんさく》が刺客に襲われて突然死んだのは、建安五年（二〇〇）、孫権が十九歳の時である。死ぬ前に「弟を頼む」と張昭に言い残した。張昭は、朝廷への報告、支配下の各城への連絡、内外の将校に対する職務執行の指示等、一人で切り盛りした。孫権は当然のことながら悲嘆にくれている。それを「匹夫の情にかまけている時か！」と馬の鞍にかつぎあげ、軍隊を整列させ、孫権に閲兵させた。動揺しかけていた軍心がこれで落ち着いた。五十余年に及ぶ孫権の統治がまがりなりにもスタートした。

二年後に呉夫人（孫権の母）が死んだ。これも張昭に「むすこをよろしく」と言い残した。張昭の権威はいよいよ強まった。

孫権は虎狩りが好きだった。三世紀のころには、長江下流域あたりにいくらも虎がいたのである。虎が反撃して馬の鞍に飛びついてくることがよくある。ある時張昭がそれを見て顔色を変え、訓戒した。「何をなさるか。そもそも人君とは、よく英雄を駕御し群賢を駆使するものをいう。原野に馳逐して猛獣と勇をきそうものではない。もしまちがいがあったら天下の笑いものですぞ！」孫権は、「若くて考えが足りませんでした。はずかしく思います」とあやまり、以後は箱の一面に四角い穴をあけた車——自然動物園の巡回車みたいなものを作って、その穴から虎を射て遊んだ。張昭がまたおこったが、笑ってはぐらかした。

孫権は、武昌《ぶしょう》で長江に臨む「釣台《ちょうだい》」という宴会場を作り、酒を飲んで大酔し、酔いつぶれた臣下に水をぶっかけてまた飲ませ、「さあ今日は台から落ちるまでは飲ませるぞ」と騒いだ。張昭はぶすっとしたまま出て行き、車の中で坐っていた。孫権は部下をやって張昭を呼んでこさせ、「みんなで楽しんでるだけじゃないか。なんでそんなにおこるの」と言った。張昭は「昔紂《ちゅう》が糟丘酒池《そうきゅうしゅち》を作って長夜の飲をした時も、楽しんでいる、と言いました。悪いことをしている、とは言いませんでした」と答えた。孫権は黙然として、その日の宴会はおしまいになった。

孫権は、酒が好きで、宴会が好きで、酒癖がよくなかった。「虞翻伝《ぐほん》」にこういう記事がある。——ある時の宴会で、もうみんなへべれけになってから、孫権がまた酒をついでまわった。虞翻は酔ったふりをして地べたにうずくまり、孫権の盃を受けず、孫権が行ってしまうと何食わぬ顔でまた席にもどった。さあ孫権がおこった。刀を引き抜いて虞翻をぶった斬ろうとしたから、近くにいた劉基という臣がうしろから抱きついて、「なるほどこれは虞翻が悪い。たしかによくない。しかし天下の人には虞翻が悪いから斬られたのだとはわかりませんよ。そもそも王はこれまで……」ウンヌンカンヌンと、とにかく必死になっていさめた。孫権は「曹操が孔融《こうゆう》を殺していいのに、なんで俺が虞翻を殺しちゃいけないんだ！」と暴れる。曹操が孔融を殺したのはほんとうである。孔融と虞翻はだいたい同格ぐらいの学者である。よく主君にたてついたのも共通している。孫権の言うことは酔っぱらっているわりには筋が通っている。しかしだからと言ってハイさようでございますかとこの高名な学者を殺させるわけにはゆかぬから、ひきつづき抱きついたまま「曹操がすぐ名士を殺すのは天下がこれを非難しているところであります。そもそも王は……」ウンヌンカンヌンと、どうやらこうやら思いとどまらせた。孫権も酒がさめてから後悔して、「今後は酒を飲んだ状態で殺すと言っても殺してはならない」と臣下たちに勅した。

　この虞翻という男はまったくヘソマガリの学者で、その後またある宴会の際、孫権と張昭が仙人の話をしているのを見て、「あそこで死人が二人仙人の話をしている。してみるとやっぱり、この世に仙人というものはいないんだなあ」と言ったので、今度こそ激怒した孫権が、殺すかわりにヴェトナムへ流した。ヴェトナムで十数年生きていたが、なかなか意気軒昂たるもので、当地の青年を何百人もあつめて『論語』や『老子』の講義をして、本をたくさん書いて、七十歳で死んだ。

　閑話休題。

　呉の嘉禾《かか》二年（二三三）、遼東の公孫淵《こうそんえん》に使者を送るかどうかで呉の首脳部がもめた（公孫淵のことは「孫権」の項参照）。孫権一人が使者を送ると言い、群臣こぞって反対した。その代表が張昭であった。孫権と張昭の激論になり、張昭がねちっこく反対するので孫権は頭に血がのぼって刀に手をかけた。

「呉国の士人は宮殿に入れば孤《こ》を拝するが宮殿を出れば君を拝する。孤の君を敬することもまた至れり。しかもしばしば衆中で孤を折《せつ》する。孤はつねに自制の限界を恐れている！」いつ自制しきれなくなっておまえを斬るかわからぬぞ、の意である。(「孤」は君主の一人称。朕みたいなもの)。張昭はじっと孫権の顔を見て、言った。「臣は言の用いられぬのはわかっております。それでもつねに愚忠をつくすのは、ただひとえに……そなたの御母上が御臨終のみぎり……やつがれを牀下にお呼びになり……仰せられたおことばが……この耳に……」とおいおい泣き出してしまった。孫権も刀をほうり出し、地べたにうずくまっていっしょになって泣き出した。これが、呉夫人がなくなって三十一年後、孫権五十二歳、張昭七十八歳の時なんだから、お母さんには弱いのである。

それでも孫権は公孫淵に使者を送った。張昭は憤慨して家に閉じこもり、出勤を拒否した。孫権は怒ってその門を土でふさいだ。張昭のほうも中から土盛りして門をふさいだ。はたして張昭たちが心配した通り、遼東へ送った使者は殺された。孫権は何度も張昭宅へあやまりに行き、外から張昭の名を呼んだが、張昭は出て来ない。孫権は門に火をつけた。そしたら出てくるだろうと思ったのである。それでも出てこないので、またあわてて火を消した。よほどたってから張昭はむすこたちに両脇をかかえられて出て来た。

呉の黄武の初年（二二二頃）、丞相《じようしよう》を置くことになった時、衆議は当然張昭に帰した。しかし孫権は「この多事の際、上に立つものは責務が多い。優遇する所以ではない」と孫邵《そんしよう》を初代丞相にした。三年後孫邵が死んだので百僚また張昭を挙げた。孫権はまた「この公は性剛毅だから自分が言う通りにならないとカドが立ってかえってギクシャクするだろう」とかなんとか屁理窟をならべて顧雍《こよう》を二代目の丞相につけた。要するに孫権は、このうるさい御意見番にそのうえ行政の大権を握らせたくなかったのである。だから張昭は、万人ともに認める呉国の宿老《しゅくろう》であるが、官僚としての地位はトップではなかった。なお上のセリフに見るごとく孫権は常に張昭のことを「公」と称していた。

嘉禾《かか》五年（二三六）に八十一歳で死んだ。「張昭伝」にこうある。

〈昭は容貌矜厳で威風があった。権は常に「孤、張公と言ふに敢へて妄にせざるなり」（張公と話をする時はいつも緊張して、めったなことは言えなかった）と言っていた。邦を挙げてこの人に憚った。〉

孫権だけではなく、国中みんな、張昭がこわかったのである。

*

赤壁の戦いを前にしての張昭の態度は、千数百年来くりかえし問題にされてきた。

建安十三年、曹操が「水軍八十万をひきいてそちらにうかがう」と脅しをかけて来た時、群臣こぞって投降を主張した。群臣と言えば代表は張昭である。結果として孫権は抗戦に踏みきり、勝った（詳細は「周瑜《しゅうゆ》」の項をごらんください）。平生はいばっていても、いざとなると張昭はいくじがなかった、あるいは、所詮張昭には軍事はわからなかった、と言うのが多数の論である。

対して、裴松之《はいしょうし》など張昭を支持する人も、すこしはある。

わたしは張昭に左袒する。客観的に見て、孫権が曹操に勝てる可能性はゼロに近かった。赤壁、さらに烏林《うりん》の戦いで勝てたのは、僥倖である。神風が吹いたからである。兵家は神風をあてにすることはできない。成算のない戦争をはじめるのは暴虎《ぼうこ》馮河《ひょうが》のたぐいであり、社稷に対する罪である。相手がこちらより強ければくやしくても屈服するほかない。戦って負けるよりはましである。

敵に膝を屈するのはケッタクソが悪いとイチかバチかのケンカに出るのは若気のいたりである。赤壁の戦いの年、孫権二十七歳、魯粛《ろしゅく》三十七歳、周瑜三十四歳、みな若かった。対して張昭は五十三歳、顧雍四十一歳、分別ざかりと言ってよかろう。この人たちの判断が大人の判断であった、——とわたしは思う。

＊

顧雍は孫権臣下のナンバーツーである。貫禄では張昭におよばないが、地位は張昭より上で、呉の黄武四年（二二五）、五十八歳で二代目丞相になった。

この人も謹厳という点では張昭におさおさひけをとらない。まず、全然酒を飲まなかった。飲宴歓楽の際この人がいると、ひとり盃を手にせず他の者の言うことをじっと見ているから、気が張ってのびのびできない。孫権も「顧公が座にいるとみんながたのしめない」といやがった。

また非常に寡黙であった。役所から帰っても家族に何も言わないので、家族は顧雍の地位も職務も知らなかった。ずっとあとになって「まあお父さん大臣だったの!」とびっくりした。

孫権は重要案件について顧雍の意見を徴したい時には中書郎《ちゆうしよろう》（事務官）をつかわした。顧雍は、孫権の考えに賛成の時には、「そうかそうか」と中書郎の言うところをくりかえし、酒食を供した。不賛成の時には黙然として何も出ないから、中書郎はすぐ退散するほかない。もどって「何も出ませんでした」と報告すると孫権は「それじゃ考えなおさなくてはならんな」と言った。

丞相として非常に有能で、官僚たちの資質を見きわめて適材を適所に配置したから不満が出なかった。しばしば民間を訪れて意見を聴き、孫権の耳に入れ、功績はすべて主君に帰し、主君との見解の相違を他の者に漏らすことはなかった。

十九年間丞相の職にあって、赤烏《せきう》六年（二四三）七十六歳で死んだ。

周瑜《しゅうゆ》（一七五〜二一〇）

周瑜は三十四歳の若さで曹操を赤壁《せきへき》に破った呉の名将である。しかも音楽を愛する美丈夫、歴史上最も人気のある人物の一人である。ふつう「周郎《しゅうろう》」と呼ばれる。たとえば、かの蘇東坡《そとうば》の「念奴嬌《ねんどきょう》・赤壁懐古」に「故塁《こるい》の西辺、人道《い》ふ是れ三国周郎の赤壁」、あるいは杜牧《とぼく》の「赤壁」に「東風周郎に便を予《あた》へざれば、銅雀《どうじゃく》春深く二喬を鎖《とざ》さん」の如く。

千七百年来中国では、「周郎」と言えば瀟洒で典雅な美青年のことである。周瑜の人気は、関羽・張飛の人気、諸葛亮の人気とはまたちがう。関羽・張飛は強い。子供に人気がある。諸葛亮は賢い。しかしちょっと近づきがたい。周瑜の人気は、男と生れたからには「周郎」と呼ばれてみたい、女と生れたからには「周郎」を恋人に持ってみたい、という人気である。

呉主孫策《そんさく》と同年、かつ少年のころからの親友である。長じてその配下の軍将になった。孫策は刺客に狙撃されて、建安五年（二〇〇）、わずか二十六歳で命をおとした。そのいまわのきわに、張昭《ちょうしょう》と周瑜を呼んで弟の権《けん》（時に十九歳）の後見を頼んだ。政治は張昭、軍事は周瑜である。

その八年後、建安十三年、劉表《りゅうひょう》が死に、荊州《けい》はあげて曹操にくだった。劉表の死を聞くや孫権はただちに魯粛《ろしゅく》を荊州に派遣してその動向をさぐらせた。魯粛は、荊州を逐われた劉備の謀臣諸葛亮をともなって帰ってきた。

　荊州を手に入れた曹操は、勢いに乗じて南下するとともに、孫権に手紙をよこした。「これより水軍八十万をひきいてそちらへうかがう。いっしょに狩りをしよう。」もとより、降伏せよ、の意である。孫権は急ぎ群臣をあつめて評議を開いた。たまたま周瑜は地方へ使いに出ていた。張昭以下こぞって降伏を主張し、異論をとなえる者は一人もない。孫権は内心はなはだ不満であった。孫権が手洗いに立つと、魯粛がついてきて「あの連中の言うことを聞いてはいけません」と言い、周瑜を呼びもどして意見を聞くようすすめた。周瑜は断乎抗戦を主張し、諸葛亮も協力を約したので、孫権の心はきまった。

＊

　赤壁の戦いが三国時代の最も重要な戦いであることはだれでも知っている。

　しかし実は、この戦いのことはよくわからぬのである。いやもっとハッキリ言えば、ほとんど何もわからぬのである。いつ、どこで（あるいは、どことどこで）おこなわれ、だれが（だれとだれが指揮するどれほどの軍勢が）参加し、どんな経過をたどったのか、ちっともわからない。

　たしかなのは、曹操がみずから出馬したこと、呉軍をひきいたのが周瑜と程普《ていふ》であったこと、劉備の軍も呉軍と共同作戦したこと、呉軍が火攻作戦をもちいたこと、曹操が負けたこと、——それくらいである。つまり、ごく大ざっぱなところだけしかわからない。

　まず、「いつ」の問題。

荊州が曹操にくだった建安十三年九月よりあとであることはたしかである。多分この年の冬だろう。

戦いの開始から終結までの期間、つまり「どれくらいつづいたのか」もわからない。

つぎに「どこで」。正確には「どこと、どこと、どこで」。

長江の、現在の湖北省武漢市より上流、湖南省岳陽市より下流のどこかである。この間数百キロある。この数百キロの間に、ここが「赤壁の戦い」があったあの赤壁、というところが五か所か六か所ある。土地の古老がそう伝えている、などというたよりない話ではなくて、古来、『元和郡県志《げんなぐんけんし》』とか『読史方輿紀要《どくしほうよきよう》』とか『大清一統志』とかの錚々たる地理書がそれぞれ説をなしているのである。現在でも「嘉魚《かぎょ》県東北説」「蒲圻《ほき》県西北説」「武昌県西南説」が三つどもえの論争をしている。ただしこれはあくまで、赤壁で「赤壁の戦い」がおこなわれたとしての話である。対して、「赤壁は最初の小ぜりあいがあった場所であり、いわゆる赤壁の戦いがあったのは赤壁ではなくて烏林《うりん》である」という説があり、このほうが筋が通っている。

参加した軍勢は、曹操軍が、本隊と新たに収容した荊州軍とをあわせて約三十万、呉軍が三万、劉備軍が、関羽の水軍一万と劉備の配下に入った劉琦の荊州軍江夏《こうか》部隊一万をあわせて二万、と言われているが、たしからしいのは呉軍の三万だけである。劉備軍の二万は最もあてにならない。指揮にあたった将軍は、上に言ったごとく呉の周瑜と程普がわかっているだけで、あとはすべて不明。

この戦いは、曹操軍対孫権劉備連合軍の戦いなのだが、三方面のうち曹操と劉備の二方面のことがまるっきりわからないのだ。

なぜ魏の記録にこの戦いのことが載ってないのかというと、もちろん負けいくさだから不名誉な記録をあまりくわしくのこしたくなかったということがある。加えて、陳寿は晋の臣である。晋は魏の譲りを受けた王朝だから、陳寿としては魏の不名誉は書きにくかったということがある。これだけの戦争なんだから軍師や武将がおおぜい従軍したにちがいないのだが、だれの伝記を見てもこの戦いの前後のところがポンと飛んでいて、「武帝紀」にきわめて簡単に書いてあるだけなのである。

その「武帝紀」の建安十三年のところを見てみよう。

〈十二月、孫権は備《び》のために合肥《ごうひ》を攻めた。公は江陵《こうりょう》より備を征し、巴丘《はきゅう》に至り、張憙《ちょうき》を遣わして合肥を救った。権は憙が至ると聞いて、にげた。公は赤壁に至り、備と戦い、不利。是に於て大いに疫あり、吏士の死ぬ者多く、そこで軍を引いて還った。〉

「備」は劉備。「合肥」は今の安徽《あんき》省合肥市、赤壁のはるか東北である。「公」は魏公、すなわち曹操。「不利」は敗戦。味方の戦績については「敗」の字をもちいることを避け「不利」と言う。

魏の記録で赤壁の戦いに触れたのはこれだけなのだが、これが誤りだらけなのは古来くりかえし指摘されている。まず大きいことを言えば、合肥の戦いは赤壁の戦いよりあとである。したがって合肥の戦いが建安十三年十二月なのなら赤壁の戦いはそれより以前ということになる。「備のために合肥を攻めた」とあるが、劉備は合肥の戦いには関係がない。

これを見ても魏には赤壁の戦いに関するまともな記録がなかったことがわかる。

もとより参加した兵の数、将帥、戦いの経過などは何もない。さような粗雑な記事なのであるが、備に負けたとあって権に負けたと言ってないこと、火攻の件が見えないことは注意しておいてよかろう。

負けた曹操のほうに記録がないのはまあ理解できるとしても、勝った劉備のほうになぜ記録がないのか。実は蜀漢は、一応国を建て帝を称したとはいうものの、ほとんど国の体をなしていない（国の体をなす前にほろびてしまった）のであって、史官すら置いてなかったから、国家の公式記録がないのである。陳寿は「蜀志」を魏・呉の記録の関係個所、および伝聞によって書くほかなかった。

「蜀志・先主伝」の記述はこうである。

〈権は周瑜・程普等の水軍数万を遣し、先主と力を併せ、曹公と赤壁に戦い、大いに之を破り、其の船を焚《や》いた。先主は呉軍と水陸並進し、追うて南郡に到った。時に又疾疫あり、北軍多く死し、曹公は引いて帰った。〉

「先主」は劉備である。

同「諸葛亮伝」。

〈権は大いに悦び、すぐ周瑜・程普・魯粛《ろしゆく》等水軍三万を遣し、亮に随《したが》って先主に詣《いた》り、力を併せて曹公を拒《ふせ》いだ。曹公は赤壁に敗れて軍を引いて鄴《ぎよう》に帰った。〉

いずれもきわめて簡単なものである。勝利した戦争の記録も作っていなかったことがわかる。

かくてたよりは呉の記録のみということになるが、これもややくわしいのは「周瑜伝」だけである。

まず一応他の人の伝を見ておこう。

「呉主伝」(「呉主」は孫権のこと)。

〈瑜・普が左右の督《とく》と為《な》り、各万人を領し、備と倶に進み、赤壁で遇い、大いに曹公の軍を破った。公は其の余船を焼いて引き退いた。士卒は飢え疫し、死者大半であった。備・瑜等はさらに追うて南郡に至り、曹公はそのまま北に還り、曹仁《そうじん》・徐晃《じょこう》を江陵に留め、楽進《がくしん》に襄陽《じょうよう》を守らせた。〉

これによれば、曹操の軍の船は、火攻めによって焼かれたのではなく、退却の際にみずから焼いたのであるように読める(あとでのべる)。

またこれによれば曹仁・徐晃・楽進らが赤壁の戦いに参加していたようにも見えるが、そうではなさそうだ。「曹仁伝」に「従って荊《けい》州を平《たいら》げ……留《とど》って江陵に屯《とん》し、呉の将周瑜を拒ぐ」とあるから、赤壁へは行かなかったのである。曹仁と周瑜との江陵での戦いは赤壁の戦いのあとである。「徐晃伝」には「曹仁と与《とも》に周瑜を江陵に撃った」とある。徐晃は江陵守備の副将であったことがわかる。楽進は「楽進伝」に「従って荊州を平げ、留って襄陽に屯した」とあるからこれも赤壁へは行っていない。

以下、赤壁の戦いに参加した呉の将帥たちの伝である。名誉ある経歴だから、簡略ながら一応みな触れているのである。

呂蒙《りょもう》伝――「この歳、又周瑜・程普等と与に西して曹公を烏林《うりん》に破った。」

程普伝――「周瑜と与に左右の督と為り、曹公を烏林に破った。」

黄蓋《こうがい》伝――「建安中、周瑜に随って曹公を赤壁に拒ぎ、火攻を建策した。」
周《しゆう》泰《たい》伝――「のち周瑜・程普と與に曹公を赤壁に拒いだ。」
甘寧《かんねい》伝――「のち周瑜に随って曹公を烏林に拒ぎ破った。」
凌《りよう》統《とう》伝――「周瑜等と曹公を烏林に拒ぎ破った。」

ごらんの通り、曹公を「破った」と言っているのはすべて烏林においてである。曹操は赤壁で阻止され、烏林で破られたのである。なお黄蓋と周泰は赤壁の阻止戦には加わったが烏林の撃滅戦には加わっていないのである。

さてそこで「周瑜伝」。さすがにこれはちょっと長い。

〈権はそこで瑜および程普等を遣して備と力を併せて曹公を逆《むか》え、赤壁で遇った。時に曹公の軍衆は已に疾病あり、初め一交戦すると、公の軍は敗退し、引いて江の北に次《じ》した。瑜等は南岸に在った。瑜の部将黄蓋が言った。「今敵は多く、味方はすくなく、持久し難い。然るに操軍の船艦を観ると、首尾相接している。焼いて走らすことができよう。」そこで蒙衝《もうしよう》闘艦数十艘を取り、薪草《しんそう》をつめ、膏油《こうゆ》を其の中に灌《そそ》ぎ、帷幕《いばく》で裹《つつ》み、上に牙旗を建て、先に曹公に書報し、くだりたいと欺《あざむ》いた。又走舸《そうか》を予備し、おのおの大船の後に繫《つな》ぎ、因《よ》って順次倶《とも》に前《すす》んだ（「順次倶に前んだ」とかりに訳したのは原文「引次倶前」。この「引次」は上の「引次江北」にひかれてのあやまりか。『通鑑』は「以次倶進」に改める）。曹公の軍吏士は皆頸を延《ひ》いて観望し、指して蓋《がい》降ると言った。蓋は諸船を放《はな》ち、同時に火を発した。時に風が盛猛で、悉《ことごと》く岸上の営落を延焼した。ほどなく煙炎天に張《みなぎ》り、人馬の焼溺して死ぬ者甚《おお》だ衆く、軍はかくて敗退し、還って南郡を保っ

た。備と瑜等はまたともに追った。〉

上のうち、「船艦首尾相接」のところ、「方連船艦首尾相接」とする本もあり、『通鑑』はそれを採用している。「方連」ならば、四角につらなる、つまり五列縦隊十列縦隊の如く船をびっしりならべてつないであったということになる。そこから、相互に鉄の環でとめて上に板を敷いたというような話ができてきたのだが、まさかそんなばかなことはしないだろう。

これを見るに、赤壁は最初の一交戦があったところであり、火攻をかけたのは曹操軍が江の北にしりぞいてからである。その場所が諸伝に言う烏林であろう。しからば赤壁と烏林との位置関係はというと、これは赤壁および烏林をどこと見るかによって、対岸説から、ずっと離れているとする説まである。このあたりの川幅は最も広いところでも二キロ以下だそうだから、対岸とは考えにくい。わたしは「赤壁は武昌県西南の長江南岸、烏林は蒲圻《ほき》県西北の長江北岸、その間の距離約五十キロ」とする説が妥当だろうと思う（張志哲「赤壁辨偽」『学林漫録』初集、譚其驤《たんきじょう》主編『中国歴史地図集、三国・西晋時期』地図出版社など）。

火攻で焼けたのではなく曹操が自分で焼いたとも考えられることは「呉主伝」に見たとおり。そのほか「魏志・郭嘉《かくか》伝」に「のち太祖は荊州を征して還《かえ》り、巴丘《はきゆう》で疾疫に遇い、船を焼き、嘆いて『郭奉孝が在れば、孤《こ》を此《ここ》に至らしめなかったであろうに』と言った」とある（「太祖」は曹操。「孤」は君主の一人称）。また「周瑜伝」に引く『江表伝』に「瑜が魏軍を破るや、曹公は『孤はにげるのをはずかしいと思わない』と言った。あとで権に手紙をやって『赤壁の役は、あいにく疾病があり、孤は船を焼いて自ら退き、むざむざ周瑜に名を挙げさせた』と書いた」とある。もっともこの『江表伝』はあまりあてにならん本であるが――（なお「孤は走るを羞《は》ぢず」は「周瑜はそれほどの名将だ」の意）。

「巴丘《はきゅう》で疾疫に遇い船を焼いた」の巴丘についてもやかましい考証があるが、結論は烏林とほぼ同一地点ということである。

冬のあのあたりで南の風が吹くことはないはずだ、との説もある。これは『演義』のなかの曹操も「火攻めなんかしたら味方を焼くだけだ」と言っている。これには『演義』の作者も弱って、孔明が魔法を使って東南の風を祈りおこすことにした。魔法を使わないと南の風が吹かないようでは火攻め戦術は立案しにくい。

しかしまあ一応火攻めを実行し、うまく行った、というのを信ずるとしても――

十数年後の蜀の劉備と呉の陸遜《りくそん》との夷陵《いりょう》の戦いの際、劉備は数万の兵を出して長江沿いに布陣したが、端から端まで百五十キロか二百キロくらいあったという（「魏志・文帝紀」に七百里、『通鑑』に五六百里と言っている）。これはまああんまり長すぎて曹丕《そうひ》に笑われているが、しかし川ぞいの布陣というのはずいぶん長くなるものだということはわかる。また、そうびっしりと屯営を並べるものではなくて、五百人くらいづつを一単位として数キロおきに布陣するものらしいこともわかる。赤壁の曹操軍は夷陵の劉備軍の約十倍だからすくなくとも百キロやそこらはあったろう。してみると火攻が成功して岸辺の屯営に燃え移ったとしても、両隣とは距離があるからそう全軍が潰滅するとは思われない。黄蓋の火攻めは局部的なことだったのではないか。

現在の中国では黄蓋の火攻めはあまり重視されず、諸記事にくりかえし見える疾病に注意があつまり、北軍潰滅の因をなした病気は何だったのかというので、風土病研究者などが赤壁戦研究に参入してきている。「血吸虫病」という病気の可能性が最も高いということになっているようだ。あのあたりはむかしからこんにちまで著名な血吸虫病流行地区で、例の馬王堆《まおうたい》一号古墳から出た婦人のミイラも腸壁および肝臓組織から血吸虫卵が見つかっているのだそうだ。この病気は秋に感染し、一か月前後の潜伏期があってその間に虫が体内で成育し、突如急性の症状を呈するとのことである。南の人間はだいたい免疫があるが、北の者がこのあたりへ来ると覿面《てきめん》にやられる、とのことである。しかし史書には簡単に病気病気と言うのみで症状を書いてないから、はたしてこの病気だったのかどうか、いまからつきとめるのは無理だろう。

南下した曹操の大軍は、赤壁で孫劉連合軍に阻止されて烏林にしりぞき、ここで碇泊中に黄蓋に火攻めされてある程度（あるいは相当程度）の損害を受け、そこへ何らかの風土病か流行病かにやられて、兵士の大半が死んだり重症におちいったりして戦闘不能になったので、追撃されないよう船を焼いて陸路北へ帰った、というのが比較的おだやかな結論であろう。

＊

周瑜は赤壁の戦いの翌々年三十六歳で病死した。

周瑜が音楽にうるさかったことについては、その伝に「瑜はわかいころから音楽にくわしく、うんと酒を飲んだあとでもまちがいがあるとかならず気づき、気づくとかならずそっちを見た。だから時人は『曲有誤、周郎顧』とうたった」とある。「誤」と「顧」が韻である。

魯粛《ろしゆく》（一七二～二一七）

三人で旅をするのはよくないと言う。二人が仲よくすると、もう一人が孤立して、ひがんだり、つっかかったりするからである。それも、AとBが仲よくしてCが孤立する、AとCが仲よくしてBが孤立する、BとCが仲よくしてAが孤立する、といろんなばあいがあって、なかなかむずかしい。

三国もそうである。呉と蜀が力をあわせて魏をくじいたのが赤壁の戦いである。魏と呉が連携して蜀をいじめたのが関羽の敗死である。

魏が圧倒的に強いのだから呉と蜀は仲よくして魏にあたるのが得策なのだが、これがなかなかうまくゆかない。

蜀において一貫して呉との友好連合策をとったのが諸葛亮である。そして、呉において蜀との友好連合策を主張しつづけたのが魯粛であった。

といっても別に、劉備が好きだったから、というわけではない。呉だけで曹操の重圧を引き受けるのはしんどいから、劉備と仲よくしてそちらにも受け持ってもらおうという考えである。

建安十三年（二〇八）、それまで二十年にわたって荊州《けい》を支配してきた劉表が死に、あとをついだむすこの劉琮《りゅうそう》が曹操に降伏したので、曹操は一挙に全荊州を手に入れた。それでやめとけばよかったのだが、曹操は勢いに乗じてさらに南下して孫権を制圧しようとし、逆に烏林《うりん》の役で孫権・劉備連合軍に打ち破られて、北へ引揚げた。荊州七郡のうち南郡に曹仁《そうじん》、南陽郡に楽進《がくしん》をとどめて守らせたが、翌年周瑜《しゅうゆ》に南郡を取られ、南陽郡を保つのみとなった。ここに「荊州借用」問題がおこった。

地図を見ればわかるように荊州は中央枢要の地である。ただし西部と南部の武陵《ぶりょう》郡、零陵《れいりょう》郡、桂陽《けいよう》郡は、地域は広大だがところどころに少数民族がいるくらいのことで、戦略的にはなんら重要でない。南部の長沙《ちょうさ》郡も重要性はひくい。重要なのは最北部の南陽郡、北東の江夏《こうか》郡、北西の南郡の三つである。うち南陽郡は曹操がおさえ、江夏郡は孫権がおさえている。問題は南郡である。

荊州借用問題は、もともと話が多少入りくんでいる上に、『三国志』ではいろんな人の伝にすこしづつバラバラに出ているために、時間の順序や経緯がわかりにくくなっている。整理するとこういうことである。

周瑜は、一年余の包囲攻撃ののち、建安十四年の暮に南郡を取り、長江北岸の江陵に屯《とん》し、南岸一帯を劉備に与えた。劉備は油江口《ゆこうこう》に根拠地を築き、公安《こうあん》と名をあらためた。そのうちにもとの荊州軍の敗残兵たちが劉備のもとにあつまってきたので公安一帯では手ぜまになり、孫権のいる京口《けいこう》へみずから出かけて行ってもっと広い範囲を要求した。建安十五年の春ごろであろう。

この要求を認めようと主張したのが魯粛《ろしゅく》であり、反対した——のみならずこの機会に劉備を拘束してしまえと主張したのが周瑜である。

とは言え、両人の見解がそう大きくことなっているわけではない。劉備・関羽・張飛集団の力は両刃《もろは》の剣であって、曹操に対してもはたらくし、孫権に対してもはたらく。それをハカリにかけて、曹操の南に対する圧力を押しとどめる力のほうが大きいと判断したのが魯粛であり、呉に対する脅威のほうが大きいと判断したのが周瑜なのである。

周瑜の発言力のほうが大きいし、現にその周瑜が焦点の南郡にがんばっているのだから、孫権は当面劉備の要求を拒否した。

ところがその後いくばくもなくして周瑜が病死した。残念ながら周瑜が死んだのが建安十五年のなん月であるかわからぬのだが、夏か秋であろうと考えられる。周瑜のあとを魯粛がついだので、こんどは魯粛の主張が容れられて、南郡をふくむ荆州の西半分および南部全域が劉備に与えられた。

与えられたといっても、西南四郡（武陵、長沙、桂陽、零陵）については、劉備はすでにその前に、孫権に無断で兵を動かして制圧している。それを黙認ないし追認したのである。――なお、四郡をあわせた面積は非常に広大なものだが、〝面〟は関係がない。ある郡をおさえたというのは、郡治（郡庁のある城市）という〝点〟をおさえたということである。のちの呂蒙《りょもう》による奪還も同じである。

南郡については「呉志・程普伝《ていふ》」に、「曹操を烏林に破り、南郡に進攻して曹仁を逐ったあと、程普は江夏太守を領した。周瑜が死んだので、かわって南郡太守を領した。孫権が荆州をわけて劉備に与えたので、またもどって江夏を領した」と明確に書いてある。呉は南郡からひいたのである。

かくて劉備は、荊州七郡のうち五郡を支配することになった。ただし孫権は、長沙郡の東部を分割して漢昌《かんしょう》郡とし、魯粛を漢昌太守としてここにおいた。

この過程を、呉のがわでは、「借荊州」、荊州を貸した、と言っているのである。

なおずっとのち、魯粛が死んだあとで孫権は、陸遜《りくそん》と昔の名将軍たち――周瑜、魯粛、呂蒙――の話をした時に、「荊州を貸したのだけは魯粛のミスだった」と言っている。曹操の南下を支える防波堤というより、むしろ呉と蜀との紛争の種になったからであろう。

それにしても、一貫して劉備との宥和戦略を主張する魯粛を接触点に配置したのはよい判断である。無用の悶着を避けるためには劉備側から好感を持たれている魯粛が最適であった。

一方劉備のほうは、翌建安十六年、荊州を諸葛亮、関羽、張飛、趙雲《ちょううん》らにまかせ、みずからは龐統《ほうとう》、黄忠《こうちゅう》、魏延《ぎえん》らをつれて益州（蜀）に入った。翌々十八年（二一三）、益州制圧のメドが立ったので、「オーケー、こちらを本拠にしよう」と、諸葛亮、張飛、趙雲を呼び、関羽一人を荊州にのこした。十九年、成都の劉璋《りゅうしょう》がくだり、劉備は益州を手中にした。

関羽に荊州を守らせることに決めたのはもちろん劉備である。この配置については後世種々の議論がある。

荊州は微妙な外交の最前線である。関羽は勇将にはちがいないが、政治家でも外交家でもない。なぜ諸葛亮を置かなかったのか、そもそも劉備には、呉との宥和連合策の重要さがわかっていなかったのだ。いや所詮、劉備が心から信頼していたのは生え抜きの関羽張飛だけであって、諸葛亮は手もとにおいて監視してないと安心できなかったのだ、云々。

しかしこれは、劉備政権の致命的弱点である人材不足によるものとすべきであろう。荊州はたしかに外交の最前線にちがいないが、同時にまた、いつ戦争がはじまるかわからない発火点でもある。外交もできれば戦争もできる人物がいればそれにこしたことはないが、そんな人はいやしない。関羽は軍事専任にして、その上にもう一人有能な文臣を置いてもよいが、だれがいるのか。

それに、従来全然無縁だった益州をこれから新しく経営してゆくのに、諸葛亮はどうしても必要である。諸葛亮と関羽を荊州に駐留させれば豪華キャストにちがいないが、それでは益州はどうするのか。龐統は雒《らく》城で戦死した。まさか寝返り新参の法正《ほうせい》にまかせるわけにもゆくまい。

結局は、流浪の自転車操業をつづけて有能な文臣を招くのをおこたったツケがまわってきたのである。

はたして諸葛亮らが西へ去ったあと、呉との境界でしばしば紛糾が生じた。さいわいにして呉側の最前線に魯粛がいたので、彼が関羽をなだめたり、譲歩したりして大事にいたらなかった。

建安二十年（二一五）にいたって孫権は重臣諸葛瑾《しよかつきん》を益州に派遣し、劉備に対して「すでに益州を得たのだから荊州を返してもらいたい」と要求した。劉備は言を左右にして返さない。

諸葛瑾の報告を聞いた孫権は、実際行動に出て長沙・零陵・桂陽に長吏を置いた（長吏については「張魯」の項をごらんください）。関羽がそれを追い出した。――これは具体的にどういう行動なのかはっきりしない。三郡の郡治にはそれぞれ関羽の派遣した太守（郡の長官）がいる。孫権が派遣した三人の長吏は、そこへ行って「交替にまいりました。あけわたしてください」と要求したのだろうか。それとも同じ町の別の場所に孫権政権の役所を開設しようとしたのだろうか。いずれにせよ関羽は太守に命じて三長吏を追い払わせた。

孫権は怒って呂蒙《りょもう》に三郡を攻撃させた。うち二郡は呂蒙がくると聞いただけでくだり、零陵も呂蒙にかこまれてくだった。それを聞いた劉備が益州から兵五万をひきいて出てきて公安に入り、関羽を出撃させた。孫権は漢昌郡治の陸口《りくこう》まで出てきて、魯粛を益陽へ出し、関羽を迎え討たせた。

ここで呉と蜀との全面戦争がはじまってもおかしくなかったのだが、この一触即発の際に魯粛が提案したのが有名な関羽との「単刀会《たんとうかい》」――司令官同士の直接対話――である。

双方の兵馬を百歩うしろにとどめ、司令官がそれぞれ護身用の刀を持っただけの将校団をひきつれて進み出て会談するのである。――それぞれ百歩、というのは、会談する地点から見て双方とも後方百歩ということだろうから、合計二百歩である。「歩《ほ》」は長さの単位でいまの日本語の二歩の長さ、だいたい一メートル半くらいである（いまの日本語の一歩の長さは「武《ぶ》」という）。つまり双方の軍勢の距離は三百メートルほど、そのちょうど中間に会談場を設営して談判したわけだ。

『三国志』その他の史書には、魯粛が荊州を返せと言い、関羽が返さぬと言い、関羽が言いまかされて黙したとか、関羽側の将校の一人が「土地にきまった主などない」と発言したら、魯粛がどなりつけ、関羽が目で合図してさがらせたとか、芝居がかったことが書いてある。

しかし、魯粛が関羽に荆州を返せと言うなどナンセンスである。

関羽に返すの返さぬのをきめる権限があるのなら、その関羽が目と鼻のさきにいるのに、諸葛瑾が遠い遠い成都まで片道何か月もかけて行くことはない。返すか返さぬかを発言する権限があるのは劉備だけである。関羽に荆州を返せと言うのは、国後《くなしり》島の守備隊長に北方四島を返せと言うのと同じである。

魯粛が危険をおかして単刀会を提案したのは、そんな無意味なことを言うためではない。眼前に迫っている全面武力衝突をとりあえず回避しよう、ということであったろう。双方の軍の司令官たる魯粛と関羽の話しあいできめることのできるのはそれだけである。

単刀会は成功であった。武力衝突は回避されたからである。

そのあと孫権と劉備との間でどのように交渉がおこなわれたのか、よくわからない。「呉主伝」にも「先主伝」にも、曹操が漢中の張魯を攻めたので、劉備が急ぎ益州にもどらねばならぬことになって使者をやって孫権に和を求め、孫権が諸葛瑾をつかわして解決したと書いてある。しかしそれはどうも信じがたい。

というのが、そういうことなら劉備に不利な解決にならねばならぬが、交渉の結果は、東側の江夏、長沙、桂陽が呉、西側の南郡、武陵、零陵が蜀、ということになっている。紛争以前とくらべると劉備は長沙と桂陽を失ったことになるが、実際には長沙、零陵、桂陽はすでに呂蒙が取っているのだから、孫権はそのうち零陵をまた劉備に返したのである。そして何より一番大事な南郡は従来どおり劉備のもので、ひきつづき関羽が屯するのであるから、むしろ劉備に有利な解決である。荊州に劉備の軍事力をおいて曹操の圧力を受けとめさせるのがよいという魯粛の考えが依然はたらいたようである。

この翌々年、建安二十二年（二一七）、魯粛は四十六歳で死んだ。

それを聞いた諸葛亮は成都で哀《あい》を発したと「魯粛伝」にあるが、それよりもなぜなんらかの策を講じなかったのであろうか。関羽が荊州で安泰であったのは魯粛がすぐその東にいて、いわば孫権との間の防風林になってくれていたからである。魯粛が死ねばあとをつぐのは呂蒙にきまっている。呂蒙はかねてより対劉備強硬論者であり、それは実力で荊州の三郡をうばったことによっても知れている。

呂蒙が呉蜀の接点に出て来て関羽と顔つきあわせることになれば、荊州が火を噴くおそれがある、——ということが諸葛亮にわからなかったはずはなかろう。ではなぜ何の手も打たなかったのか。

諸葛亮が大きな力を持つようになるのは劉備が死んで後主の代になってからであって、劉備存命中は内政の最高責任者にすぎず、軍事・外交に関する発言権はほとんどなかった、というのがわたしの考えである。

魯粛が死んだ翌々年、建安二十四年、孫権は呂蒙の策を容れて関羽を討つことになる。

闞沢《かんたく》（？〜二四三）

「呉志」第八には、学者で呉の高官になった人五人——張紘《ちょうこう》、厳畯《げんしゅん》、程秉《ていへい》、闞沢、薛綜《せっそう》——の伝があつめられている。官僚としての功績はともかく、学者としての格は闞沢が一番高そうである。

この闞沢という人、官職は尚書《しょうしょ》を経て中書令《ちゅうしょれい》、これは皇帝の秘書室長というところである。あわせて太子《たいし》太傅《たいふ》、これは東宮の長官すなわち皇太子の教育係で、学者の仕事である。「儒学勤労」、よく勉強して感心である、と都郷侯に封ぜられた。封侯というのは通常、政務なり軍務なりに顕著な功績のあった人にあたえられるもので、勉強熱心で侯に封ぜられたのはこの人くらいのものではなかろうか。

ひかえめな、おとなしい人だったようで、高官になってから、身分ちがいの小役人を呼んで質問する時も対等のあつかいで話をした。

顔つきはボーッとしてあまりかしこそうには見えなかったと言う。それについて「薛綜伝」におもしろい話がある。

蜀の張奉《ちょうほう》が使者として呉へやってきて、孫権の前で、闞沢の姓名の字を分解してからかった。どう分解したのか残念ながら書いてないが、皇帝の前でよその国の人にからかわれるというのが、まあどっちにしてもあまりコワイ顔をした人でなかった証拠だろう。からかわれても闞沢は言い返すことができなかった。字の分解遊びというのは頓智だから、いくら学問を積んでいても役に立たぬのである。顔を赤くして口をモグモグさせていたのだろう。すると隣にいた薛綜がすぐかわりに言い返してくれた。

「蜀という字は何でしょう。
犬をつければ獨になる、
犬をどければ蜀になる、
目が横っちょで身はせむし、
腹の中には虫がいる。」

獨（現在の略字では独）というのは「ひとりぼっち」ということで、いい意味でないのである。また、身はせむし、というのは、勹の部分が、人が背をまるめた形に見えることを言う。

むかしの中国の外交折衝の場というのは、けっこうこんなことを言いあって双方大笑いしていたんだからおもしろい。日本のサムライだったら「無礼者め！」と刀を抜いて叩き斬ってしまうかもしれん。

＊

この闞沢という人は出自が特異である。「家世農夫」つまりその家は代々農夫であったとある。無論中国は農業社会だから、『三国志』に出てくる武将などのなかには、農家のせがれで百姓なんかイヤだとヤクザか兵隊になって頭角をあらわした人もずいぶんあるだろうけれど、学者で文官でそういうのは珍しい。すくなくともその経歴にはっきり「農夫」と書いてあるのは、あとにもさきにもこの人だけである。

農家の子だが学問が好きで、「傭書《ようしょ》」をやった。本の書き写しである。本を写すには字を知らねばならない。ふつう農民は字なんか知らない。よほど変り者の百姓のせがれであったのだろう。

この時代というのは、紙はもう発明されている。しかし印刷の発明よりは七百年も八百年も前である。書物というのはすべて人の手で書き写して作るほかない。人にやとわれて書物を書き写すのが傭書である。

いやこの時代でなくても、中国では二千年ちかくのあいだ、二十世紀のはじめごろまで、それで飯を食う人がいた。魯迅の『孔乙己《コンイーチー》』はそういう下層知識人の生態を書いたものである。日本でも勝海舟がオランダ語の辞書を書き写して金にかえたのは有名だ。百姓が田を耕して飯を食うように筆で食うから筆耕と言った。

闞沢の傭書は一石二鳥で、写しながらその本を全部おぼえてしまい、もらった金で自分の筆や紙を買った。そして「師を追うて論講し、群籍を究覧し、兼ねて暦数に通じ、それで名を知られるようになった」とある。暦数はいまで言えば理科系の学問である。そういうふうに学問のできる男として知られるようになったので、「孝廉《こうれん》に察せられ、銭唐《せんとう》の長に除せられ、郴《ちん》の令に遷《うつ》った。」以後だんだん昇進してゆくことになる。

そこで、右に見える「孝廉」について、また孝廉をふくむ「選挙」について、説明しておこう。

＊

選挙とは高級官僚を選び、挙げることである。いまの日本で選挙と言えば投票のことだが、無論むかしの中国に投票なんかない。責任ある地位にある高官が優秀な人士を選ぶのである。

選挙は多種あるが、『三国志』に登場する高官たちはたいてい「察挙《さつきょ》」（また「貢挙《こうきょ》」とも言う）か「辟除《へきじょ》」（また「辟召《へきしょう》」とも言う）をへて官職についている。

まず「辟除」のことを言おう。

辟除とは、州郡の長官が、自分のほしい人物をまねいて自分の配下の官職につけ、そのむね朝廷に報告するやりかたである。辟は、めす、まねく、の意。除は任命すること。本来は、従来の官職を除いて新しい官職をあたえることだが、一般に任命の意にもちいる。

まねかれたからといってかならず行かねばならぬわけではない。ことわることもよくある。

「魏志」第十二には曹操の七人の高官の伝があつめられている。それを見ると——

崔琰《さいえん》。清河《せいが》東武城の人。大将軍袁紹《えんしょう》（曹操が大将軍を袁紹に譲ったのは建安元年十月）がこの人の評判を聞いて辟《まね》いた。袁紹が死んだあと引退していた。曹操が冀《き》州牧を領すると、琰を辟いて別駕従事《べつがじゆうじ》にした。

毛玠《もうかい》。陳留平丘《ちんりゆうへいきゆう》の人。曹操が兗《えん》州に臨むと辟いて治中従事にした。

徐奕《じよえき》。東莞《とうかん》の人。曹操が司空であった時（建安元年十一月以降）、辟いて掾属《えんぞく》とした。

何夔《かき》。陳郡陽夏の人。建安二年、曹操が辟いて司空掾属とした。

邢顒《けいぎょ》。河間鄚《ばく》の人。曹操が冀州を定めて以後、辟いて冀州従事とした。

鮑勛《ほうくん》。泰山平陽の人。鮑信の子。建安十七年曹操が辟いて丞相掾とした。

司馬芝《しばし》。河内温の人。乱を避けて荊州にいた。曹操が荊州を平らげると菅（青州）の長とした。

以上いずれも地方名家の声望ある人物をまねいて属官にしている。

ただしおしまいの司馬芝はちょっとちがう。やとわれたのは旅先であり、任ぜられたのは属官でなくて小県の長である。この人だけ「辟」とは言わず、「以芝爲菅長」と「以」の字をもちいてある。

＊

さて「察挙」である。これは、高官が優秀な青年を朝廷に推挙し、朝廷において人物を審査した上で官職をあたえるものである。いくつもの科目があるが、東漢においてはほとんどが孝廉《こうれん》である。

もともとは、孝と廉とは別の科目であった。郷里にあって親に孝である者を推挙するのを挙孝《きょこう》と言い、郡吏などの廉潔な者を察して（見さだめて）推挙するのを察廉《さつれん》と言ったようである。のち合併されて孝廉という一科になった。

これは、郡太守が管轄地域内の優秀な青年を毎年きまった数えらんで中央に推挙する。人数は人口二十万につき一年一人である。だから人口六十万の郡なら毎年三人ということになる。人口十万なら二年に一人である。孝廉を挙げるのは郡太守の重要なしごとであって、挙げなければ職務怠慢でクビになる。

『三国志』の人物で孝廉出身の者は百人を優に越えるだろう。たいてい「挙孝廉」と書いてあるが、まれに「察孝廉」もある。たとえば――

曹操。「年二十、孝廉に挙げられて郎と為《な》り、洛陽北部尉に除せられた。」

袁術。「孝廉に挙げられて郎中に除せられた。」

臧洪《ぞうこう》。「孝廉に挙げられて郎と為った。」

賈詡《かく》。「孝廉に察せられて郎と為った。」

どうも、「挙孝廉」と「察孝廉」とでちがいがあるようには思われない。資料によって「挙」とするものと「察」とするものとがあり、陳寿はそのままもちいたのではなかろうか。闞沢は上に引いたように「孝廉に察せられ、銭唐《せんとう》の長に除せられた」と書いてある。

闞沢は会稽山陰《かいけいさんいん》（現在の浙江省《せっこうしょう》紹興《しょうこう》）の人である。だから孝廉に推挙したのは会稽太守の孫権である。銭唐県の長に任じたのも、実際には孫権であろう。銭唐の長から郴《ちん》県の令に移り（同じく県の長官でも、小さな県は長と言い、大きな県は令と言う）、孫権が驃騎《ひょうき》将軍になると、辟《まね》いて西曹掾《せいそうえん》に補している。孫権が驃騎将軍になるのは建安二十四年である。

孫策のように実力で領地を取って自分で勝手に郡太守になったり、孫権のように兄の地位をそっくり譲り受けたりというムチャなのは例外として、郡や県など地方官府の長官は中央から派遣される。そして派遣されるのはトップの一人だけで、あとはその地方の者がやとわれている。だから、地方の長官というのは存外心ぼそいものである。そこで土地の勢力家の支持を得ようとするから、豪族のむすこを孝廉に推挙する傾向がある。

『三国志』に見える孝廉コースの人の経歴を見ると、ごくわかいころに郡の吏《り》（下級職員）になり、それから孝廉に挙げられている例が多い。郡太守としても、よほどの家柄の子息は別として、どんなやつかもわからぬ若者を朝廷に推挙するのは不安だろう。だから豪族は、むすこのうちで比較的筋のよさそうなのをちょっと郡役所に勤めさせる。太守はその人物才幹を見て、まあこれなら大過なかろうと孝廉にしてやる、という順序なのであろうと思う。

庶民のせがれが孝廉に推挙されることはほとんどないようである。考えてみればそれは当然で、庶民でその土地の勢力家ということはめったにないだろうし、孝廉に挙げられて朝廷の官僚になるには学問をやってないといけないが、庶民で子供に学問をさせる余裕のある者はすくないからである。

しかしまれな例外はあるので、あげておこう。

張既《ちょうき》という、曹操に仕えて高い地位にのぼった人、この人ははっきり「世単家」、つまり家は代々庶民、と書いてある。ただし金持だった。字がじょうずで、十六歳の時、郡の小吏になった。家柄がわるいから到底出世の見こみはないと思い、いつもよい「刀筆と版奏《はんそう》」、つまりいまで言えば、いつも上等のボールペンと紙を用意していて（もちろんボールペンや紙よりずっと高価なのである）、上役がそれらをきらしたのを見るとすぐ「ハイどうぞお使いください」とさし出したので目をかけられて、孝廉に挙げられた、とある。

それから「魏志」第二十三の注に引く『魏略』の列伝に出てくる厳幹《げんかん》と李義《りぎ》という二人の人物、

いずれも馮翊《ふうよく》の東部地区（臨晋県より黄河寄り）の人であるが、この地方にはもともと冠族《かんぞく》がなく、だから二人とも単家《たんか》であったけれども、いずれも器性重厚であった。馮翊の甲族《こうぞく》、桓、田、吉、郭などが二人の人物を買って、たがいに知りあいであった、とある。

これまでわたしは何度も豪族豪族と言ってきたが、豪族とか貴族とかいうのは現在の言いかたである。当時において正式のきまった呼びかたがあるわけではない。その時々で、「良家」とか「世家《せいか》」とか「右姓《ゆうせい》」とか、あるいはここに出てくるように「冠族」とか「甲族」とか、いろいろに言っている。

しかしまた、そうした言いかたもそうしょっちゅう出てくるわけではない。

三国の時代は乱世だから、関羽や張飛みたいなどこの馬の骨とも知れんのがけっこう一線級の登場人物で出てくるが、一般的には、歴史に登場するのはある程度以上の家に生れてひととおり学問もした人間にきまっているし、祖父や父の官職を見れば自然にわかることだから、そういちいち名族だ良家だとことわる必要もないのである。

そういう家柄でないのが単家である。これは、名族ならば一族何百人がかたまって住んでいるが、名もない庶民はばらばらばらにポツンと住んでいるから単家と言うのではなかろうかと思う。

さてその単家の厳幹と李義だが、関中《かんちゅう》が回復されたあと、厳幹は孝廉に挙げられ、李義は上計掾《じょうけいえん》になったとある。

李義はのちに尚書左僕射《さぼくや》、諫議《かんぎ》大夫などの高位にいたった。

厳幹という人は『春秋公羊伝《くようでん》』を専門とする学者で、『左伝《さでん》』を推重する鍾繇《しょうよう》としょっちゅう優劣論をやっていたというからなかなかのものである（口べたでいつも言い負かされていたそうだが）。

それはともかく、庶民のむすこだが、学力および名門の人たちとのつきあいで、孝廉に挙げられたわけだ。のちに、郡太守、州刺史から五官中郎将にのぼっている。

これで従来冠族のなかった馮翊の東部に、李と厳という二つの冠族ができたわけである。

なおついでに――

馮翊の甲族は「桓、田、吉、郭」の四家だと言ってある。どこの地方にも名門はあるが、たいてい四家である。たとえば「魏志」第十三の注に引く『魏略』「薛夏《せつか》伝」に「天水の名門は姜、閻、任、趙の四姓である。薛夏は単家だがこれら名門にペコペコしなかった」と言ってある。口調がいいから四にまとまるのだろうと思う。

もう一人これは有名な公孫瓚《こうそんさん》、この人のことは『後漢書』にもあるので、『三国志』の記事と総合してのべると――家は代々高官だが、母が下賤だったので郡の小吏になった。つまりお父さんが下婢か何かに手を出して生れた子で、そういうばあいはいくら父がえらくても七光はとどかず庶民のあつかいになるらしい。ところが、美男だし、言うことがハキハキしているし、それにものすごく頭がいいので、郡太守がすっかりほれこんでむすめをやった。その上で涿《たく》郡の盧植《ろしょく》（著名な学者である）のところへ勉強に行かせてやり、そこでひととおりの学問をした。そしてもどって孝廉に推挙された、とある。

あんまり頭がいい子なので郡太守がムコにし、孝廉に推薦してやりたいと思ったが、それにはやはり正式の学問をしてないといけないので、金を出して一流学者のところへ留学させてやったというわけである。

そしてもう一人闞沢。

『三国志』にあまた出てくる孝廉たちのうち、これはどうも身分が低いらしいと思われるのは、以上あげた張既、厳幹、公孫瓚、闞沢の四人である。そして「代々農夫」の闞沢はそのなかでも最も不利な条件で出発したらしい。

だからある意味では——つまり、出発点を考慮に入れるならば、闞沢は『三国志』人物中の出世頭と言ってよいのではなかろうかと思う。

むかしの中国の社会は、金と力のある家に生れた者が有利な社会である。それはまちがいない。しかしまたいっぽう、「野《や》に遺賢なからしむ」、つまりすぐれた人物がむなしくうずもれているようなことがあってはならない、という考えかたも、つねに尊重された。決して日本の江戸時代のような身分制度の社会ではなく、庶民でも頭脳や学識が抜群である者は抜擢される可能性があった。闞沢の例はそのことを示している。

八　劉備の配下

龐統

関羽

張飛

張飛

龐統

龐統《ほうとう》（一七八～二一三）

三国の戦いは人材の戦いである。十万の兵をうしなっても資金があればまたすぐあつめられるが、人材はそうはゆかない。雄図をいだく者は人材あつめに躍起になる。特に三国の際のように複数の勢力が争っている時は、人材は将棋の大駒のようなもので、こちらが一人をおさえればすくなくともその人物はむこうにはいないわけだから、プラスマイナスの差になる。だから時には腹の虫をおさえて取らねばならぬこともある。曹操が自分のむすこを殺した張繡《ちょうしゅう》と賈詡《かく》を取ったのなどはいい例だ。――もっともこの張繡は、曹操につきはしたものの、あとつぎ第一候補の曹《そう》丕《ひ》に宴会のたびに「おまえおれの兄貴を殺したな」と言われるので悲観して自殺したそうだが――それは余談。

人材は文臣と武将とある。なかには文武かねたのもいないではないが、まあだいたい区別がある。中国は歴史的に文臣絶対優位だから、三国のような戦乱の時代でも文臣が上である。

その文臣と武将のうち、武将の出来のいいのはどこにもそこそこいるようだが、貴重なのは優秀な文臣だ。

『三国志』を読んでいると、この文臣にもふたいろあるようである。一つは、当面の戦争の戦術策定に参与するなど個別具体的問題の解決にあずかる人たち。もう一つは、治政方針とか将来計画とか、あるいは経済政策とかマクロな戦略とかの大局について、建策したり相談にあずかったりする人たち。これもそういつもハッキリわかれているわけではないが、だいたい区別があるようだ。もちろん大局型が上である。

「魏志」の第十は「荀彧《じゅんいく》荀攸《じゅんゆう》賈詡《かく》伝」で、この三人の伝がはいっている。これに裴松之がめずらしく故障を申したてている。——魏には賈詡のタイプの者はいくらもいるではないか。なぜ程昱《ていいく》、郭嘉《かくか》等といっしょにならべないで二荀と並列したのか。類別をまちがえておる（失其類矣）、と。これなども、大局型謀臣と個別事項型謀臣とは格がちがう、という考えのあらわれである。

三国の大将たちが人材人材と血まなこになる、それはもうプラスマイナスなんだからどんな人材もほしいが、いちばんほしいのは大局型文臣である。

ひとくちに三国鼎立というが、人口、経済力、軍事力、いずれをとってもバランスのとれた鼎立ではない。魏が圧倒的、呉はまあボチボチ、蜀はトラック一まわり半くらいおくれたドンジリである。人材もまたしかり。いや人材は特にはなはだしく、致命的に手うすである。これは劉備が、根拠地もなく、独立する力量もなく、人材獲得競争におくれをとったからだ。魏には賈詡クラスのはいくらもいる、というが、もし賈詡が劉備のところへ来てくれたらダイヤモンドのねうちがある。

劉備配下の謀臣は、一に孔明二に孔明、三四がなくて五に孔明、つまり諸葛亮しかいないのだが、劉備がナンバーツーと期待したのが龐統だった。大局型の素材だったのだろう。惜しむらくは劉備の幕下にあることわずかに五年、三十六歳で戦死した。以後劉備は龐統の話が出るたびに落涙したという。

＊

龐統、字は士元《しげん》、たいてい龐士元と言われる。襄陽《じようよう》の人。司馬徳操《しばとくそう》が劉備に、「この地には伏《ふく》龍《りゆう》と鳳雛《ほうすう》がいる」と言い、劉備が「それはだれのことですか」とたずねると「諸葛孔明と龐士元だ」と答えた、という有名な話は、習鑿歯《しゆうさくし》の『襄陽記』に出ている。習鑿歯は諸葛亮等より百年ほどあとの、やはり襄陽の人である。どうせ作り話だが、龐統を諸葛亮とならべる話は早くからあったのである。

司馬徳操は隠者である。隠者といっても別にかくれているわけではない。ただだれにも仕えず、たいてい地主だから年貢のあがりで食って、奇矯な行動をしたり、高論卓説を開陳して人を煙にまいたりして得意になっている連中で、魏晋のころにはそういうのがはやったのである。

「蜀志・龐統伝」の冒頭にこういう話がある。――龐統はわかいころ、司馬徳操は人を見る目があると聞いて会いに行った。徳操は桑の木にのぼって葉をつんでいた。龐統を根元にすわらせ、樹上と樹下で昼から夜まで語りあった。徳操は龐統の才能を高く評価した、と。

盧弼《ろひつ》がこれに文句をつけている。――どこの世界に桑の木の枝に半日も乗っているやつがあるか。話をするならおりてしゃべるにきまっている。魏晋の間のならいとして超逸をたっとび放誕《ほうたん》簡傲《かんごう》を風雅とするから、ついには話の不自然さにも気がつかなくなる。承祚《しょうそ》といえどもまたまぬかれないのである、と（承祚は陳寿の字）。

魏晋というのはまさしくそういう時代であるから、この時代の書物は、形は歴史記録でもばかばかしいことがいっぱい書いてある。陳寿はそれらを慎重に除き去って、信ずるに足る記事のみを採用してあるというので評価が高いのであるが、盧弼の言うとおり時代の風潮というのはおそろしいもので、やはりこういう魏晋ごのみの話柄が混入してくるのである。——ついでに言うとそういうばかばかしい話を無批判に取り入れているのが『晋書』で、「多く小説を雑《まじ》える」として歴代正史中最も評価が低い。「小説」は「ヨタ話」というほどの意。わたくしがこの本のなかで時々「それは小説だ」と言うのも同じで、「低級なつくりばなし」の意である。

それはさておき——

龐統が劉備の臣になったのは、建安十四年（二〇九）劉備が荊《けい》州牧になった前後のころである。翌々十六年、蜀の劉璋《りゅうしょう》の臣法正《ほうせい》が「蜀をお取りなさい」と言ってきた。司馬彪《しばひょう》の『九州春秋』に、劉備は躊躇したが龐統が「ぜひいただきましょう」と主張したので劉備もその気になった、とある（司馬彪は西晋の歴史家。『九州春秋』は後漢末の歴史を記した書。「九州」は冀《き》州、兗《えん》州、豫《よ》州など九つの州でつまり全国のこと。「春秋」は歴史）。『通鑑』もそのまま採用しているが、あまりあてにならない。蜀へ行くかどうかは、新入りの龐統がすすめたから行く気になったというような軽い問題ではない（「張松《ちょうしょう》」の項をごらんください）。

劉備は、諸葛亮、関羽、張飛、趙雲《ちょううん》を残し、文臣は龐統、武将は黄忠《こうちゅう》、魏延《ぎえん》といった二線級をつれて蜀へ出陣した。

劉備と劉璋は涪《ふう》県で会い、大いに意気投合して、百余日にわたってたのしく宴会をつづけた。劉璋の別駕張松が「今劉璋をバッサリやりなさい」とすすめ、龐統もすすめたが、劉備は容れなかった。

劉備はそのあと劉璋に張魯《ちょうろ》征討をたのまれて北へむかい、葭萌《かほう》に一年ばかりとどまった。龐統は、いつまでも同じところでぐずぐずしているのはよろしくない、と劉備に三つの選択肢を示した。「ひそかに精兵を選び、昼夜兼行で成都《せいと》を急襲する。これが上計。荊州へ帰ると言いふらす。白水を守っている将が出てくるだろうから斬る。その兵を収容しておもむろに成都へむかう。これが中計。白帝まで引きあげ、荊州の兵をあわせてあらためて出なおす。これは下計です。」劉備は中計を採用した。

『三国志』がしるす龐統の建策はわずかに上の二つである。一つは却下され、一つは中計が採用されて、龐統が最上策と信じたものは取ってもらえなかった。

はたして、ぼつぼつ行ったものだから成都の手前の雒《らく》県で手ごわい抵抗にあい、おとすのに一年かかった。この雒県攻撃の際龐統は流矢《りゅうし》にあたって落命する。攻城一年のどの段階で戦死したか書いてないので、龐統が、攻撃のはじまった建安十八年に死んだのか翌十九年に死んだのか、正確なところはわからない。——ついでに言うと、中国の史書には「流矢にあたって落命」というのがよく出てくるが、この「流矢」と日本語の「流れ矢」とはちがう。「流れ矢」は「目標をそれて飛ぶ矢」である。つまり見当ちがいのところを単独で飛んでいる矢であって、そんなのにあたったら不運である。「流矢」は、合戦の際、特定の個人に狙いをさだめてはなたれた矢ではなく、川の流れのようにこっちへむかって飛んでくるたくさんの矢を言う。ふつう大将や高級参謀はそんなところへは出ないものだが——。

『演義』では、龐統は落鳳坡《らくほうは》で、劉備に借りた白馬に乗っていたために張任《ちょうじん》の兵に狙い撃ちにされて殺され、その張任を諸葛亮が雒城金雁橋で計をもちいていけどりにすることになっている。

しかし実際には、諸葛亮が合流するのは雒県を取り成都を囲んでからである。

関羽《かんう》（?～二一九）

関羽は中国歴史上最も人気のある人だが（いまでも世界中に関帝廟がある）、生涯の事実についてわかっていることは多くない。

本伝に「関羽、字は雲長《うんちょう》、本《もと》の字は長生《ちょうせい》」とある。羽という名、雲長という字はいっぱしの武将になってからつけたもので、長生というのがもともとの名前なのであろう。いかにも庶民の子らしい名前である。

河東《かとう》の解《かい》の人だが亡命して涿《たく》郡に逃げて来ていた、という。亡命とは、人殺しなどをして官憲に追われて行方をくらますことである。ヤクザ、博徒のたぐいであったのだろう。劉備が郷里で私兵団を作ったのに参加して頭株になった。

のちに曹操の武将として重くもちいられながら、また劉備のもとへもどってゆく。曹操はじめ周囲の者もそれを予測していたふしがある。また曹丕《そうひ》の臣劉曄《りゅうよう》が「関羽と劉備は義は君臣だが恩は父子だ」と言っている（この「義」は、名目、形。「恩」は心情）。たしかに劉備と関羽の関係は、君主と武臣というより親分と子分の関係であり、関羽の行動倫理は軍人というより任俠の徒のそれなのである。

その曹操の武将になっていたというのもちょっとかわっていて、曹操と戦って敗れ、とらえられて曹操の臣になったのである。武将にとって負けて捕虜になるというのはたいへんな恥辱である。それが平気で敵がたの将になって、ひとはたらきしたらまた現に敵対しているもとの主人のところへもどって行ったというのは、例がない。敵の親分のところにしばらくワラジをぬいでも、あぶない仕事を一つしたらそれで仁義はすむと思っていたのかもしれない。

「蜀志・張飛伝」に、「羽は卒伍《そつご》を善待して士大夫に驕《おご》る」とある。下級兵士にはやさしかったが文臣に対しては横柄、ないし驕慢であったというのである。それは、出身コンプレックスによるものかもしれないし、蜀漢政権を作ったのは武人だという自負によるのかもしれない。しかしこの「士大夫」は文人官僚だけでなく他の武将たちをもさしているようである。関羽は、同じ劉備陣営の将軍たちに好意を持たれていなかった。

ヤッカミの強い人だったことも例が多く挙げられている。

たとえば荊《けい》州を守っていたころ、本拠の益州のほうに馬超《ばちょう》が加わったと聞いて「オレとどっちが上だ」と諸葛亮に問いあわせ、諸葛亮が「張飛といい勝負、ヒゲにはとても及びません」（ヒゲとは関羽のこと）と返事したら、大いに満足してその手紙を人に見せまわった（本伝）。

劉備が漢中王になった時、関羽を前将軍、黄忠《こうちゅう》を後将軍にした。前将軍と後将軍は同格である。諸葛亮が「関羽がとても納得しますまい。やめたほうがよろしいでしょう」と進言したが、劉備は「おれが説明するから」とこの人事を決定した（「黄忠伝」）。はたして関羽は「あの老いぼれと同列にはならばんぞ！」と怒った（「費詩《ひし》伝」）。劉備の武将のなかで常に自分が第一位でないと承知しなかったのである。劉備も諸葛亮も関羽のそのこだわりをよく知っていた。

劉備配下の勇将として天下に名が鳴りひびいていたことはまちがいない。劉曄がまた「蜀は小国です。名将は関羽ただ一人」と言っている。そうヤッカマなくても抜群の大将と認められていたのである。

作戦指揮の能力については廖立《りょうりつ》が「勇名を恃《たの》み、作軍に法なく、ただ思いこみで突進するのみ。だから何度も負けて兵をうしなった」と言っている。この廖立は劉備の臣下で、つまり関羽の味方であるが、思うように出世できなくて人の悪口ばかり言っていた人だから、この評価がどれくらい客観的なものかわからないが――。

関羽の戦績として記録が残っているのは二件だけである。

一つは、建安五年（二〇〇）、官渡《かんと》の戦いの初期の白馬の戦いで袁紹《えんしょう》の大将顔良《がんりょう》を斬った。曹操の配下にあった時のことである。本伝に「顔良が白馬を攻めた。曹公は張遼《ちょうりょう》と関羽を先鋒としてこれを撃たせた。羽は良の麾蓋《きがい》を望見するや、馬にむちうって良を万衆の中で刺し、その首を斬って還《かえ》った。紹の諸将のよく当る者なく、白馬の囲みが解けた」とある。大将と大将が直接斬りあうというのはめったにないことで、これはたしかにめざましいはたらきである。

上にも述べたごとく、劉備はこの時袁紹の側についている。関羽は顔良を斬ったことで曹操への義理はすんだと袁軍に走るのである。

もう一つは、建安二十四年（二一九）、関羽の最後の戦いである。

その五年前に劉備が益州を制し、諸葛亮、張飛、趙雲《ちょううん》などもみな益州へ行って、関羽が一人江《こう》陵《りょう》にあって荊州を守っていた。この建安二十四年の七月か八月ごろから、関羽は北上して樊城《はんじょう》の曹仁《そうじん》を攻めた。この年のはじめから、曹操はみずから西へ出陣して漢中で劉備と戦っている。その背後をつけと劉備から指示があったのかもしれない。

関羽は樊城を包囲し、曹仁を救援に来た于禁《うきん》をとりこにした。そこまでの戦況は至極順調だった。

ところが曹仁はすくない軍勢でよく持ちこたえ、逃げもくだりもしない。持久戦模様になってきた。ここへきて関羽の人望のないツケがまわって来た。

早くかたづけないと敵の援軍がくるのが目に見えている。関羽は、樊城の西方二百キロほどの上庸にいる劉封《りゅうほう》（劉備の養子）と孟達《もうたつ》に応援をたのむとともに、江陵を守らせている麋芳《びほう》、公安を守らせている士仁《しじん》に兵糧を送るよう命じた。ところが劉封・孟達は、こちらもいろいろ事情があって、とかなんとかぐずぐず言って来てくれない。麋芳・士仁もかねて関羽にむげにあつかわれてうらんでいるから兵糧を送らない。この時江陵で政務を見ていたのは潘濬《はんしゅん》だが、これも関羽には反感をいだいているから動いてくれない。

そのうちに魏と呉のあいだで関羽をはさみうちにする協定ができて、呂蒙《りょもう》が江陵・公安を攻めた。麋芳と士仁はかんたんに降伏した。潘濬も呉にくだった。さらに北からは徐晃《じょこう》の援軍が来たので、関羽は樊城の囲みを解いて南へ逃げた。まず当陽に拠り、ついでそのすぐ南の麦城《ばく》に拠り、ここで降伏するふりをしてさらにのがれて、こんどは逆に北へ走り章郷まで来たが、ここまでのあいだに兵がみな関羽を見捨てて降伏してしまっていた。呉軍はあらかじめ関羽の逃走路を予測して、朱然《しゆぜん》および潘璋《はんしよう》の部隊を配してあった。章郷の北の夾石《きようせき》というところで、関羽はむすこの平および都督の趙累《ちようるい》とともに、潘璋の司馬馬忠《ばちゆう》という者にとらえられて、斬られた。孫権は関羽の首を洛陽の曹操のもとに送った。荊州はすべて呉のものになった。

これよりさき曹操は十月に長安から洛陽にもどり、すぐまた関羽征討のため南へむかったが、摩陂《まは》まで来たところで（摩陂は現在の河南省平頂山市の北。洛陽から東まわりルートで樊城へむかおうとしていたらしい）徐晃が関羽を破ったと知らせがはいったので反転し、建安二十五年正月洛陽に帰りついてすぐ病死した。すでに南征の途次より（あるいはもっと以前から）病気だったのであろう。関羽の首がとどいたのも同じ正月である。だから曹操が関羽の首を見ることができたかどうか、わからない。胡沖《こちゆう》の『呉歴』に、曹操は関羽の屍骸を諸侯の礼をもって葬ったとあるが、自身が重態で敵将のために葬儀をいとなむ余裕があったかどうか。

関羽の年齢はわからない。『演義』は五十八歳としているが、根拠はない。しかしまあだいたいそれくらいの見当であろう。

関羽を応援に行かなかった二人のうち、劉封はその後殺された。本伝に「諸葛亮は、封が剛猛で代替りののち制御できなくなることを心配し、除くよう先主にすすめた。そこで封に死を賜り、自裁させた。先主は為に流涕した」とある（先主は劉備）。

孟達は魏にくだり、武将として出世したが、八年後の太和元年（二二七）、そむいて司馬懿《しばい》に殺された。

糜芳《びほう》は呉にくだって将軍になった。迷惑したのは国元の益州にいた兄の糜竺《びじく》で、申しわけなさのあまり病気になって死んだ。

士仁の名前は、「関羽伝」では傅士仁《ふしじん》、つまり姓は傅、名は士仁になっているが誤りである。「呉志・呉主伝」、「呂蒙《りよもう》伝」、『呉書』、いずれも士仁、つまり姓は士、名は仁とする。特に「蜀志・楊戯《ようぎ》伝」に引く「季漢輔臣賛《きかんぽしんさん》」で士仁になっているからまちがいない。この人は、呉にくだってからどうしたか記録がない。

潘濬《はんしゅん》は呉にくだってからが人生で、将軍として重きをなした。二十年後の赤烏《せきう》二年（二三九）に死んだ。

潘璋は関羽をとらえた功により一挙に昇進し、のち右将軍にいたった。十五年後の嘉禾《かか》三年（二三四）に死んでいる。

馬忠はここだけに名の出る人である。小隊長か分隊長というところで、ふつうなら歴史に名前が残るほどの地位の人ではないのだが、関羽をとらえた超特級の殊勲により名前が記録されたのである。もっともほんとうにつかまえたのはこの人のそのまた下の兵卒であったろうが――。

『三国志演義』では、関羽を裏切ったりつかまえたりしたバチがあたって、糜芳、士仁、潘璋、馬忠ともみじめな死にかたをすることになっているが、もとよりそれは小説である。

張飛《ちょうひ》（？～二二一）

字は益徳《えきとく》。劉備と同じ涿《たく》郡の人。年は関羽より数歳下。関羽とともに当初より劉備に従って転戦した。

張飛の武功として著名なのが長阪《ちょうはん》の橋における大喝一声である。

建安十三年（二〇八）、劉備は劉表《りゅうひょう》の客として樊《はん》城にあった。七月、曹操は劉表征討の軍をおこした。八月、劉表が死に、子の琮《そう》が曹操にくだった。劉備は大集団をひきいて南に逃げた。「衆十余万、輜重《しちょう》数千両、日に行くこと十余里」と「蜀志・先主伝」にある。十余万の大多数は非戦闘員であったようだ。十余里は三キロ前後くらい。お話にならぬのろさである。ある人が「曹操の軍に追いつかれては大ごとだ。もっと早く行きましょう」と言ったら劉備は「夫れ大事を済《な》すには必ず人を以て本と為す。今、人吾に帰す。吾何ぞ棄《す》てて去るに忍びんや」（そもそも大きなしごとをやるには、もとでになるのは人である。いま、まさにその「人」が自分に身をよせている。それを捨て去ることができようか）と答えた、と「先主伝」にあるが、ウソだろう。劉備まさかそれほどのバカではあるまい。曹操の軍がそんなに早く追いついてくるとは思わなかったのだろう。

曹操は劉備が江陵に拠ることをおそれ、輜重をといて軽軍襄陽にいたったところ、劉備はもう通過したという。曹操は騎馬の精鋭五千をひきいて一日一夜三百余里、つまり一昼夜に八十キロほどのペースで急追し、当陽でついに追いついて戦闘になった。当陽は今の湖北省当陽のちょっと東、襄陽からの道のり百八十キロくらいのところである。

劉備軍は惨敗し、妻子を捨て、諸葛亮、張飛、趙雲《ちょううん》などわずか数十人をあますのみとなって、かろうじてのがれた。

この時捨てた妻子のうち、甘《かん》夫人とその子（のちの蜀の二代目皇帝劉禅《りゅうぜん》、この時二歳）は趙雲が助けた。むすめ二人が曹操の従弟曹純《そうじゅん》にとらえられたことは「曹仁伝」に見える。小説『三国志演義』では糜《び》夫人がこの時井戸に投じて死んだとしている。史書にはないことである。しかしさきに劉備が妻子を捨てたあと、糜竺《びじく》が妹を夫人に進めたことが「糜竺伝」に見えており、その後糜夫人のことは記録に見えず、「甘后伝」に「先主はしばしば嫡室《ちゃくしつ》を喪《うしな》った」とあるから、糜夫人が当陽で捨てられて死んだ可能性はある。

張飛の長阪橋の一喝はこの敗走の際のことである。「張飛伝」にこうある。

〈曹公は荊《けい》州に入り、先主は江南に奔《はし》った。曹公はこれを追い、一日一夜にして当陽の長阪で追いついた。先主は曹公が卒《にわか》に至ったと聞き、妻子を棄てて走り、飛に二十騎をひきいて後を拒《ふせ》がせた。飛は水に拠り橋を断ち、目を瞋《いか》らせ矛《ほこ》を横たえて言った。「われは張益徳なり。来りて共に死を決せよ。」敵は皆敢《あ》えて近づく者無く、故に免れるを得た。〉

この場面が後世小説や芝居で大いに潤色された。芝居では張飛が吼えるとその振動で橋が崩れ落ち、川の水が逆流しはじめたということになっている。しかし張飛が一時的にもせよ敵の追尾をふせいだおかげで劉備や諸葛亮の命が助かったのであれば、これは無論特筆にあたいする大手柄である。

*

小説では張飛は、陽気で善良で単純でひょうきんなキャラクターになっているが、史書ではそんな気配は見られない。「張飛伝」に「飛は君子を愛敬して小人を恤《じゅつ》せず」とある。上の者には腰が低いが、下の者には刻薄だった、というのである。部下に気に食わぬことがあるとすぐ殺したらしい。同じく本伝に、「先主は常に戒めて言った。『おまえは度を過して刑殺し、その上毎日兵士を鞭打ち、しかも彼らを周囲においている。わざわいのもとだ。』それでも飛は改めなかった」とある。

章武元年（二二一）四月劉備は成都で帝位につき、七月、関羽のとむらい合戦の兵をおこした。出動の直前、張飛の帳下の将張達《ちょうたつ》と范彊《はんきょう》が張飛を殺し、その首を持って孫権にはしった。帳下の将とは親衛隊の隊長である。身近にいていつも殴られていたのであろう。

張飛の部隊の都督《ととく》が文書でこのむねを報告した。都督は部隊の事務長である。劉備は都督の文書がきたと聞いて、「ああ、張飛は死んだか」と言った。ずいぶんカンがいいようだが、胡三省《こさんせい》がその所以を説明している。文書は将軍からたてまつられるもの、それが将軍を飛び越えて都督から直接来たから、将軍は死んだとわかるのである、と。

二人の親衛隊長はここでだけ出てくる名前。『演義』は例によって、孫権からまた劉備に引き渡され、張飛のむすこに八つ裂きにされた、という話をこしらえてウップンを晴らしている。

＊

張飛のむすめ二人が劉禅《りゅうぜん》の皇后になっている。

章武元年、つまりちょうど張飛が死んだ年に、長女が太子妃になった（この年劉禅は十五歳）。建興元年（二二三）劉備が死んで劉禅が皇位につくと皇后になった。同十五年（二三七）に死んだ。敬愛皇后という。

姉が死んだ同じ年に妹が貴人になり、翌延熙《えんき》元年（二三八）皇后に立った。張皇后である。魏の咸熙《かんき》元年（二六四）劉禅とともに洛陽に移った。

敬愛皇后については「魏志・夏侯淵《かこうえん》伝」に引く魚豢《ぎょかん》『魏略』の夏侯覇《かこうは》（夏侯淵の次男）の伝にこんな話が出ている。――建安五年（二〇〇）、夏侯覇の従妹で年十三四のが郷里で薪拾いをしていたところを張飛につかまった。張飛はその良家の女子であるのを知って妻にした。生れたむすめが劉禅の皇后になった。のちに夏侯覇が蜀にくだり劉禅と会った時、劉禅は自分のむすこを指さして「これは夏侯氏の甥ですよ」と言った、と。

『魏略』は劉禅についてもこういう話を伝えている。――劉備が小沛《しょうはい》で曹操に敗れて家族を捨てて逃げた時、劉禅は年数歳で、父とはぐれ、売り飛ばされて漢中へ行き、劉括という者に買われてその養子になり、結婚して一子が生れた。さいわい父の字が玄徳ということをおぼえていたのでの後身元が知れ、益州に迎えられて太子になった、と。

裴松之が批判しているように、劉禅は建安十二年の生れで即位の時十七歳である。劉備が小沛で曹操に敗れたのは建安五年である。『魏略』の話は全然デタラメである。

その劉禅の皇后についての話も、たいていデタラメだろう。魚豢《ぎょかん》は魏の人である。遠い蜀の国の皇帝夫妻についての根も葉もない話が、おもしろおかしく伝えられているのを記録したのであろう。

裴松之の注は諸書の記事のうち信ずるに足るものを転録したのではない。玉も石も採って、判断は見る人に委ねたのである。上の劉禅流離譚のごとくよほどひどいものは自分が直接顔を出して批判しているが、しかしそんなひどい記事でも拾うことは拾ったのである（「こんなバカバカしい話に二百余言もついやして！」と文句を言いながら）。後世の小説が裴松之注のおもしろい話をタネにするのは当然だが、歴史家までがその引用記事を無批判に事実としてあつかっているのはまったく不見識な話だ。

九　益州・漢中の人たち

張松〈附〉法正

張魯〈附〉劉焉

黄忠

張松《ちょうしょう》（？〜二一二）

《附》法正《ほうせい》（一七六〜二二〇）

三国の世界にうらぎったの寝返ったのという話はいくらもあるが、正真正銘国を売ったのは益《えき》州（つまり蜀）の張松・法正だけである。法正は張松の使い走りみたいなもので、首魁は張松である。主君の劉璋《りゅうしょう》の国を劉備に売った。——売った売ったと言うけれどリンゴを売るみたいに金とひきかえに手わたしたわけじゃないし、第一値段のつけられるものではないから、「売った」というのは不適当だけれど、ほかに言いようもないから、かりに「売る」という語をもちいておく。

むかしからこんにちまで、また世界中どんな国でも、国を売るという犯罪に対しては極刑をもってのぞむことにきまっている。あまりにもリスクが大きいから、損得づくでできることではない。窮地に追いつめられてせっぱつまったようなばあいを別として、本気で、進んで国を売ろうとした人（あるいは人たち）というのは、「売国奴」といううきたないことばで言われるような低劣な人間ではなく、むしろ理想と信念を持った、心のまっすぐな人なのだろうとわたしは思う。

たとえば戦前の日本で、天皇の政府の支配下に置かれるよりスターリンとソ連共産党に統治される国になったほうが日本人民のしあわせだと信じて、死刑になった人たち。戦時中の中国で、望みのない抗戦をいつまでもつづけて国民に塗炭の苦しみをなめさせるよりは日本指導下の政府を作って平和をもたらしたほうがよい、と考えて、日本敗退後死刑になった人たち。こういう人たちは、自分の利得をはかってあぶないしごとに手を出したわけではない。むしろ自分一個の利得は度外においている（やったこと自体があとから見て正しかったかどうかはまた別）。

張松は、三国時代の中国で、そのあぶないしごとをやって成功し、自分はその成就を見る前に殺された人である。

ただし張松の事件は、なにしろ一国をかけた謀略だから真相はよくわからない。なぜ国を売ろうとしたのか、なぜ劉備を選んだのか、どう連絡を取り、事を運んだのか、当然のことながら記録に残っているのはごく表面の動きだけである。

＊

そもそも益州は後漢末戦乱のカヤのそとのようなところである。

董卓《とうたく》が帝都洛陽に乗りこんで少帝を廃して献帝を立て、曹操や袁紹《えんしょう》などの群雄が董卓打倒の旗を挙げた中平六年（一八九）を後漢末戦乱のはじまりとすると、劉焉《りゅうえん》が天下大乱を見こしてカヤのそとの益州牧に出たのがその前年の中平五年（一八八）、劉焉が死んでむすこの劉璋があとをついだのが六年後の興平元年（一九四）である。以後、建安十九年（二一四）に劉備に乗っ取られるまでちょうど二十年、父親の時代も含めれば実に二十六年間、益州は中原の争いとほぼ無関係だった。

これは劉表・蒯越《かいえつ》の荊州がかたくモンロー主義を守って平和だったのとはちがう。土地が遠く離れているから覇権争奪に関係がなく、だれも目をむけなかったのである。

劉璋は闇弱《あんじやく》の君だとよく言われる。たしかに、生き馬の目を抜くような中原の群雄たちと比較するといかにもお人よしだが、そういう人でも二十年間大過なくやってこられたほど益州は安穏な土地だったのだ。

張松は益州の別駕《べつが》であった。別駕というのは、むかしの日本で言えば家老といったところである。領主が領内視察にまわる時に、別の駕籠に乗ってついて行くので別駕という。風采はあがらないが頭の切れる人だったという。

『三国志』には張松の伝は立てられていない。「劉璋伝」「先主伝」「法正伝」などによって張松売国のしだいを再構成すると――

なぜ国を売るなどという大それたことを思い立ったのか。

「法正伝」に、「張松は劉璋がともになすところあるに足りぬので常にひそかに嘆息していた」とある。つまり、劉璋が凡庸なので不満だった、というのである。

なぜ劉備を選んだのか。――これはちょっと説明が要る。

益州は中央から遠く離れ孤立したところであるが、一つだけ隣国らしいのがあって、それが東北どなりの漢中《かんちゆう》である。ここは五斗米道《ごとべいどう》教主の張魯《ちようろ》が支配している。劉璋はかねてよりこの張魯との関係がよくない。それで曹操によしみをつうじて背後から張魯を牽制してもらおうと、三度にわたって使いを出した。その二回目に行ったのが張松の兄の張粛《ちょうしゅく》で、曹操から広漢《こうかん》太守に任ぜられて帰って来た。曹操は天子を擁しているからそういうことが容易にできるのである。三回目に張松が行った。これがちょうど曹操が荊《けい》州を手に入れた時で、曹操の気持がおごっていたから、張松をつめたくあしらい、何の職にも任じてくれなかった。それで張松は曹操をうらみ、曹操の仇敵劉備を益州にひっぱりこもうとした——と「劉璋伝」には説明してある。

つぎに劉備ひっぱりこみの段取り。

帰国した張松は劉璋に「曹操とは手を切って劉備とむすびなさい」とすすめた。劉璋が賛成してくれたので、腹心の法正と孟達《もうたつ》に兵数千の引出物をつけて劉備のもとへつかわし、連絡をつけた。

二年後、曹操が張魯を討つという噂がつたわった。張松は「曹操は漢中を取った勢いに乗じて蜀を取りにくるかもしれない」と劉璋をおどかして、「ここはひとつ劉備を招いて張魯を討ってもらうのがよい。さすれば曹操も手を出さぬでしょう」と進言した。劉璋が賛成したので、法正に兵四千と巨億の賂を持たせて劉備を迎えにやった。法正は以後劉備と行動をともにする。

張松を除く劉璋の臣下たちは、劉備を迎えることに強く反対した。『演義』に、従事王累《おうるい》は城門にさかさまにぶらさがって諫《いさ》め、容れられぬと知るや綱を切って地面に激突して死んだ、という話がある。あんまり過激だからこれは小説だろうと思ったらさにあらず、「劉璋伝」に「自ら州門に倒縣《とうけん》して以て諫む」とある。すごい諫めかたもあったものだ。もっとも『華陽国志』の

「先賢士女総賛」には、「州門で自刎《じふん》した」、つまり喉を掻き切った、とある。このほうがまだしもおだやかだ。それはともかく、劉璋はいっさいの諫言に耳をかさず、劉備迎え入れを強行した。

劉備は、諸葛亮、関羽、張飛、趙雲などおもだった臣下を荊州に残し、龐統《ほうとう》、黄忠《こうちゅう》、魏延《ぎえん》などと数万の兵をつれて蜀にむかった。劉璋が鄭重に迎えるようにと指令を達してあったので、劉備は「境に入ること帰るが如し」であった。劉璋は涪《ふう》県に出迎え、宴会を百日つづけて歓をつくした。張松は劉備に、この機会に劉璋を殺して一挙に事をさだめるようすすめ、龐統もそう進言したが、劉備は性急にすぎるとして却下した。劉備は劉璋から三万余の兵をもらいうけて張魯討伐に出発した。しかし途中の葭萌《かほう》で一年もストップしてそれよりさきには進まず、あげくにもう荊州へ帰ると言いふらした。

実はこれは計略だったのだが、そうと知らない張松は、せっかく呼び入れた劉備が帰ってしまうと聞いて驚き、劉備と法正に「いま大事がまさに成就しようという時になぜ中止して帰るのか」と手紙を送った。これを知った兄の張粛が、わざわいの身におよぶのを恐れて告発した。劉璋ははじめて張松の陰謀を知り、逮捕して斬った。同時に、各地の軍営に、劉備の通過を阻止せよと通達した。張松の死を知った劉備は「わが内主を殺したか！」とくやしがった、と『華陽国志』にある。「内主」は内通者である。

かくて劉備と劉璋の戦争になり、一年数か月後に劉璋は成都を開城して降伏することになる。

以上が史書に見える張松「売国」の一部始終である。

もう一度おさらいしてみよう。

まず動機。劉璋があんまりたよりないのでもうすこししっかりした人にこの益州を治めてもらおうと思った、というのは、やや薄弱だが、人の心のなかまではなかなかわからぬものだから、これでしんぼうしておこう。

劉備を選んだ理由。曹操に冷遇されたのでその仇敵に来てもらおうと思った、というのはあまりにも弱い。一命をかけて国を売ろうというのに、その相手がどういう人かも知らず、ただ憎いやつと張りあっているとのことなので……、はなかろう。

『演義』もこの弱点に気づいて、張松が曹操に冷遇されたあと劉備に会いに行ってたがいにその人物をみとめあう段をもうけている。実はこれは根拠のない話なのではない。韋昭《いしよう》の『呉書』に、「劉備は、さきには張松とあい、あとには法正を得て、いずれも厚く恩意を以て接納し、其の殷《いん》勤《ぎん》の歓を尽した。因《よ》って、蜀中の闊狭《かつきよう》、兵器府庫人馬の衆寡《しゆうか》、及び諸要害道里の遠近を問い、松等は具《つぶさ》に之を言った。又地図山川処所を画いた。これによって益州の虚実を尽《ことごと》く知った」とあるのである。

これについて『通鑑考異』が、「劉璋および劉備の伝を見るに張松は劉備に会っていない。『呉書』は誤りである」と断定している。しかし、『三国志』に書いてないことは存在しない、というのは武断にすぎるのではないか。謀略に属することは当然人に秘しておこなわれるから、記録にのこらぬことはいくらもあろう。

張松が曹操に会ったのは、建安十三年の後半、荆州降伏のあと、赤壁の戦いの前である。場所は「法正伝」に「張松は荆州で曹公にあい」とあるから襄陽《じようよう》か南郡（江陵）だろう。そのころ劉備は夏口《かこう》にいる。足をのばしたとしても不思議ではない。

劉璋は凡庸でたよりないのなら、かわりに来てもらおうとする人が凡庸でないかどうか会ってたしかめもせずに国を譲ろうとする気になるはずがない。

はじめにのべた戦前の日本人たちは、スターリンに会ったことがなくても、ソ連共産党と万国のプロレタリアートという理念を信ずることができた。三国の時代にそれにあたるものがあるとすれば漢室の正統である。劉備は景帝《けいてい》の後裔《こうえい》と称したが、同じ劉姓だというだけのことで、なんら根拠はない。それにそもそも景帝とは話が遠すぎる。当時において本気にする者はなかったろう。劉璋はまごうかたなき章帝《しょうてい》の後裔である。漢室の正統なら劉璋のほうがはるかに由緒正しい。張松は理念がほしかったのではない。

曹操の敵というが、曹操の敵は劉備だけではない。

韋昭は拠るところあって書いたのだろう。わたしは『呉書』のほうを信ずる。ただしその時に「蜀中の闊狭」以下国情をつぶさに伝えたかどうかまではわからない。それはあとで法正が行って劉備の幕下に入るのだからいくらでもくわしく教えられる。張松は劉備と諸葛亮の人物を見てくれば足る。

それで国へ帰ってから法正に兵数千の引出物を劉備のもとへとどけさせてよしみをつうじ、つぎにふたたび行かせた時にいよいよはっきりと国を献上したいむねを伝える。これが順序だろう。その劉備と諸葛亮のほうも、法正が来て「劉璋は惰弱《だじやく》であり、州の股肱《ここう》である張松が内応しますから、益州を取ることは掌《たなごころ》を反《かえ》すがごとくです」(「法正伝」)と誘った時、その張松なる者がどんな男か知らなくてはあんまり心もとなかろう。こちらのほうから見ても、張松と劉備が会っていることが推しはかられる。

それにしても劉備にとって、益州へ行くかどうかは大問題である。荊州は北に曹操、東に孫権の強大な勢力があってあぶない。しかしほんとうに中原を制覇するつもりなら、ここにいなきゃだめだ。

益州へひっこんでしまえば安全は安全である。そのかわり中原制覇はまずあきらめねばならぬ。益州も取り、荊州にも十分な軍事力を配置して、西と南の二方面から中原侵攻を狙うほどの兵力は、到底劉備にはない。あぶない橋を渡ってもあくまで天下を狙うか、天下はあきらめて僻地の地方政権に甘んじて細く長く生きのびるかの二者択一である。

したがってこのことは劉備と諸葛亮とのあいだでよほど慎重に討議されたにちがいないのであって、龐統《ほうとう》がもらいなさいと言ったからもらう気になった、というような簡単な問題ではないのである。

とりあえず荊州はしっかりおさえておいて、劉備自身が益州へ行ってみることにした。うまくゆかなくて万が一にも帰るところがなくなってはたいへんだから、諸葛亮、関羽、張飛、趙雲の主力は全部荊州にのこして、劉備は二線級をつれて蜀にはいった。これは、すくなくとも騙し討ちにあうことはなかろうとの確信があったことを示すもの、つまり張松に対する信頼があったことを示すものである。

以後、張松は益州にあり、法正は劉備のもとにあって「売渡し」を進めることになるが、涪《ふう》県での百日宴会の際に劉備が、「劉璋殺害、一挙乗っ取り」に踏み切らなかったのが張松にとっては最初の誤算で、バレれば命がない場所に一年も放置されることになった。つぎに、荊州に帰ると言いふらしておいて成都《せいと》を襲う計略を、劉備と法正が張松に通知しなかったのが命取りになった。もっとも通知することに思いいたらなかったとは考えられぬから、連絡を試みたが成功しなかったのであろうが――。

＊

劉備が益州を取ったあと、法正の羽振りはたいへんなものであった。かつていささかでも恩のあった者に対してはあつくむくいるとともに、ちょっとでもうらみのある者に対しては容赦なく報復した。諸葛亮といえどもこれを掣肘《せいちゆう》することはできなかった。

劉備も信頼してもちいた。建安二十四年（二一九）漢中で夏侯淵《かこうえん》を斬ったのは法正の策であると「法正伝」にある。翌黄初元年（二二〇）、四十五歳で死んだ。

その翌々年、劉備は群臣の反対を押し切って関羽の仇討ちの兵を出し、夷陵《いりよう》で陸遜《りくそん》に大敗した。諸葛亮は「法正が生きていれば行かせなかったであろうに。行ったとしても負けなかったであろうに」と嘆いたという。劉備は諸葛亮より法正の言うことをよく聞いたらしい。

張魯《ちようろ》（?〜二一六）

《附》劉焉《りゆうえん》（?〜一九四）

張魯は、東漢末、陝西《せんせい》と四川の境、漢中の地に宗教王国を建てた人である。わが国の比叡山か一向一揆みたいなものだ。

その宗教を五斗米道《ごとべいどう》と言う。信徒が入信に際して米五斗（日本の五升くらい）をさし出す定めだったのでこの名がある。

五斗米道をはじめたのは、張魯の祖父の張陵《ちようりよう》（別名張道陵）という人である。西暦二世紀なかばごろの人。この人が、その後二千年ちかく、こんにちにまでおよんでいる道教の元祖である。仏教のお釈迦様、キリスト教のイエス・キリストにあたるような人だ。

宗教の元祖というものは、のちにその宗教が盛大になるにつれて、いろんな話が作られ、つけ加えられてゆく。張陵についてもいろいろあるが、たいていあてにならない。どこかよその土地から四川へやってきて、五斗米道をはじめ、ひろめたのであるらしい。

この宗教は、医療とかかわっている。五斗米道にかぎらず、たいていの新興宗教は医療とかかわっている。ただし、近代医学のような科学的医療でないことはもちろんである。

五斗米道の医療は、人が病気になるのは過去に何か悪いことをした結果であるから、心を静めて過去をふりかえり、自分が犯した悪事を見きわめて反省し、今後同じ悪事を犯さぬことを誓えば病気はおのずから治る、というものである。つまり倫理的医療である。なんだ、インチキじゃないか、と思われるかもしれないが、イエス・キリストの医療だってそんなものだ。石ころやおふだを高い金で売りつけるよりよほど良心的である。

なお、この世でいいことをしていればあの世へ行ってしあわせになれるというような、来世に関することはまったく言わない。あくまでこの世でのしあわせが目的である。不幸の最たるものは病気だから、病気を治そうとしたのである。無論、過去の悪事を反省しても病気が治らぬこともある。その時は「反省が十分に誠実でなかったからだ」と言えば納得する。いまの人が、医者に「つくせるだけの手はつくしました」と言われたら納得するのと同じである。

なお、張陵は蜀の鵠鳴山《こくめいざん》（鶴鳴山とも書く）にこもって修行したということになっている。しかし右の教義くらいだったら別に山にこもらなくても発明できそうだから、それもあとで言い出したことかもしれない。要するに道教の元祖張陵個人について、くわしいことはほとんどわからぬのである。

張陵のむすこの張衡《ちょうこう》が二代目、またそのむすこの張魯が三代目である。二代目のことは何も知られていない。三代目の張魯にいたって五斗米道は大いに発展した。張魯という人は宗教家としてのみならず、組織者、政治家としてもすぐれていたようである。

＊

霊帝の中平五年（一八八）、太常劉焉《りゅうえん》が益州牧として蜀に入った。これには次第がある。

この四年前、中平元年（一八四）に黄巾の乱がはじまって、地方行政府の威信が低下した。劉焉は皇室の親戚で、朝廷において九卿《きゅうけい》の筆頭の地位にあったが、地方の長官にもっと大きな権限を与え、大物を派遣すべきだと建議した。これには狙いがある。世の中がガタガタしてきて、この分では中央朝廷もどうなるかわからない。なるべく辺鄙な地方の長官にしてもらってそこで大きな権限を持ち、手っとり早く言えば自分の国を持ってしまおうと考えたのである。

劉焉ははじめ、僻遠の交《こう》州（ヴェトナム）を狙っていたところ、侍中の董扶《とうふ》という者が「京師《けいし》まさに乱れんとす、益州の分野に天子の気あり」と入智慧したので、益州に宗旨がえした。分野は星座である。星座は地上をそっくり移したようになっており、その益州に相当するところに天子の気配がただよっている、というのであって、要するに「都はもうダメです。あんた蜀へ行って天下を取りなさい」ということである。

たまたま并《へい》州と涼《りょう》州の刺史が殺され、また益州刺史郗倹《ちけん》の評判がわるいので、劉焉は望みどおり益州へ出ることになったのである。梁《りょう》の劉昭が、「劉焉の徼偽《きょうぎ》なる、自ら身の謀を為《な》す。憂国の心有るに非ず、専ら狼據《ろうきょ》の策を懐《いだ》く」と劉焉の悪辣を罵っている（『後漢書』「百官志」の「臣昭曰」）。

宗正《そうせい》の劉虞《りゅうぐ》が幽《ゆう》州牧に出、太僕黄琬《こうえん》が豫《よ》州牧に出たのもこの時で、この三人が特に大物である

（黄琬はまもなくまた朝廷にもどり、のち李傕《りかく》・郭汜《かくし》に殺された）。

この時に刺史《しし》が州牧《しゅうぼく》にかわった。名前がかわっただけでなく、権限が強化され、一州の軍政財の大権を握ることになった（刺史は、事実上州の行政長官になっていたが、名目上はあくまで監察官である）。

ただし、従来刺史であった人がいっせいに州牧に格あげになったわけではない。州牧と刺史と並存である。たとえば初平元年（一九〇）に打倒董卓《とうたく》の旗をあげたメンバーは、「武帝紀」によれば「冀《き》州牧韓馥《かんふく》、豫《よ》州刺史孔伷《こうちゅう》、兗《えん》州刺史劉岱《りゅうたい》」等である。黄琬の後釜はまた刺史にもどったことがわかる。陶謙《とうけん》が、李傕・郭汜のころに徐州刺史から徐州牧に昇進したことは『後漢書』の伝に見える。

*

張魯の漢中支配については、『後漢書』『三国志』より『華陽国志《かようこくし》』のほうがややくわしい。『後漢書』『三国志』ののべるところはほぼ同じ（つまり范曄《はんよう》が陳寿の記述を襲ったのだ）であるが、『華陽国志』はだいぶちがうところがある。以下『華陽国志』を主としてのべる。

劉焉が益州に赴任してくると、張魯は積極的に近づいて行ったらしい。「魯は鬼道《きどう》を以て益州牧劉焉の信を得た。魯の母は少容《しょうよう》あり、焉《えん》の家に往来した」とある。「少容」というのは、いわゆる「養生術」によって実際の年よりずっとわかく見えることで、道家・神仙の書にはよく見える。「年八十にして十数歳の少年の如くであった」などというのが「少容」である。そんなのは実際にはないだろうが、六十くらいの女が三十代くらいに見えるのは、いまの日本のテレビタレントなどにもある。張魯のお母さんはそういう人だったわけだ。どうも、むすこは宗教で、母親は色じかけで長官にアプローチしたようである。

初平年間、劉焉は張魯に督義司馬《とくぎしば》という役職をあたえて、漢中に駐屯させ、褒斜谷道《ほうやこくどう》（長安との連絡路）を閉鎖させた。督義司馬とは劉焉が勝手に作った官名だが、要するに一部隊の隊長である。

この時、漢中郡の太守は蘇固《そこ》という人である。張魯は、なかまの張脩《ちょうしゅう》という者に命じて蘇固を攻撃させた。蘇固はのがれたが、結局見つかって殺された。そのあと張魯は張脩を殺してその部隊をうばい、漢中を掌握したと、これは『三国志』『後漢書』にある。

ここに張脩という名前が出てくる。『三国志』では、「益州牧劉焉は、魯を督義司馬とし、別部司馬張脩と共に、兵をひきいて漢中太守蘇固を撃たせた。魯は脩を襲って殺し、その衆を奪った」と、それだけである。ほとんど何者かわからない。

しかし、注に引く『典略』では、張脩を、張魯にさきだつ漢中五斗米道の教主として要旨左のごとくのべている。

〈熹平《きへい》中、妖賊が大いにおこった。漢中には張脩があった。脩のやりかたは、静かな部屋を用意し、病人をそこにおいてあやまちを考えさせるのである。病人の家に米五斗を出させるのをつねとしたので五斗米師と呼ばれた。脩が死んだあと、魯が漢中に駐在するにおよんで、その民が脩の業を信じおこなうので、それを増飾した。〉

『典略』は魏の魚豢《ぎよかん》の撰、すなわちほぼ同時代の人が書いたものである。もしこの『典略』の記述が正しいとすれば、五斗米道を創始したのは漢中の張脩であり、張魯は漢中へ行ってから、土地の人たちが五斗米道を信じているのを見て、それを増飾し、利用して漢中を支配したことになる。

裴松之はそれではあんまり変だと考え、「この張脩は張衡（張魯の父）とあるべきだ。『典略』のまちがいか、伝写の誤りである」と言っている。

しかしこの裴松之の意見は、後世史家の総スカンにあっている。なぜなら、『後漢書』「霊帝紀」の中平元年の項に「秋七月、巴《は》郡の妖巫《ようふ》張脩が反し、郡県を寇《こう》した」とあり、章懐《しようかい》注に引く劉艾《りゆうがい》の紀に「時に巴郡の巫人張脩は病を療し、快癒した者から治療代として米五斗を取ったので五斗米師と呼ばれた」とあるからである。劉艾は献帝初期の宗正として、また献帝の侍中、董卓の長史として『三国志』『後漢書』にしばしば名前の出てくる人であり、したがってこの「紀」は、その時にみずから聞いたことをしるしたものである。すなわち、中平元年（一八四）に巴郡の妖巫張脩が叛乱をおこし、その張脩なる者は五斗米道の教主であったことはまちがいない。張魯が漢中へ行ったのはそれよりあと、初平年間である。『資治通鑑』は初平二年（一九一）にかけている。

張脩は中平元年に信徒をひきいて叛乱をおこすよりだいぶ前から五斗米道をやっていたに相違ないから、張魯が漢中へ行くよりずっと前、どんなにすくなく見つもっても七年か八年前から、五斗米道の最高指導者だったわけだ。

張脩のことは『華陽国志』巻二の「漢中志」と巻十下の趙嵩《ちょうすう》・陳調《ちんちょう》の伝にも見える。こうある。

〈趙嵩は太守蘇固《そこ》に仕えていた。固は米賊《べいぞく》張脩に殺された。嵩は深くうらんで、剣を手に脩の本営に入り、十余人を殺し、もうすこしで脩に手がとどくところで殺された。蘇固の門下掾《もんかえん》の陳調はわかくして遊俠を尚《この》んだ。固が死んだと聞くと、賓客百余人をあつめて脩を攻め、大いに破った。脩の本営に攻めこみ、戦って傷つき死んだ。〉

右の「米賊」というのは、権力がわが五斗米道をよぶ語である。

これによれば、漢中太守蘇固を殺したのは、まったく張脩一人のしわざである。張脩の五斗米道は、教団と軍とがいっしょになった、いわば武装教団、ないし宗教軍であったようだ。霊帝の中平元年に張脩が反して郡県を寇したというのは、あるいは蘇固を攻めて殺したことを指しているのかもしれない。郡太守を殺すというのはかなり大きな叛乱である。

もしかしたら張魯は、その七年後、初平二年のころに劉焉《りゅうえん》から派遣されて漢中へ行き、張脩を殺してその武装教団をそっくり奪い取り、五斗米道開祖としての張脩の業績を自分の祖父のものにしてしまったのかもしれない。

＊

しかしながら張魯の宗教政治はなかなか評判がよかったようである。こうある。

〈魯は漢中に来てから、寛恵をおこない、鬼道《きどう》をもって教えた。義舎を立て、義米・義肉をそのなかに置き、行者はこれを取り、腹をはかってやめた。過ぎることを得ない。過ぎること多いと

鬼《き》が病気にすると言う。商店の値段も同様である。法を犯した者は三度赦《ゆる》したのち刑をおこなった。〉

　鬼《き》はこのばあいは五斗米道の神さまなのであろう。「義」は無料の意である。街道筋のあちこちに食料供給所を設置し、そこへ行くと飯や肉がただで食べられる。ただし、空腹がいやされる程度でおしまいにしないといけない。タダだからとむやみに食ったら、神さまが病をあたえる。商店の値段も同じで、あまり高い値をつけると神さまがおこるのである。罪は三度まで許される。四度同じわるいことをしたら処罰される。仏の顔も三度である。

〈道を学んでまだ信心の足らぬ者はこれを鬼卒《きそつ》と言う。その後祭酒《さいしゅ》になる。巴漢《はかん》の夷民《いみん》は多くこれを便とした。教団に供するに五斗の米を出すきまりであったので世にこれを米道《べいどう》と言った。〉

すなわち一般信徒を鬼卒と言い、幹部クラスを祭酒と言ったのである。巴漢は巴郡と漢中郡。夷民は異族と漢人。後述。

　興平元年（一九四）劉焉が死に、子の璋《しょう》がかわった。

〈劉焉の子の璋が牧になるにおよんで、魯はいよいよ驕恣《きょうし》になったので、璋は怒った。建安五年、魯の母と弟を殺した。魯は巴夷杜濩《とこ》、朴胡《ふこ》、袁約《えんやく》らを説いて叛《そむ》き、璋と仇敵になった。魯は時に漢朝に使者を送ったが、やはり慢驕であった。帝室は乱れていたので征することができず、魯を鎮民中郎将、漢寧《かんねい》太守に拝した。長吏を置かず、皆祭酒を以て治を為した。璋はしばしば龐羲《ほうぎ》・李異《りい》等を遣して討ったが、克《か》つことができなかった。〉

張魯が支配していた期間、漢中郡を漢寧郡と称していたので、漢寧太守としたのである。「長吏」は、県の令長、丞、尉などの高官である。それらをおかず、五斗米道の祭酒に県の政治をやらせたのである。

巴夷《はい》は、漢中、巴郡の異民族である。

いったい巴蜀《はしよく》の地は、もと異民族が住んでいたところへ、戦国期ごろから漢人がはいって行ったのである。インディアンのものであったところへ強くて兇暴なヨーロッパ人がはいって行ったアメリカ大陸みたいなものである。

巴の地の異民族のことを巴夷と言う。それにもいろんな部族があり、漢中に多く住んで五斗米道の信徒になったのは主として板楯蛮《ばんじゅんばん》であった。板楯蛮は無論彼ら自身の名乗りではなく、板製の楯を持つ蛮人、という意味で漢人がそう呼んだのである。杜濩《とこ》、朴胡《ふこ》、袁約等はその板楯蛮の酋長で、彼ら酋長の統率のもとに板楯蛮は集団で五斗米道にはいり、張魯の支配に服していた――むしろ、「夷民多く之を便とす」とあるように、張魯の支配を歓迎していたのである。板楯蛮はその後千年ちかく、唐宋のころにいたっても五斗米道を信仰していたことが諸書に見える。

東漢期板楯蛮のことは『後漢書』「南蛮西南夷伝」の板楯蛮夷伝に見える。桓帝の世にしばしば反したが、霊帝の光和二年（一七九）にまたそむき、三蜀（蜀郡、広漢郡、犍為郡）および漢中諸郡を寇掠《こうりやく》したので、御史《ぎよし》中丞《ちゆうじよう》が益州の兵を督して討ったが連年敗れた。帝は大いに兵を発せんとして益州の計吏《けいり》に征討の方略を諮問したところ、漢中上計《じようけい》の程包《ていほう》がお答え申しあげた。

計吏は、郡の政治財政軍務の報告書（計）を持って年に一度首都へ報告に行く（上）役人である。上計は本来「計を持って都に上る」という動詞で、その人は「上計吏」と言うのだが、略して単に「上計」とも言う。だから計吏も上計もこの際は同じことである。霊帝は中央から大軍を出して板楯蛮を討伐しようと考え、益州方面から都へ出張してきている計吏たちをあつめて情況をきいたのである。それに対して漢中郡から来ていた程包という者が答えた。この答えが、まことに情理そなわった感動的なものなので左に録す。なおちょっと説明を加えておくと、戦国末期、秦の昭襄王のころ、巴蜀の地方に一匹の白虎があらわれ、群虎を従えて各地を襲い、多くの人を害した。王が莫大な賞金を出して白虎退治をよびかけたところ、一夷人が応募してうまく白虎をしとめた。板楯蛮《ばんじゅんばん》はこの勇士の子孫であるということになっている。また板楯蛮は七つの集団から成り、それぞれ姓が異る。それを板楯七姓《ばんじゅんしちせい》と言う。

程包はこう答えた。

〈板楯七姓は白虎を射殺して功を立て、先世が復《ふく》（税金免除）して義人としたものであります。その性は勇猛で兵戦を善《よ》くします。むかし永初年間に、羌《きょう》が漢川に入って郡県を破壊した際、板楯に救われ、羌は死敗ほとんど尽き、故に神兵《しんぺい》と号しました。羌人はおそれ、また南行するなかれと種輩《しゅはい》に伝語しました。建和二年に至って羌がまた大いに侵入した際も、実に板楯に頼って連《れん》摧《さい》してこれを破ったのであります。前車騎《しゃき》将軍馮緄《ふうこん》が南のかた武陵を征した時も、丹陽《たんよう》精兵の鋭を受けながら、また板楯に依存してその功を成しました。近くは益州の郡が乱れ、太守李顒《りぎょう》もまた板楯を以て討ってこれを平らげました。忠功かくの如く、もと悪心無きものであります。

しかるに長吏郷亭《きょうてい》の更賦は至重で（郷および亭は県の下の行政単位、更は兵役、賦は租税）、僕役箠楚《ぼくえきすいそ》すること奴虜《どりょ》に過ぎ（僕役はこきつかうこと、箠楚は鞭打ち）、妻を売り子を売り、さらには自殺する者さえある有様です。州郡に陳冤《ちんえん》しても牧守は相手にしてくれません。闕庭《けってい》は遠く、声がとどきません。怨を含んで天を呼び、胸を叩いて窮谷し、賦役に愁苦し、酷刑に困罹《こんり》しておる実情であります。故に邑落《ゆうらく》相聚り、以て叛戻《はんれい》に至るのであります。謀主あって僭号《せんごう》し、以て不軌《ふき》を図っているのではございません。今はただ明能の牧守を選べば、自然に安集するでありましょう。征伐する必要はございません。〉

計吏というのは現地やといの地位のひくい役人だが、そういう人にも、実情をよく知り、ものごとを公正に判断し、かつ朝廷で大胆に意見をのべることのできる人がいたのである。この「お答え」はおそらく帝および廷臣たちを感動せしめたのであろう。だから、ここにたった一か所だけであるが、程包という名が二千年ののちにまでのこったのである。なお『通鑑』もこの程包の言を採っている。

霊帝は程包の言に従い、太守曹謙をつかわして詔を宣して赦免したので、板楯蛮はみなくだった。これが光和五年（一八二）のことである。その後、中平元年（一八四）に米賊《べいぞく》張脩が叛し、同五年、黄巾の乱の勃発とともに板楯蛮がまた叛したとあるを見れば、この段階では、あるいは五斗米道と板楯蛮はまだ関係ができていないのかもしれない。張魯が初平中に漢中に駐するにおよんで米道の信徒になったのであろう。

＊

建安十六年（二一一）、曹操は鍾繇《しょうよう》を張魯討伐にむかわせた。漢中へ行くには関中の地を通らねばならない。その関中を支配している馬超、韓遂、楊秋などが、自分たちが攻撃の目標だと思っていっせいに反曹操に立ちあがり、抵抗したので、この時の出兵はかんじんの張魯にまでとどかなかった。

建安二十年、曹操はみずから張魯を攻めた。張魯は降服した。曹操は魯を鎮南将軍に拝し、閬《ろう》中《ちゅう》侯に封じた。魯の五人のむすこはみな列侯に封ぜられた。

板楯蛮の酋長の朴胡《ふこ》、杜濩《とこ》、任約《じんやく》（『通鑑』による。すなわち『華陽国志』の袁約であろう）はその軍勢を挙げて曹操に帰附した。曹操は巴郡を三つに分け、朴胡を巴東太守、杜濩を巴西太守、任約を巴郡太守に任じ、皆列侯に封じた。板楯蛮が貴族になってしまったのである。

張魯は建安二十一年に死んで鄴《ぎょう》城の東に葬られたと言う（『真誥《しんこう》』巻四）。してみると、降服したあと曹操にくっついて鄴へ行き、住んでいたらしい。

張魯の子孫はその後代々、二千年にわたって道教の教主として全国に君臨した。

十　女たち

丁夫人

呉夫人〈附〉孫夫人

甄皇后〈附〉郭皇后　毛皇后

丁夫人《ていふじん》（?〜?）

曹操には数多くの妻がいた。

と言っても、むかしの高位の人のばあい、「妻」の範囲は甚だ漠然としている。まわりにいる何十人か何百人かの女は、一応全部妻である。

うち、男の子を生んだ人は歴史に名前がのこる。——いや、これがまた説明が要るのであるが、名前がのこると言っても、日本で言えば「みよ子」とか「ゆき子」とかにあたるような、当人自身の名前がのこるわけではない。女は生涯（死後も）、その生れた家の姓、つまりは父親の姓をもって称せられる。当人がみよちゃんだろうがゆきちゃんだろうが、とにかくうまれた家が陳なら、嫁入りさきでも、その他だれからでも、「陳」と呼ばれるのである。であるから、歴史に名前がのこるというのは、その姓がのこるのである。

なおついでに——、中国では女が結婚しても姓がかわらないのは女権が尊重されている証拠だとアホなことを言う人が日本にはある。女が生涯生家の姓をかついでまわらねばならぬのがなんで女権尊重になるのか。見当ちがいを言うのはよしにしてもらいたい。

曹操の妻たちのうち男の子を生んだのは、卞《べん》皇后、劉《りゆう》夫人、環夫人、杜夫人、秦《しん》夫人、尹《いん》夫人、王昭儀《おうしょうぎ》、孫姫、李姫、周姫、劉姫、宋姫、趙姫の十三人である（うまれた男の子は二十五人）。卞とか劉とか環とかがその人の姓である。皇后、夫人、昭儀は妻の官位である。姫《き》というのは官位のない、つまり地位のひくい女である。曹操は地位のひくい女にわりあいよく手を出しているる。なお現在日本では、「夫人」を妻の総称としているが、実はそれはちょっとおかしいのであって、夫人というのは妻のランクのうちの一つであるにすぎないのである。

卞皇后は、もちろん皇后であるが、当人が生きているあいだに皇后の位にあったわけではない。それはそのはずで、夫である曹操は魏の武皇帝であるが、生前皇帝の位にはつかなかったのだから、その妻が皇后でなかったのはあたりまえである。曹操が死んだあと、むすこの曹丕《そうひ》が、四百年つづいた漢という国をおしまいにして魏という国を建て、皇帝の位についた。そして父曹操を武皇帝と追尊《ついそん》し、まだ健在のお母さんの卞氏を皇太后とした。卞氏はせがれの曹丕（文帝《ぶんてい》）より長生きしたので、孫の明帝《めいてい》の時には太皇太后になり、太和四年（二三〇）七十一歳で死んだ。そして死後は皇后と呼ばれるわけである。

曹操は、最後の三年半ほどは魏王であるが、それまではずっと魏公である。公の妻の最高位は夫人であるから、卞氏は実際にはずっと卞夫人であった（建安二十一年に曹操が魏王になったあと、二十四年に王后に昇格している）。

卞氏が曹操と結婚（?）したのは、光和二年（一七九）、曹操二十五歳、卞氏二十歳、曹操が都の役人をやめて郷里の譙《しょう》でぶらぶらしていたころである。このころ曹操に妻が何人いたのかわからないが、丁氏（丁夫人）と劉氏（劉夫人）はもういたにちがいない。なお二十歳というのは、当時としては相当のウバザクラである。卞氏は娼家の女だから、それまでは不特定の男を相手にしていたのだろう。

右に「結婚（?）」と「?」をつけたのは、むかしの中国では、いまの日本で言うところの「めかけ」と「お手伝いさん」との境界が漠然としており、また、めかけといったって妻たちの一人であり、卞氏は曹操に気に入られて、娼婦を廃業して彼に仕えるすくなからぬ女たちの一人として曹家にはいったのであるが、「めかけになった」と言うと非公然のかくし女かなんぞみたいだし、「下婢になった」というと掃除洗濯飯たきにやとわれたみたいだし、結婚というのも変だが、のちに皇后と呼ばれる人だから敬意を表してまあ一応結婚と言っておく、ということである。

それがうまく夫人に昇格したのは、劉夫人が死に、丁夫人が離縁したからである。劉氏は、長男昂《こう》（字《あざな》は子脩《ししゆう》）、次男鑠《しゃく》、それに長女の清河公主《せいかこうしゆ》を生んで早く死んだ。

清河公主は夏侯惇《かこうとん》のむすこの夏侯楙《かこうぼう》と結婚したが、夏侯楙には（当然のことながら）妻妾がたくさんあったので、夫婦仲はいたって悪かった。公主は夫の罪状を暴《あば》いて明帝に提出し、夏侯楙はもうちょっとで死刑になるところであったが、段黙《だんもく》のとりなしで助かった。その次第は「夏侯惇伝」にある。

鑠のことはほとんどわからない。「武文世王公伝」に、早世したと言い同時に子があとをついだと言っているから、十代半ばくらいで死んだものかと思われる。

さて、曹操の長子昂と丁夫人のことである。

丁夫人は子供がなかったので、劉氏が生んだ昂を自分の子として育てた。よほどかわいがっていたらしい。

建安二年、曹操は昂《こう》と丕《ひ》（のちの文帝）をつれて宛《えん》に張繡《ちようしゆう》を攻め、いったん降服したと見せた張繡に不意を襲われて大敗した。丕はこの年十一歳である。昂は二十数歳であったと思われる。丕は馬で逃げ、昂は殺された。

この時のくわしい情況はわからない。曹操の乗馬絶影は顔と足に矢があたり、曹操は昂の馬に乗ってのがれた。情況がわからないと言うのは、昂が自分の命よりも父のほうがだいじだと判断してすすんで自分の馬を父にゆずったのか、それとも自分の馬をやられた曹操がむすこの馬にのって逃げてしまったので、昂は逃げることができなくなって殺されたのか、それはわからぬということである。とにかく、むすこを見殺しにして自分が助かったことが曹操のひけめになったことはたしかである。

たった一人のむすこ（実の子ではないけれども実の子以上にかわいがっていた）を失った丁夫人の悲嘆は深刻であった。曹操の顔を見れば「わたしの子供を殺しておいて気にもとめない」と責め、とめどなく泣く。父子二人に馬一頭、その馬に乗ったほうが命が助かる、という情況下で曹操がむすこの馬に乗ってのがれたことは、丁夫人にもわかっていたのである。

曹操もこれには手を焼いて、実家へ帰らせた。そうすればおとなしくなるかと思ったのである。さすがにそろそろ懲りているだろう、と思ったころ、曹操は丁夫人を迎えにいった。その時丁夫人は機《はた》を織っていたが、「御主人がおいでになりました」と聞いても機からおりない。曹操は近づいて行ってその背をなで、「こっちをお向きよ、さあ、ぼくといっしょに帰ろう」と言ったが、丁夫人は、ふりかえりもせず、返事もしなかった。曹操はやむなく丁夫人から離れ、部屋の入口まで来て、「ねえ、もうかんべんしておくれよ」と言ったが、それでも返事しない。曹操は「じゃ、ほんとにお別れだね」と去った。丁夫人は再婚せず、実家で生を終えた。

丁夫人は曹操の妻であったころ、卞《べん》氏を歯牙にもかけていなかった。それはそうだろう。自分は正妻であり、卞氏は娼妓あがりの下女だったのだから。

ところがこの卞氏がまたなかなかよくできた人で、曹操と丁氏が離縁して自分が正妻になおったのちも、曹操が遠征して不在の時には、丁氏に贈りものをしたり、食事にまねいたりした。その際も、みずから迎えに行き、丁氏を上座につけて自分は下座にすわり、さらにまた家まで送って行った。丁氏は「捨てられた女を、奥様どうしていつもそのように……」と感謝したそうである。

丁氏が死ぬと、卞夫人は曹操に乞うて許《きょ》城の南に葬らせた。曹操は死ぬまぎわに、「自分は生涯をふりかえってやましく思うところはない。ただ一つ、あの世へ行って、子脩《ししゅう》に『私の母はどうしました?』ときかれたら、いったい何と答えようか」と嘆じたという。

曹操は、多くの妻を持ち、多くのむすこを持った男だが、一番愛した子は最初のむすこ昂であり、一番愛した妻は、その昂を育ててくれた丁氏であったのだろう。そのむすこを、自分が助かるために死なせ、その母に責難され離縁されたことは、たしかに生涯一番の痛恨事であったに相違ない（形の上では、もとより曹操が丁氏を離縁したのであるが、事実は丁氏のほうが身勝手な曹操を見離したのである)。

なお、『魏略』がしるす曹操と丁夫人との問答は、西暦二〇〇年前後のころの話しことばをそのままうつした、めずらしく、かつ貴重な資料である。

むすこを死なせて自分だけおめおめ帰ってきた曹操に、丁夫人がくりかえし言うセリフは「将我兒殺之、念都不復念」である。いまなら「把我兒子殺死、念都不懷念」と言うところ。「都」(さえも)ということばが、千八百年前もいまも、まったく同じようにもちいられていたところがいかにもおもしろい(「將」「把」は「……を」)。

機からおりようとしない丁夫人の背をなでながら曹操の言うセリフは「顧我、共載歸乎」。「載歸」は「車に乗って帰る」の意。「乎」は、「そうしようよ」という呼びかけである。

丁夫人がまったく取りあってくれないので部屋の入口までしりぞいて言うことばは「得無尚可邪」。「得無」は当時最もよくもちいられた語で、相手の同意を求める意味。「もうかんべんしてくれてもいいじゃないか」という気分である。「邪」は語気詞、音は「ヤ」。

そして最後が「眞訣矣」。これはせつない。「それじゃもうほんとにお別れなんだね」ということ。「矣」は深い詠嘆である。

むかしの中国の女は、人権もへったくれもあったものじゃない。牛馬なみ、あるいはブタ、ニワトリなみである。

牛馬豚鶏なみというのは、決して誇張ではない。籠城して食糧がたりなくなると、まっさきに食われるのは女である。大将が自分の妻妾を屠殺してスープにして兵士に給するのが美談になるのだから、むかしの史書を読んでいるとヘドが出そうになる。

そういう時代でも、やはり根性のある女はいた。曹操を断じて許さなかった丁夫人はその一人である。史書を読んでこういう人にあたると、痛快の念を禁じ得ないのである。

呉夫人《ごふじん》（?〜二〇二）

《附》孫夫人《そんふじん》（?〜?）

三国時代の呉は東南の僻陬《へきすう》とも言うべきところで、住人の多数は中原と同じ漢人なのだけれど、「呉志」を読んでいると、やっぱりちょっとちがうなあと思うことがある。その一つは、お母さんの占める地位が重いことである。仲のよい友だちになる、ということが、相手のお母さんにあいさつする、という形で表現される。こういうことは中原のほうでは出てこない。

たとえば孫策《そんさく》は、父孫堅《そんけん》が雄図なかばにして倒れたあとをついで東南の経略をはじめるに際して、張昭《ちょうしょう》を招いて長史・撫軍《ぶぐん》中郎将になってもらう——つまり文官武官の長を兼ねてもらうのであるが、その際、張昭の家へ行ってお母さんにあいさつして「比肩の旧の如くして」、すなわち子供のころからの友だちという形をととのえて、しかるのちに「文武の事は一に以て昭に委ぬ」、いっさいを張昭に委任した、と「張昭伝」にある。実際には孫堅と張昭とがおない年で、したがって孫策と張昭とは親子の年のちがいがあり、「比肩の旧」はちょっとおかしいのだが、たしかな信頼関係を築くにはお母さんの仲立ちが必要なのである。

孫策と周瑜《しゅうゆ》はおない年で、これはほんとうに子供のころからの友だちである。周瑜は舒《じょ》という町の生れで、子供のころ孫策が引っ越して来て、周瑜は孫策のお母さんにあいさつして親友になった、と「周瑜伝」にある。

それからこれは孫権が呉王になってからのことだが、丞相《じょうしょう》の顧雍《こよう》がお母さんを呼び寄せた。孫権は顧雍の家へ参上してお母さんにあいさつした、と「顧雍伝」にある。

ただし、孫策が張昭のお母さんにあいさつしたのと周瑜が孫策のお母さんにあいさつしたのとは、「升堂拝母」、上へあがってあいさつ、呉王孫権が顧雍のお母さんにあいさつしたのは「親拝其母於庭」、庭からのあいさつである。どうちがうのか知らないが、素人考えではあがってあいさつのほうがしたしい感じがする。

なおまた、これは「呂蒙伝」《りょもう》にある話だが、周瑜の死後そのあとを引き受けた魯粛《ろしゅく》が陸口の任地へむかう途次、呂蒙の屯地に立ち寄って話をしてみると、呂蒙のやつしばらく会わないうちになかなかの見識家になっている（いわゆる呉下《ごか》の阿蒙《あもう》にあらずというやつだ）。感心した魯粛は蒙のお母さんにあいさつして蒙と友だちの約束をしたとある（これは庭からとも部屋へあがったとも書いてないが）。

急に卑近の話になってははなはだ恐縮であるが、わたしなどの子供のころに徴してもこれは大いに思いあたるところがある。仲のよい友だちというのは、お父さんは会ったことがなくてもお母さんは知っている。学校で顔をあわせるだけの友だちはお母さんを知らない。おたがいお母さんを知りあって仲よしと言える。

お母さんにあいさつしに行くことによって信頼関係を確認する、という呉の習慣は、礼教の規範ではなく、幼時の友だちほどいいものはないという人情の自然にもとづくものとして、わたしなどにはまことによく納得できる。

孫策・孫権兄弟のお母さんが呉夫人である。この人は早くに父母をうしない、弟と二人でくらしていたが、美人で聡明の評判が高かった。若き日の孫堅がそのうわさを聞いて結婚を申しこんだ。そのころの孫堅は、腕と度胸だけが売りものの、まあ一種のゴロツキみたいなものだから、親戚たちはことわった。孫堅は屈辱に怒った。怒ると何をするかわからぬ男である。なにしろ相手が悪い。呉夫人は「娘一人を惜しんで一族がわざわいにあってもつまらない。これも運命でしょう」とすすんで——と言うかあきらめてと言うか——孫堅にとつぎ、四男一女を生んだ。長男が策、次男が権《けん》である。三男の翊《よく》は「驍悍果烈《ぎょうかんかれつ》」で長兄に似ていたが、二十数歳で部下に殺された。四男の匡《きょう》も二十数歳で死んだ。一女については別にのべる。

残念ながら呉夫人の逸話はたった一つしか伝えられていない。——孫策の部下の魏騰《ぎとう》という者が何か孫策の意にさからうことをしたので孫策が殺そうとした。周囲の者が心配したがどうにもできない。困って呉夫人に訴えた。夫人は大井戸のふちに孫策を呼んで言った。

「おまえは江南へ来たばかりでまだ基礎がかたまっていない。能力のある者を大切にし、過失は見のがして功績をほめてやるようにしなくちゃ。魏騰はまじめにやっているのに、もしおまえが今日殺したら、明日はみんながおまえにそむくでしょう。わたしはそんなの見たくないから、この井戸にとびこんでしまおうかしらね。」孫策はびっくりして魏騰を殺すのをやめた。

呉夫人は、次男の権が兄のあとをついで二年後、建安七年（二〇二）に死んだ。四十台なかばくらいであったと思われる。この時孫権はまだ二十一歳の若者である。心残りだったことであろう。死の床に張昭を呼んで「くれぐれもこの子をよろしく」とたのんだ。張昭は孫策の代からの筆頭家老、この時四十七歳である。一番たのもしい後見人であった。張昭がその後数十年にわたって、何かといえば「そもそもそなたの御母上が……」と説教をはじめて孫権を閉口させたことは「張昭」の項でのべた。

＊

孫夫人は孫権の妹で、政略結婚で劉備にとついだ人である。しからば呉夫人が生んだ「一女」はこの人かというに、それがはっきりしない。孫堅の妻は呉夫人一人ではないからである。「諸葛瑾伝」に「孫権の姉婿曲阿《きよくあ》の弘咨《こうし》が……」というところがある。「潘濬《はんしゆん》伝」に引く『呉書』に「権は姉陳氏の女を……」というところがある。孫権の姉や妹はこれ以外にもあったかもしれない。そのどれが呉夫人の生んだむすめかというところまで、歴史は記録してくれてないのである。しかし、孫夫人の気性は兄たちに似ていた、と「法正伝」にあるから、孫夫人は孫権の同母妹、つまり呉夫人の生んだ子であろうとわたしは思っている。

なお小説『三国志演義』では、孫夫人は呉夫人の妹が生んだ子となっているが、根拠はない。また、名は仁、としているが、仁は孫権の庶弟朗《ろう》の別の名である。

建安十三年（二〇八）の赤壁の戦いに勝って以後、荊《けい》州での劉備の勢力が強くなったので、孫権はややおそれて、妹を劉備にとつがせて同盟の強化をはかった。前後の関係より見て建安十四年のことと考えられる。劉備は四十九歳。劉備の家族関係は記録が全然不備で、これが何人目の妻なのかわからない。どっちにせよ同時に何人もいたにはちがいない。孫夫人の年はわからないが、この年孫権が二十八歳だからそれよりは下である。しあわせな結婚などとはほど遠いものであったことはたしかだろう。

「法正伝」に、「孫夫人は、頭がよくて剛猛なところは兄たちに似ていた。侍婢《じひ》百余人がみなそれぞれ刀を持って侍立しており、先主《せんしゅ》（劉備）はその部屋にはいる時はいつもビクビクしていた」とある。兄の覇業のためにとついでは来たものの、もとより不本意きわまることであるから、劉備を身辺に寄せつけなかったものと見える。もっとも当時の女はみな当人の意向など関係なしにとついだもので、それでけっこうおちついたのだが、この人のばあいこういう態度に出たというところが、無論兄のうしろだてあってのこととは言え、やはり呉の女だと思うのである。

同じく「法正伝」に見える諸葛亮のことばに、「主公（劉備）の公安《こうあん》（荊州）に在るや、北には曹公の彊《きょう》を畏《おそ》れ、東には孫権の逼《ひつ》を憚《はばか》り、近くは則ち孫夫人の、変を肘腋《ちゅうえき》の下に生ぜんことを懼《おそ》る」とある。荊州における劉備の勢力ないし生命をおびやかすものが三つある。北の曹操、東の孫権、そして腋《わき》の下にいる孫夫人だ、というのである。むつみあうどころか、いつ喉笛を掻き切られるかわからなかったのだ。ビクビクしていたのも無理はない。

「先主が益州を定めたあと、孫夫人は呉にかえった」と「先主穆后《ぼくこう》伝」にある。建安二十年ころであろう。この時孫夫人が劉禅《りゅうぜん》をつれ去ろうとし、趙雲や張飛が奪い返した、と『漢晋春秋』および『趙雲別伝』にあり、『演義』がこれにもとづいて話を作っているが、到底信用できない。劉禅はもちろん孫夫人の生んだ子ではないし、いっしょにいるはずもない。孫夫人が劉備にとついだと言っても、劉禅の継母になったわけではないのである。

呉に帰ったあとの孫夫人については記録がない。と言っても特別なことではなく、女子に関する記録は全然ないのである。

甄皇后《しんこうごう》（一八二～二二一）

《附》郭《かく》皇后（一八四～二三五）

毛《もう》皇后（?～二三七）

甄皇后は、魏の文帝《ぶんてい》（曹丕《そうひ》）の妻であり、明帝《めいてい》（曹叡《そうえい》）の母である。歴史上著名なる美人の一人である。まあ、神さまのようにきれいだった、ということになっている。甄皇后、といっても、皇后の位を贈られたのは死後のことなので、以下甄氏ないし甄夫人と言っておく。

魏の時代の帝や王の妻は、魏王（曹操）の時期、文帝の時期、明帝の時期で変遷はあるが、だいたい十いくつほどの位（名称、ランク）がある。一番上が后《こう》、これはいつの時代でも同じである。王の后が王后、皇帝の后が皇后である。后の下が貴嬪《きひん》、その下が夫人《ふじん》、以下ずっとあるが略す。とにかく、后、貴嬪、夫人の順であり、この三つは特別位が高いのだとおぼえておいてください。

ついでにもう一つ。通常女は、かりにその人に固有の名前があったとしてもそれはおもてには出さず（したがって歴史の記録にものせず）、父親の姓に「氏」をつけて呼ばれる。逆に言えば、個人について「某氏」と言えばそれはかならず女である。かつ、同姓不婚であるからかならず夫の姓とはことなる。

さてこの甄夫人は、謎と伝説の多い人である。

この人はもともと袁紹《えんしょう》の次男袁熙の妻だった。袁熙は父の命で幽州《ゆう》に在り、甄氏は袁紹の妻劉氏とともに冀州《き》（鄴《ぎょう》）にいた。建安九年（二〇四）八月曹操が鄴をおとした時に、曹丕がこの絶世の美女を手に入れたのである。

すでにこの時のいきさつからしていろいろ伝説がある。たとえば——曹丕が屋敷にはいってゆくと、奥の部屋に劉氏と甄氏がいた。甄氏はおそろしさに劉氏のひざに顔をうずめ、劉氏がやさしくその背中をたたいていた。曹丕が「劉夫人、これは何事ですか。そのお嫁さんの顔を挙げさせなさい」と命じたので、劉氏が甄氏をかかえあげた。見るとすごい美人なので、父にたのんで妻にした（『魏略』）。

あるいは——曹操は鄴をおとすとすぐ、部下に甄氏をつれてこいと命じた。部下が「もう御子息がお取りになりました」と言った。曹操は「畜生！　鄴を攻めたのはあの女が目的だったのに」とくやしがった（『世説新語』）。

あるいは——曹植《そうち》も甄氏がほしくて兄と取りあいになった。曹操が兄にあたえたので曹植は生涯甄氏をしたいつづけた。曹植の後年の作「洛神賦《らくしんふ》」は甄氏への思慕の情を歌ったものである（『文選《もんぜん》』「洛神賦」注）。等々。

最初の『魏略』の話はともかく、あとの二つはヨタ話である。

なおこの時、甄氏は二十三歳、曹丕は十八歳である。曹植はまだ十三歳。

以後曹丕は甄夫人を非常にかわいがった。甄夫人は一男一女を生んだ。その一男がのちの明帝である。娘は東郷公主という。――なおかわいがったといっても、ほかに妃嬪《ひひん》がいなかったということではもちろんない。名前がわかるのは皇后になったのと男の子を生んだのだけだが、それだけでも十人ほどいる。女の子を生んだのや生まなかったのをあわせたらもっとずっと多い。

そんなにかわいがっていた甄夫人だが、十七年後、黄初二年（二二一）に殺した。なぜ殺したのか。それこそ宮廷の奥深くのプライバシーだからよくわからない。陳寿は「甄后伝」に「黄初元年十月、帝は践祚《せんそ》した。践祚の後、山陽公（もと献帝）がむすめ二人を奉じて魏に嬪し、郭后、李貴人、陰貴人も並びに愛幸せられたので、后は愈々失意し、怨言が有った。帝は大いに怒り、二年六月、使を遣して死を賜った」と言う。この年甄夫人はすでに四十歳であるから、文帝の愛が他に移り、そのことについて恨みごとを言ったので殺した、というのである。また「郭后伝」では「践祚に及び、貴嬪になった。甄后の死は后の寵に由《よ》る」と言っている。上に甄氏がいたのでは郭氏は后になれない。だから文帝にたのんで殺してもらった（もしくは、郭氏を后にしてやるために文帝が甄氏を殺した）というのである。

もっと謎なのは、明帝の父はだれか、という問題である。この問題は明帝の年齢の疑問から発している。

明帝の崩については「明帝紀」に「景初三年春正月丁亥、帝は嘉福殿で崩じた。時に年三十六」とはっきり書いてある（丁亥は一日）。たしかな記録にもとづいたものだろう。こういう記事にまちがいが生ずることはちょっと考えられない。景初三年は西暦二三九年である。したがって、単純に計算して明帝の生年は建安九年（二〇四）ということになる。しかし上にも述べたように曹操が鄴がおとしたのが建安九年八月だから、曹丕が甄氏を納れたのはそれより早くはない。身ごもってから出産までにはおおむね十か月くらいかかるから、その年のうちに子供がうまれるはずがないのである。

甄氏の夫の袁熙は官渡《かんと》の戦い（建安五年）の前から幽州へ行っている。袁紹が死んだ時（建安七年）に鄴へ帰って来てつぎの年までいて甄氏を身ごもらせたとしたら、甄氏は赤ん坊をだいていたか大きなおなかをしていたことになるが、十八歳の曹丕がいくら美人でもコブつきを女房にするとは思えぬし、第一明帝はまちがいなく文帝の子ということになっているのだ。

このことを最初に問題にしたのは裴松之で、『三国志』注に「魏武は建安九年八月に鄴を定め、文帝ははじめて甄后を納れた。明帝は十年にうまれたはずである。この年（景初三年）の正月まで計算すると三十四年にしかならない。この時正朔を改めて前年の十二月をこの年の正月にしているので、強いて三十五年というのは可能だが、三十六にはならない」と書いている。景初三年正月に死んだと言っても、途中で一か月とばして正月に死んだと言っているのだから実質は十二月に死んでいる。だから三十四年、ということである。景初元年（二三七）に尚書郎楊偉《ようい》の景初暦を採用して一か月とばしたことは『晋書』「律暦志《りつれきし》」に見えている。わが国でも明治五年に太陽暦を採用してこの年の十二月は二日しかないということがあった。暦をあらためた時にはしばしばそういうことがおこる。

むかしの中国ではしょっちゅう年号をかえるから西暦みたいに一瞬には年数が出てこないけれ

ども、歴史を書く人はそれが商売だから、陳寿にこんな簡単な計算がわからなかったはずはない。

そこで盧弼は、「ここが陳寿のうまいところで、明帝がだれの子か、言わずしてあきらかであるように書いてあるのだ」と言う。盧弼はさらに、「明帝紀」に引く『魏末伝』の話――文帝が明帝をつれて狩りに行き、母子の鹿を見つけた。文帝は母鹿を射殺して、明帝に子鹿を射よと命じた。明帝は従わず、「陛下はすでにその母を殺しました。臣はまたその子を殺すにしのびません」と言って泣いた、という話――はまことに意味深長であると言い、「袁家の子が曹家をついだことがバレるといけないので、子はとどめ、母は殺して口をふさいだのだ」と言っているが、これもばかばかしい言いぐさだ。

甄夫人が殺された時、明帝はすでに十八歳である。「おまえはほんとはお父さんの子じゃないのよ」と言われたくないのなら、もっと早く殺さなきゃいけない。それにもともと甄氏が赤ちゃんをだいていたか大きなおなかをしていたのなら、当人を殺してもいくらでも知っている人はあるはずだ。それより何より、袁家の子に曹家をつがすのがイヤなら、当の袁家の子を殺すのがスジだろう。

文帝は黄初七年（二二六）五月に四十歳で死んだが、その直前、いよいよ重態におちいってから明帝を皇太子に立てた。実際には枕元にあつまった、曹真、陳羣《ちんぐん》、曹休、司馬懿《しばい》ら重臣が合議してきめたことだろう。この人たちだって、ほかに男の子もいるのに、よりによって素性のあやしいのをつぎの天子に立てたりはするまい（文帝は男の子が明帝をふくめて九人あり、この時までに六人死んで三人のこっていた）。そうすると甄氏という女は、身ごもって三か月くらいで赤ん坊をひり出した超能力者か。まさかね。つまりこれはどうにもこうにも説明のつかない謎なのである。

なおついでに――

「明帝紀」の太和五年（二三一）の条に「秋七月乙酉、皇子殷《いん》がうまれた。大赦した」とある。ところが「三少帝紀」には「明帝には子がなかったので斉王芳《ほう》と秦王詢《じゅん》を養った」とあり、陳寿はつづけて、「宮省《きゅうしょう》の事は秘で、その由来するところを知る者がない」と嘆いている。「子がなかった（無子）」とは、はじめから男の子が一人もうまれなかったという書きようである。いったい大赦までして祝った皇子はどこへ消えてしまったのか。斉王は明帝のあとをついで魏の第三代の皇帝になった人だのに、その由来するところを知る者がない――つまり父も母もわからない。まことに、宮省の事は秘、なのである。

もう一つついでに――

「子」とは男の子のこと、女の子は「女」である。明帝に女の子はあった。中国の書物に「子がなかった」とあるのを日本語と同じ意味に解している学者先生がいたので、念の為。

＊

郭《かく》皇后は、甄氏が殺されたあと、文帝の皇后になった人である。この人は、中平元年（一八四）のうまれ、文帝より三つ年上だった。文帝は姉さん女房が好きだったのかもしれない。

「郭后伝」に「太祖が魏公だったころに東宮に入れた」とある。曹操が魏公だったのは建安十八年（二一三）五月から二十一年（二一六）五月までである。かりに十九年とすると、実に三十一歳の大年増だったことになる。

ただし東宮に入ったといっても、妃嬪としてはいったのではないようだ。いわゆるお手つきというやつだろう。のちに皇后になる時に、棧潜《さんせん》という臣が上疏して、古典の例をいっぱい引いて、「古の人もみな妾を正妻になおしてはいけないと言いのこしている。賤人を暴《にわか》に貴ならしめるのは下剋上の風潮を招くもとであり、絶対に許されない」と極力反対している。

頭がよかった。伝に「智数有り」とある。権謀術数の方面によく頭がはたらく感じである。「頭がよくて、しばしば献納するところがあった（つまり文帝に入智慧した）。文帝があとつぎにさだまるについては、后のはかりごとがあった」とある。曹操が死んで曹丕が魏王になると夫人になり、皇位につくと貴嬪《きひん》に昇格し、甄氏を殺した翌年ついに念願の皇后になった。この人が子供のころ、父親が「これは女の中の王だ」と言ったので、以後「女王」というアダ名がついたそうだが、まあたしかに女傑である。

ただ、千慮の一失というかなんというか、人力ではいかんともしがたい一大遺憾があった。男の子がうまれなかった。しかも、あろうことかあるまいことか、殺した女のせがれが天子になった。それでも明帝が皇位についてから九年間、皇太后として生きていたんだからなかなかしぶとい。

郭后は、青龍三年（二三五）五十二歳で死んだ。「魏志」は「青龍三年春、后は許昌で崩じた」と簡潔にしるすのみ（文帝が魏王朝を立てたあと、許は許昌と名をあらためた）。これは陳寿の立場と態度からすれば当然である。変な書きかたをしたら天子の母殺しをあらわすことになる。『魏略』は、「明帝は皇位をついでからも甄后の薨《こう》を追痛していた。故に太后は憂を以て暴に崩じた」と奥歯に物がはさまったような書きかたをしている。『漢晋春秋』ははっきり「逼《せま》ってこれを殺した」と書いてある。

明帝の父親が袁熙であるにせよ、あるいは曹丕であるにせよ、母が甄氏であることは絶対たしかな事実である。その明帝にとって郭后は、義理の母であると同時に、自分のお母さんを殺した憎いカタキでもある。そのカタキを明帝は、皇位についてから九年目にやっと殺したのである。郭后の政治力が相当なものであったことがこのことからもうかがわれる。

＊

毛皇后は明帝の最初の皇后である。年はわからない。明帝即位の年に貴嬪になり、翌年皇后になった。

ごく身分のひくい家の娘らしい。「毛后伝」に、父の嘉《か》はもと「典虞車工《てんぐしゃこう》」だった、とある。下級の吏だろうと思うが、わからない。多分だれもわからないんだろう。このあたりちょっと引くと、「嘉本典虞車工卒暴富貴……」とつづいてゆく。「典虞車工」で切れて、「それが急に富貴になって……」ということだろうと思うが、胡三省は「車」をとばして「卒」を上へくっつけて、「后は典虞工卒毛嘉の女である」と注している。胡三省にわからないんじゃだれにもわかるまいと思う次第。

その父親は、むすめが皇后になったものだから、急に職は光禄《こうろく》大夫、爵位は博平郷侯というどえらいものになった。明帝が朝臣たちに令してその邸に会して飲宴させると、その容止挙動が非常におろかしげで、そのうえしゃべり出すとかならず自分のことを「侯身」と言うので時の人の笑い話になったという。「侯身」は「侯爵であるこのわたくし」というほどのことだろう。

そのうち明帝は次位の郭夫人のほうを愛するようになった。景初元年（二三七）、明帝は宮廷の後園に女官たち（つまり妻たち）をあつめて音楽つき宴会をもよおした。郭夫人が「皇后もお呼びしたら」と言ったが、明帝は「必要ない」と言った。そして周囲の者（女官と宦官だろう）に「皇后に言うなよ」と言った。ところがすぐバレて、翌日皇后が帝に「きのうの遊びは楽しうございました?」と言った。だれかがしゃべったにちがいないのだが、だれがしゃべったのかわからない。それで明帝は、その時周囲にいた十数人を全部殺した。皇后も殺した。

まあ明帝という人も、父とその愛人に母を殺されて、よほど神経がささくれていたのかもしれないが、それにしてもひどいものである。

上にも述べたように明帝はこの翌々年に三十六歳で死に、親もわからぬわずか八歳の男の子が皇帝の位につく。実質的にはこのころから魏はもうおしまいである。

十一　四大スター

曹操
孫権
劉備
諸葛亮

曹操（一五五〜二二〇）

子供のころからの友だちがたずねて来て、あらたまった顔つきで「聞けばおまえは中国のことを何でもよく知っているそうな。実はおれは一つ長年疑問に思っていることがあるのだが教えてくれぬか」と言う。

「いやまあ、何でも知っているわけではないが……。いったいどういうことだ」

「それはだな、諸葛孔明や劉備玄徳は名前がちゃんと姓名四字そろっているのに、曹操はなぜ半分しかないのか、ということなんだ」

これは奇抜だ。かつ難問である。まれに見る好質問と言ってよろしい。

しかるにわたしが「そもそも……」と情理をつくした説明を開始すると、彼は、「いや、前おきはいい。結論だけ言ってくれ」「手っとりばやく言えばどうなんだ」「もっと簡単に言えんのか」とせっついてやまない。わたしは閉口して、とうとう「もし劉備玄徳というような呼びかたが許されるとして、曹操を同様に呼ぶとすれば、曹操孟徳ということになる」と言ってしまった。

この「結論」は友人をいたく満足させた。

「そうか。曹操にもちゃんとソーソーモートクという四字の名前があったのか。いやそれさえわかればいいんだ」と彼は意気揚々と引きあげて行った。

*

ちっともよくないのである。曹操孟徳なんて言いかたはない。どこで聞いてきたのか知らないが、劉備玄徳なんて言いかたもない。読者諸賢はわが友人ほどせっかちではないであろうと信じて、いささか御説明申しあげよう。

名前（ないし呼称）のことは、むずかしいのみならずだいじなことである。中国人はむかしから人をどう呼ぶかによって、その人に対する評価をあらわすからである。そういうことはわが国にもある。「羽田総理が……」「羽田首相が……」と言えばふつうだが、「羽田が……」と言ったらおだやかでない。中国ではそれがもっと複雑なのである。

中国人はだれでも姓がある。曹操の姓は曹、劉備の姓は劉、諸葛亮の姓は諸葛である。姓はたいてい一字なのだが、二字の姓もある。これを「複姓《ふくせい》」と言う。司馬や欧陽《おうよう》という姓の人は多い。『三国志』の主要登場人物では、諸葛のほかに、夏侯、公孫などが複姓である。

曹操の操、劉備の備、諸葛亮の亮が名である。『三国志』の登場人物の名はすべて一字である（これは時代の好尚のようなものだ。のちの世には二字名の人はいくらでもある。現代ではむしろ二字名のほうが断然多い）。

名は重大なものであり、だいじにとっておくべきものだから、通常は使用しない。通常に使用する名前が字である。曹操の字は孟徳、劉備の字は玄徳、諸葛亮の字は孔明である（この中国人の「字」を、日本ではふつう「あざな」とよんでいる。ほんとうは、中国の「字」と日本人の「あざな」とはことなること、本居宣長が論じているとおりなのであるが——。この本でも、はなはだ不本意ながらときどき「字」とふりかなをつけてある)。

名と字とは何か関係がある。しかしその関係はなかなかむずかしくて、容易にわからぬことが多い。

曹操のばあいは比較的わかりやすい。『荀子《じゅんし》』の勧学篇《かんがく》に「生《い》くるも是《これ》に由《よ》り、死するも是に由る。夫是《それ》を之れ徳操《とくそう》と謂《い》ふ」とある。この「徳操」を名と字にわけ、字のほうは長男を意味する「孟《もう》」を冠して「孟徳」としたのである。

劉備はわからない。

諸葛亮はいたってわかりやすい。『説文《せつもん》』に「亮は明なり」とある。亮も明も「あかるい」ということである。字はそれに「孔」(大いに)をつけた。名は「あかるい」、字は「大いにあかるい」である。

名と字をくっつけることはない。つまり、「操孟徳」「備玄徳」「亮孔明」などと言うことは絶対にない(上に姓をくっつけても同じこと)。したがって、劉備のことを「劉備玄徳」と言う人があったとしたら、それは無知無学の人と断定してよい。

姓と字をくっつけることはごくふつうである。曹孟徳、劉玄徳、諸葛孔明、という呼びかたである。ただし、ある人は姓名、ある人は姓字にして、曹操、劉備、諸葛孔明、とならべたら、これはちょっとおかしい。

わかいころ、あるいはしたしいあいだがらでは、字で呼びあう。曹操が年少であったころの友だちは、曹操に対して「孟徳」と呼んだ。同様に、諸葛亮の友だちは彼のことを「孔明」と呼んだ、というわけだ。

やがて官職がつけば官職で呼ぶ。封建されれば封号《ほうごう》で呼ぶ。さらに、死んで諡号《しごう》が贈られれば諡号で呼ぶ、ということになる（諡号というのは当人が死んだあとでつく名前。わが国の近時でいえば「昭和天皇」というのがそれである）。

もし曹操が高官になってからも彼のことを「孟徳」と呼んでいる人があったとすれば、それはかならず子供のころのガキなかまか、少年時代の勉強なかまである。そうでもないのに「孟徳」と呼んだら、それはたいへん失礼である。

もし曹操にむかって「操」と名を呼ぶ者があるとすれば、それはかならず、負けてつかまってこれから殺される敵将である。つまり百パーセント殺されるとわかってののしる時のみである。

*

「蜀志」の「馬超《ばちよう》伝」に引く『山陽公載記』にこういう話がある。馬超が劉備に帰した時、劉備は馬超を手あつく待遇したので、馬超はつい気やすくなって、劉備と話す時はいつも「玄徳」と字で呼んだ。関羽が怒って馬超を殺そうとしたが、劉備になだめられて思いとどまった。劉備は馬超に威厳を見せつけて、以後字で呼ばないようにさせた、――というのである。

裴松之が、この話は信用できない、馬超が劉備を字で呼ぶなどという傲慢なことをするはずがあろうか、と言っている。つまり、馬超の傲慢を示すためにこんな話が作られ、いくら傲慢でもまさかそんな失礼なことのあろうはずがない、と裴松之が否定しているのであって、すでに相当の地位にある人を字で呼ぶというのはそれくらい失礼なことなのである。

＊

曹操は、丞相《じょうしょう》と呼ばれ、魏公（実際には単に「公」）と呼ばれ、魏王（実際には単に「王」）と呼ばれるにいたったところで死んだ。

死後は廟号《びょうごう》が太祖《たいそ》、諡号《しごう》が武《ぶ》皇帝だから、「太祖」と呼んでも「武帝」と呼んでもよい。『三国志』はだいたい「太祖」と呼んでいる。「武帝」のばあいは、他の朝代にも武帝はたくさんいるから、朝名をつけて「魏武帝《ぎぶ》」、あるいは略して「魏武」と呼ぶ。この魏武帝もしくは魏武が、後世が曹操を呼ぶ際の最も常識的な呼びかたである。

劉備は一時豫《よ》州刺史を領したことがあるので「豫州」と呼ばれた時期が長かったようだ。漢《かん》中《ちゅう》王になってからは「王」、帝位についてからはもちろん「帝」もしくは「上」である。

死後は、劉備の諡号は昭烈《しょうれつ》皇帝だから、昭烈帝、もしくは昭烈と呼ぶべきだが、実際にはあまりそう呼ばれないのは、客観的に見て、中国の王朝は、漢、魏、晋と移っていて、蜀漢と孫呉とはその外側で勝手に国を建て帝を称したものと言うべきだからである。孫権の諡号は大皇帝だが、大帝（ないし呉大帝）と呼ばれないのも同様である。

それにしても、皇帝の位にあり、皇帝として死に、その後も何十年か後継がつづいたのに、後世「劉備」「孫権」と呼び捨てにされるのはめずらしいことである。陳寿はそれをおもんぱかって「先主《せんしゅ》」という呼称をひねり出したのであるから、劉備に同情的な人は「蜀漢先主」と呼べばよい。皇帝として遇したい人は「昭烈帝」と呼ぶべきである。内藤湖南《ないとうこなん》はそう呼んでいる。

諸葛亮は「丞相《じようしよう》」である。生前はもとより死んでからもしばしば丞相と呼ばれる。歴史上丞相の地位にあった人は多いのだが（曹操だって丞相だ）、単に「丞相」と言えばだれでも諸葛亮を思いうかべる。正式には、死んだ時に「忠武侯」の封号を贈られたから武侯《ぶこう》と呼ぶのがほんとうである。諸葛亮をまつった廟は武侯祠《ぶこうし》という。

要するにむかしの中国の人は、官職、地位、身分、封号など、その人の属性によって人を呼ぶのであり、名をめったにもちいないのはもとより、字もしたしいあいだでしか使わないのである。

＊

中国の歴史上には、スーパー級の英雄が何人かいる。すべて天下を取った男たちである。英雄の事業として、天下を取るよりはなばなしいことはない。したがって、天下を取った人でなければスーパー級の英雄とは言えないのである。

それは――

秦始皇《しんしこう》。

漢高祖。

魏武帝。

なる。

唐太宗。

明《みん》太祖。

毛沢東。

天下を取った人はほかにもあるが、スーパークラスとなると、まず右のようなところであろう。このうちナンバーワンは、となるとやはり秦始皇である。ついで漢高祖、毛沢東ということになる。

なぜか。

秦始皇が出てくる前の中国というのは、いまのヨーロッパのようなものである。ドイツ、フランス、イタリア、スペイン……というような多くの国がならび立っている。それを全部うちたいらげ、統一して大ヨーロッパ帝国を作った――ようなことをしたのが秦始皇なのだ。ナンバーワンたるゆえんである。

中華帝国の絶対に取り替えることのできない属性は、中央集権、および皇帝専制である。

秦始皇がうちたてた大中華帝国は、始皇の死後、もとのモクアミになりかけた。各国分立の状態にもどりかけた。それは、何百年ものあいだそういう情況がつづいてきたのだから、始皇という偉大な帝王がいなくなればまたもとのとおりにもどろうとする力がはたらくのはむしろ当然である。

その、バラバラになりかけた大中華帝国をガッチリ建てなおして、二千年の基礎を作ったのが漢高祖である。これもたいしたものだ。

魏武帝や唐太宗や明太祖は、その二千年つづいた大中華帝国の途中の段階で天下を取った人たちだから、中華帝国の形態に変更を加えたわけではない。

大中華帝国は二十世紀はじめの辛亥《しんがい》革命で崩れて、中国は西洋式の近代国家に生れかわろうとした。そこへあらわれたのが毛沢東で、いったん崩潰した皇帝専制の伝統的中華帝国を復活した。中華帝国中興の雄である。

上に列挙した英雄たちを見てすぐ気づくのは、いずれも大殺戮者だということである。毛沢東が言ったように、天下を取るというのは花を飾ったりパーティを開いたりというようなお上品なことではなく、大暴動なのである。何万何十万の人間を平気で殺せなければ天下は取れない。魏武帝曹操は、他の錚々たる顔ぶれに対してやや小粒でおとなしく、見劣りする感を持つ人もあるかもしれないが、そんなことはない。曹操も大殺戮者であることにおいて、なかなか人後に落ちるものでなかったことをまず示しておこう。

＊

曹操はその生涯においていくたびも戦争をしたが、最もすさまじいのは初平四年（一九三）、曹操三十九歳、兗《えん》州牧であった時、徐州牧の陶謙《とうけん》を攻めた戦いである。

これがすさまじいことになったにはわけがある。曹操の父曹嵩《そうすう》はかねてより郷里の譙《しょう》に引退していたが、董卓《とうたく》の乱以後、末子の徳《とく》とともに琅琊《ろうや》に難を避けていた。この父と弟が、この年、陶謙の部下に殺されたのである。

殺された情況は史料によってまちまちである。家にいるところを殺されたとするものもある。曹操が応劭《おうしょう》に命じて父を迎えにやり、曹嵩が家財を積んだ車百余両とともに移動中に殺されたとするものもある。また、陶謙が部下に命じて殺害させたとするものもあり、逆に、陶謙は護衛の部隊をつかわしたのに、その部隊長が欲に目がくらんで殺したとするものもある。

だから真相はわからないが、とにかく陶謙の部下に殺されたことはたしかなので、曹操は陶謙を父の仇とうらみ、攻めたのである。

そこのところを、「魏志」の「武帝紀」、「陶謙伝」、「荀彧伝《じゅんいく》」と裴松之の注に引く諸書、および『後漢書』の「陶謙伝」、「応劭伝《おうしょう》」などの記事を簡潔にとりまとめた『資治通鑑』初平四年の条はこう記している。

曹操は兵をひきいて陶謙を撃ち、十余城を抜いた。彭《ほう》城に至って大いに戦い、謙は敗れ、逃げて郯《たん》にたてこもった。

これより前、長安・洛陽が董卓の乱にあった際、人民は東に流移し、その多くが徐州の領域内にいた。曹操が至るや、男女数十万を泗水《しすい》で坑殺《こうさつ》し、ために川の流れがとまった。

曹操は郯を攻めたが落ちなかったので引きあげた。取慮《しゅりょ》・睢陵《しょりょう》・夏丘《かきゅう》を攻め、皆殺しにした。鶏や犬さえいなくなり、町も村も人の姿は絶えた。

すなわち曹操は、父を殺された腹いせに、徐州領内の町や村をかたっぱしから攻撃し、すべての人間、いやそれどころかすべての生きものを皆殺しにしたのである。軍事的には何の意味もない殺戮である。殺された男女の多くは、たまたまこのあたりへ逃げてきていた難民たちであった。

「坑殺」というのは、せまい川の両ががわが切り立ったがけになっているところで、がけの上から人をつきおとして殺すことらしい。何万もの人をつきおとすと、それがつみかさなって、川の流れをとめてしまうのである。

＊

曹操は父を殺された怒りに逆上して徐州領内の人民を大量に殺した、という因果を否定する史料もある。

曹操が徐州の民を殺したのは初平四年（一九三）であったことを思い出してほしい。この翌年が興平元年（一九四）で、曹操はまた陶謙を攻めたが勝てないでいるうちに、根拠地の兗《えん》州で陳《ちん》宮《きゅう》と張邈《ちょうばく》がそむき、呂布を引き入れて留守居の荀彧らを攻めたので、曹操はあわてて引き返すことになる。

『後漢書』「応劭伝」にこうある。

中平六年（一八九）、太山の太守になった。（中略）興平元年、前太尉曹嵩と子の徳が琅琊《ろうや》から太山に入った。劭は兵を迎えにやった。ところが迎えの兵がつく前に、徐州の牧陶謙はかねてより嵩の子操にしばしば攻撃されて恨んでいたので、軽騎をやって嵩と徳を追わせ、郡界で両人を殺した。劭は操の誅を畏れ、郡を棄てて冀《き》州牧の袁紹のもとに奔った。

これによれば、曹嵩が殺されたのは興平元年である。曹操の徐州殺戮《さつりく》はその前年である。つまり陶謙は前年の恨みを晴らすために曹操の父を殺したという因果になる。

しかし、同じ『後漢書』でも「陶謙伝」では順序がちがうのである。こうある。

初め、曹操の父嵩が難を琅琊に避けた。時に謙の別将が陰平を守っていたが、士卒が嵩の財宝に目をつけて、襲って殺した。初平四年、曹操は謙を撃ち、彭城の傅陽《ふよう》を破った。謙は退いて郯《たん》にたてこもり、操はこれを攻めたがおとせなかったので引きあげた。道すがら取慮・睢陵・夏丘を抜き、皆屠《ほふ》った。全部で男女数十万人を殺し、鶏犬もあますなく、泗水《しすい》はために流れがとまった。以後五県の町や村は歩く人の姿を見なくなった。初め三輔《さんぽ》が李傕《りかく》の乱に遭《あ》い、百姓の流移して謙に依っていた者はすべて尽きた。

ここでは、曹嵩が殺されたのが因であり、曹操の徐州殺戮が果である。『後漢書』は范曄《はんよう》が一人で書いたものだが、それでもこういう齟齬が生じることもあるのである。

「魏志・武帝紀」興平元年夏の条に「過ぐる所残戮《ざんりく》する所多し」(通過の道筋残虐行為がしばしばおこなわれた）とあるから「応劭伝」のほうを信ずべきだと言う人もある（たとえば張可礼『三曹年譜』)。しかし、無関係の人間から鶏犬にいたるまで殺しつくしたというむちゃくちゃな行為は、その前提としてよほどの恨みを予想させるから、やはり多くの史料が言うごとく父を殺されたほうが先だとするべきであろう。

＊

毛沢東は、一九三六年、延安《えんあん》で天下をうかがっていたころ、「沁園春《しんえんしゅん》・雪」という詞を作ってそのなかでこう歌った。

「惜しいことに、秦皇・漢武はやや文采《ぶんさい》が足りない。唐宗・宋祖はいささか風騒《ふうそう》におとる。一代の天驕《てんきよう》ジンギスカンは弓を引いて大鳥を射ることを知るのみ。みなすでに去った。風流の人物を数えるなら、やはり今朝《こんちよう》を見てほしい。」

「文采」と「風騒」は同じことで、文学的資質・能力のことである。秦始皇・漢武帝・唐太宗・宋太祖、みなすぐれた帝王にはちがいないが、その点で遺憾がある。ジンギスカンにいたってはただの野蛮人である。文学芸術の才をそなえた奥行きある帝王となれば、それは今朝の人、このわたしを見てほしい。

毛沢東は詞が上手だったが、生涯第一の作はこの「沁園春」である。帝王の豪爽な気概が全篇にみなぎり、ちょっと類のない傑作である。

そしてまことに毛沢東の言うとおりなのであって、何といっても中国は文の国であるから、文学の才のない人間は、いくら強くても天下を取っても、底の浅い感をまぬがれないのである。

毛沢東が右の詞で何故魏武の名をあげなかったのかというと、古今の英雄中ただ一人曹操のみは、その文采風騒においてみずからに匹敵する、あるいは上をゆく帝王だからである。この人だけは絶対に「文采が物足りない」などとは言えないのである。

毛沢東は曹操を尊重していた。あとで曹操の「歩出夏門行《ほしゆつかもんこう》」を御紹介するが、毛沢東は一九五四年北戴河《ほくたいが》へ行った際に作った「浪淘沙《ろうとうさ》」で、「往事千年を越ゆ。魏武鞭を揮《ふる》ひ、東臨碣石《とうりんけつせき》遺篇有り」とこの傑作を思いおこしている。

まことに曹操は、中国文学史上最重要人物の一人であって、この人の名の出てこない文学史の書はない。

毛沢東も無論ゆたかな文学的才能を持った人だが、どうもこの人は唯我独尊のきらいがある。自分以外の者には自由に詩や文を作らせなかった。自由な創作を許してほしい、と言うやつがあると投獄した。

その点曹操は、文学の方面ではたいへんものわかりがよかった。自分のむすこたちにも文学をやらせ、また身のまわりに才能ある詩人文人たちをあつめて、ともに創作し、批評しあった。文学創作の場においては、だれも平等であった。そういう雰囲気のなかで、曹操父子も、その周辺につどった詩人文人たちも腕をあげ、文学史上「建安文学《けんあん》」と呼ばれる新しい潮流を開いたのである。

曹操とそのグループは、中国の詩の歴史上、画期的な位置を占めている。そのグループとは、曹操の息子の曹丕、曹植、それに曹操の周辺にあつまった七人の文人——孔融《こうゆう》、陳琳《ちんりん》、王粲《おうさん》、徐《じょ》幹《かん》、阮瑀《げんう》、応瑒《おうとう》、劉楨《りゅうてい》である。この七人を後世「建安七子」と言っている。

もともと「詩」というのは、北方、つまり黄河流域地方に発生し、千数百年にもわたっておこなわれていた民間の歌謡である。わが国で言えば、「会津磐梯山」とか「佐渡おけさ」とか「おてもやん」とか、まあだいたいそういうものだと思えばよい。歌詞があり、メロディがある。だれが作ったものかわからない。内容はさまざまだが、男女のことを歌ったものが多い。

春秋・戦国のころには、「四言《しごん》」つまり一句が四音節から成り、それをかさねてゆくのが基本だったが、漢代以後、「五言《ごごん》」が主流になった。メロディが複雑になり、歌詞も男女の情の微細なところをとらえた洗煉されたものができるようになった。特に、男と別れた女の気持を女の立場で歌ったものが多い。男と別れた女と言っても、上は、天子の愛が他の女に移り、一人さびしく月を眺める妃、というような上流の女から、下は、兵隊にとられて辺境へ行った夫の身の上を案ずる妻、というような庶民クラスまでさまざまである。だれが作ったのかわからないが、しかし決して、ある特定の妃なり妻なりがほんとうに自分の身の上を歌に作ったわけではない。だれか心得のあるやつ（多分男）が、一般的にそういう境遇の女を想定して、その心持を歌にするのである。それはわが国の流行歌を考えてみてもわかると思う。

後漢の時代まで、つまり曹操とそのグループが出てくるまでは、「詩」というのはそういうものであった。そういうものであった詩をとらえきたって、曹操たちは自分たちのものにした。

自分たちのものにしたというのは、第一に、知識人のものにした、ということである。庶民の歌謡であったものを、知識人の思想感情を盛るものにした。

第二に、個人のものにした。これは二つの意味がある。一つは、それまで漠然と男に捨てられた女というような一般的情況を設定して作られていた詩を、それを作る個人の、個別独自の観察や思いを歌うものにしたということである。もう一つは、一つの作品がそれを作った一人の人間と切り離せないものになったということである。実は曹操グループの人たちも、伝統的な、男と別れた女の立場で作る詩も作っているのだが、そのばあいでもその作品は、だれが作ったとも知れぬ（またそれでさしつかえない）歌ではなく、たとえば曹植なら曹植の詩という、作者個人名つきの文学作品になっている。

第三に、メロディを離れて歌詞が独立した。つまり純然たる言語の芸術になったわけである。中国の詩は以後、そういうもの、つまり、個別の知識人が作る言語芸術として鍛えられ、高度なものになってゆくのであるが、その出発点は建安時代にある。だから、中国で「詩」と呼ばれるものの歴史はずいぶん古いが、のちの世の人が詩と呼ぶもの、こんにちわれわれが詩と言う時に思いうかべるようなものは存外歴史が新しくて、曹操グループからはじまるのである。

曹操の詩を一つお目にかけよう。「歩出夏門行」。この題は伝統的なもので内容とは関係ない。建安十二年（二〇七）から翌年にかけての烏桓《うがん》討伐の際に作ったものである。四言。

こういう詩は、二音節をひとかたまりとし、二つで一句とし、それをかさねてゆくという単純重厚な形に作ったものなので、「東のかた碣石《けつせき》に臨み、以て滄海を観る」というふうに音節数のそろわぬふにゃふにゃした日本語読みにしたのでは、ねうちはゼロになる。むしろ意味はわからなくてもよいから「トーリン・ケッセキ、イーカン・ソーカイ、スイカー・タンタン、サントー・ショージ」というふうに、二字づつで切って音読みにしたほうがよい。各段落のおしまいに「幸甚至哉、歌以詠志」というくりかえしが出てくるが、これは日本で言えば「ヨイトコラ、ドッコイ、ソラキタ、ホイホイ」というようなはやしことばで、ここのところは全員が声をあわせて元気よくやるのである。その部分の意味内容は、詩の本体部分の意味内容とは関係がない。

登れやこの山

東臨碣石

見ようぜ海を
水面ひろびろ
にょっきり島だ
木々はびっしり
草々繁る
秋風つめたく
大波おこる
月も太陽も
ここから昇る
きらきら銀河も
ここから出るぞ
素敵じゃないかよ
歌おうぜ、さあ

初冬の十月
北風びゅうびゅう
空は真青
地上は霜だ

以観滄海
水何澹澹
山島竦峙
樹木叢生
百草豊茂
秋風蕭瑟
洪波湧起
日月之行
若出其中
星漢粲爛
若出其裏
幸甚至哉
歌以詠志

孟冬十月
北風徘徊
天気粛清
繁霜霏霏

朝はくだかけ
かりがね渡る
つばめはかくれて
ひぐまは眠る
鋤鍬しまって
収穫山積み
はたごはととのい
旅人を待つ
素敵じゃないかよ
歌おうぜ、さあ

故郷離れて
北地は寒い
流氷ただよい
舟は進まぬ
地面は凍てつき
冬草はびこる
川は流れず

鵾雞晨鳴
鴻雁南飛
鷙鳥潜蔵
熊羆窟棲
錢洱停置
農収積場
逆旅整設
以通賈商
幸甚至哉
歌以詠志

郷土不同
河朔隆寒
流澌浮漂
舟船行難
錐不入地
豐藾深奥
水竭不流

氷を踏みゆく
隠者は貧しく
仁侠横行
嘆かわしいかな
悲しみつのる
素敵じゃないかよ
歌おうぜ、さあ

亀は長生き
それでも死ぬる
天駆ける蛇
最後は土くれ
駿馬は老いても
千里を思う
烈士の暮年は
壮心やまず
人の命は
天命なれども

冰堅可蹈
士隠者貧
勇侠輕非
心常歎怨
戚戚多悲
幸甚至哉
歌以詠志

神龜雖壽
猶有竟時
騰蛇乘霧
終爲土灰
老驥伏櫪
志在千里
烈士暮年
壮心不已
盈縮之期
不但在天

大事に使えば　養怡之福
長持ちするぞ　可得永年
素敵じゃないかよ　幸甚至哉
歌おうぜ、さあ　歌以詠志

基本的には歌謡である。各段落おわりのはやしことばが意味上無関連なのはもとより、各句各聯《れん》の効果に重きが置かれ、全体としての筋道や論理の整合には無頓着である。また、ありふれた、ステレオタイプな表現――秋風蕭瑟とか星漢粲爛といったふうな――を躊躇なくもちい、むしろ紋切型表現のイメージ喚起力を存分に利用している。こうしたことはすべて歌謡の特徴である。

しかし、基本的には歌謡でありながらも、全体が持っているいかにも帝王の詩らしい柄の大きさ、気象の雄厚は何人にも容易に感受せられるところである。とりまきの秀才文人たちは（あるいはむすこたちも）、こまかいところにケチをつけようと思えばいくらでもつけられるが、しかしこの、巨人が大地をドスンドスンと踏んで前進してゆくような大きさ力強さはとてもとても真似ができないと、舌をまいたにちがいない。

＊

帝王としての曹操の最もすぐれたところは、人使いがうまかった点である。この点で曹操は歴代の帝王のなかでも群を抜いている。

人使いがうまいとは、まず第一に材能を持った人間を見出すことである。第二にその人間に最も適当した任務をあたえて存分にしごとをさせることである。

右のようなことは、まああたりまえのことであるが、帝王にとってだいじな、かつむずかしいことは、忍耐力である。有能な人間にはクセがある。有能であるほどクセが強い。あるしごとについてはたしかに有能だが人間は気に食わない、ということがつねにある。

いまの世の中なら、気に食わない教師だからといって校長がむやみにクビにしたり殺したりはできない。会社でも官庁でも同じである。しかしむかしの帝王にはそれができる。特に創業の帝王は権力が強いからほとんど自由自在にそれができる。

しかしクビにしたり殺したりしては無論能力を発揮させることはできない。当人ではなく他の者をクビにしたり殺したりしても、おっこれはヤバイぞ、と萎縮してしまう。だから、一人の人間に存分にしごとをさせようと思ったらすべての部下に対して寛容でなければならない。生殺与奪の権を持っていながら抑制しなければならない。帝王の手をしばる者はだれもいないから自分で自分の手をしばらなければならない。それが一番むずかしいのである。

忍耐力は結局体力である。年をとって体力が弱ってくると忍耐力も衰える。さすがの曹操もそれをまぬがれることはできなかった。臣下の筆頭である荀彧を殺したことにそれがよくあらわれている。

＊

曹操の人物採用方針は、終始一貫、一芸一能あれば足る、である。逆に言えば、万能を求めない。人格者たることを求めない。あることに有能でさえあれば、金にきたなくても、女たらしでも、親不孝者でも、卑怯でも陰険でもかまわない。

これが曹操の新しいところである。特に、不孝者でもいい、というところが革命的に新しい。それまで数百年間の人物登用基準は人格であり、道徳である。道徳の根本は孝であるから、親不孝者を重要な地位につけるなど論外であった。

もっとも、道徳によって人を選ぶといってもそれはなかばたてまえで、実際は家柄が物を言う。この、たてまえと実際との乖離にすでに虚偽がある。この虚偽を曹操はきらった。

建安十四年（二〇九）の求賢令《きゅうけんれい》（有能な人物の推挙を部下たちに命じた令）に言う。「諸君、我を助けて隠れた人材を照し出してくれ。ただ才のみを挙げよ。吾は得てこれを用いん。」

また建安十九年の求賢令に言う。「品行の正しい士がよく進取するとはかぎらぬ。進取の士が品行正しいとはかぎらぬ。陳平《ちんぺい》は品行方正だったか？　蘇秦《そしん》は信義を守ったか？　しかし陳平は漢の業を定め、蘇秦は弱い燕《えん》を救ったではないか。士に短所があるとて、廃することができようか。」

また建安二十二年の求賢令に言う。「伊摯《いし》、傅説《ふえつ》は賤人の出である。管仲《かんちゅう》は桓《かん》公の賤である。皆用いられて興った。蕭何《しょうか》、曹参《そうさん》は県吏である。韓信《かんしん》、陳平は、汚辱の名、見笑の恥があったが、よく王業を成就し、声名を千載にあらわした。呉起《ごき》は将を貪り、妻を殺して信を立て、金を散じて官を求め、母が死んでも帰らなかった。しかも魏に在っては秦人《しん》敢えて東向せず、楚《そ》に在っては三晋敢えて南謀しなかった。いま天下には、至徳の人の民間に放置されたのがいるはずだ。果勇にして顧みず、敵に臨んで力戦するのがいるはずだ。あるいは文俗の吏で高才異質、将守たるに堪えるのがいるはずだ。汚辱の名、見笑の行を負い、もしくは不仁不孝にして治国用兵の術有るのがいるはずだ。おのおの知れる所を挙げ、遺漏することなかれ。」

人を推挙するのは身分あり徳行ある人物でなければならぬ、という固定観念がいかに強かったかがよくわかる。一度言ったくらいでは本気にしてもらえないから、曹操は、むかしの例をあげつつ、くりかえし「卑賤でもよい、不孝でもよい」と強調しなければならなかったのであろう。

無論言うだけではいけない。実際曹操は、よく人を抜擢した。王沈『魏書』に「于禁《うきん》、楽進《がくしん》を行陣《こうじん》の間に抜き、張遼《ちょうりょう》、徐晃《じょこう》を亡虜の内に取り、その餘細微より抜出して登って牧守になった者は数え切れない」と言うとおりである。

＊

また曹操はよく人を許した。

兗州《えん》の叛乱の時、将軍徐翕《じょきゅう》と毛暉《もうき》がそむいた。乱がさだまると、二人は臧覇《ぞうは》のもとに逃げこんだ。曹操は臧覇に、二人の首をさし出すよう命じたが、臧覇が劉備を通じて「覇の能く自ら立つ所以は、此を為さざるを以てなり」、つまり、ふところにはいってきた窮鳥を殺すようなことをせぬから私は人の信用を保っていられるのです、と訴えると、曹操は嘆息して「此古人の事にして君能く之を行ふ、孤の願なり」と言い、二人を許して郡守とした。「臧覇伝」に見える。なお「孤」は君主の自称。

その臧覇も、曹操と呂布の戦いの時に呂布についた男である。呂布がとらえられると臧覇は身をかくした。曹操は探索してこれをとらえ、会ってみると人物であったので、琅邪の相にし、青徐二州をまかせていたのである。

魏种《ぎちゅう》は曹操が孝廉《こうれん》に挙げた人物である。兗州の叛乱の時、曹操は「魏种だけはおれにそむくまい」と言った。魏种が逃げたと聞き、曹操は怒った。「南の越《えつ》か北の胡《こ》にのがれでもせぬかぎり、絶対に捨ておかぬ！」しかるに建安四年射犬《しやけん》をくだして魏种をとらえると、曹操は「ただ才あるのみだ」とその縛をとき、河内太守に任じて河北のことをまかせた。「武帝紀」にある。

建安七子の一人である文人陳琳《ちんりん》のことは著名だ。この人は袁紹の配下で、袁紹が曹操討伐の軍をおこすに際して、主君のために曹操を責める檄文《げきぶん》を書いた。そのなかで曹操の祖父と父を罵倒し、そんなやつのせがれだから生れつきロクなやつじゃないと曹操を罵っている。個人的なうらみがあるわけでもない人を、よくここまで悪口を言えると思うほど、知っているかぎりのきたないことばをならべたてたような文章である。

〈司空曹操、祖父は騰《とう》、もとの中常侍、左悺《さかん》、徐璜《じよこう》とともに妖孽《ようげつ》を作《な》し、饕餮《とうてつ》放横、化を傷ね民を虐《しいた》ぐ。父は嵩《すう》、乞匄攜養《きつかいけいよう》せられ、贓《ぞう》に因って位を假《か》り、輿《よ》金輦璧《きんれんぺき》、貨を権門に輸《いた》し、鼎司《ていし》を竊《せつ》盗《とう》し、重器を傾覆す。操は贅閹《ぜいえん》の遺醜《いしゆう》、もとより令徳無く、僄狡鋒俠《ひようこうほうきよう》、乱を好み禍を楽しむ〉。

いやはやひどいものだ。「贅閹の遺醜」という文字を見た時、曹操の体は憤怒にわななかたであろう。もし書いた当人が目の前にいれば、みずから剣をとってだれであれたちどころに叩き斬ったにちがいない。はなはだ訳しにくいが、しいて訳せば「チンポなしのくさいせがれ」というような意味だ。

袁紹が敗れると陳琳は曹操に降参した。曹操はこうなじった。「君が書いたあの檄文、おれの悪口を言えば十分じゃないか。悪をにくんでその身にとどむ、というやつだ。父や祖父にまでおよぼすことはあるまいに。」

陳琳が恐縮すると、曹操はそれ以上は追求せず、官職をあたえた。その文章を買ったのである。曹操は頭痛持ちだったが、陳琳の文章を頭痛の妙薬と言ったという。

最も極端なのは張繡《ちようしゆう》のばあいである。

建安二年正月、曹操は張繡を宛《えん》に攻めた。張繡は降服し、すぐにまたそむいた。曹操は不意をつかれて惨敗した。曹操も何度か負け戦はあるが、最もひどい目にあったのはこの時である。長男の昂《こう》と弟の子安民《あんみん》が殺された。典韋《てんい》が殺されたのもこの時である。曹丕の「典論自叙」に「建安初め、上は南のかた荊州を征し、宛に至った。張繡が降り、旬日にして反した。亡兄孝廉子修《ししゆう》、従兄安民が害に遇った」とある。曹操自身も腕に矢を受け、乗馬をやられ、昂の馬に乗ってかろうじてのがれた。曹操にとって張繡は、まさしく倶に天を戴かざる敵である。

しかるに三年後の建安四年暮、曹操が官渡《かんと》で袁紹と対峙していた際、張繡が軍勢をひきいてくだってくると、曹操は手をとって喜び迎え、揚武《ようぶ》将軍に拝し、張繡のむすめと自分のむすこ均《きん》とを結婚させた。

実はこの時、張繡のもとには袁紹から誘いが来たのだった。ところが謀士の賈詡《かく》はこれをことわり、曹操につくよう張繡にすすめた。張繡が「袁紹は強く曹操は弱い。それにおれは曹操とはかたき同士だ」と言うと、賈詡は「だからこそなんですよ」と答えた。「袁紹は強い。だからわれわれがすこしばかりの兵をつれて参じてもたいして重んじてはくれない。曹操は弱い。だからわれわれが行けば喜ぶ。また、覇王の志ある者は私怨を釈いて徳を四海に明示しようとするでしょう。」すなわち、不倶戴天の敵だからこそ、暖く迎え厚遇して見せて度量の大きいところを見せ、人材集めの宣伝材料にしようとするにちがいない、と賈詡は読んだのである。はたして曹操はそのとおりにしたのだった。

人材集めに世間の評判が大事なことは曹操自身が言っている。建安元年、徐州で呂布に負けた劉備が曹操のもとへころがりこんできた。程昱《ていいく》が曹操に、この劉備というやつは生かしておくとのちのちうるさいことになりそうだから、この際かたづけてしまいなさい、とすすめた。曹操は、「現在おれは英雄を集めているところだ。一人を殺して天下の心を失うのはまずい」と進言をとりあげなかった。

天下の心を失うというのは、劉備は人望のある男だからこれを殺しては人気が落ちるということではない。曹操は窮して身をよせてきた者を殺すようなやつだ、という評判が立つのを恐れたのである。つまりこのばあいはマイナス宣伝効果を避けた。そして張繡のばあいは、むすこを殺した男でも寛容に迎え入れる、というプラス宣伝効果を期待したわけである。

曹操は張繡に、地位を与え、二千戸の封禄を与え、姻戚関係まで結んだけれども、実際のしごとは何もやらせていない。八年ほど曹操の配下にあったが、その間飼い殺しである。帰服してきたのを手をとって迎えたところで張繡の役割はおわったわけだ。いわば外様であって、身内には入れてもらえなかったのである。陳寿もその伝を、公孫瓚《こうそんさん》、陶謙、張魯などと同じ巻に入れ、魏臣としては遇していない。

『魏略』によれば、曹丕はしばしば宴会にかこつけて張繡を招き、張繡が出てゆくと、「おれの兄貴を殺しておいて、どの面さげて人前に出るんだ」と罵った。張繡はノイローゼになってとうとう自殺したそうである。

張繡迎え入れによってトクをしたのは、宣伝効果をあげた曹操、もっとトクをしたのが賈詡だ。賈詡は、自分が曹操につきたいから張繡を説得したのだろう。曹操のもとで俄然頭角をあらわして高級参謀の一人になり、文帝の代にとうとう太尉にまでのぼり、七十七歳まで長生きした。

かわいいむすこを殺した憎いやつに目をつぶった曹操の人材獲得作戦は、一つには太っ腹な大将と評判をあげ、一つには賈詡というこの上なく利口な男を手に入れて、大成功であった。

孫権（一八二〜二五二）

三国の首領、曹操、劉備、孫権。

この三人のうち、曹操と劉備は初代である。つまり創業者である。

ところが孫権だけは三代目だ。父と兄がバタバタと横死したので、思いもかけず早く社長就任を迎えてしまった。父孫堅《そんけん》は、孫権が十一歳の時、わずか三十七歳で死んだ。あとをついだ兄の孫策《そんさく》は、建安五年（二〇〇）孫権が十九歳の時、二十六歳のわかさで死んでしまった。

しかもこのころは、呉の基盤はまだ不安定であった。「呉主伝」に、「深険の地はなほいまだことごとくは従はず、天下の英豪は布《し》いて州郡に在り、賓旅寄寓の士は安危去就を以て意とし、いまだ君臣の固あらず」と言うとおりである。賓旅寄寓の士とは、根っからの呉の人間ではなく、北方からやってきて呉に仕えている人たち。こういう人たちは、呉の先行きがあかるければこのままいるし、あぶないと思えば尻に帆をかけてさっさと逃げるつもりでいるんだから、君臣といってもそうしっかりしたものではない、ということである。

そこへ杖とも柱ともたのむ孫策が急に死んでたよりなさそうな若僧があとをついだのだから、人心大いに動揺した。それでもどうやらつぶれなかったのは、張昭《ちょうしょう》と周瑜《しゅうゆ》が断乎として孫権をささえたからである。また、周瑜が魯粛《ろしゅく》をつれてきてくれ、弘咨《こうし》（孫権の姉の夫）が諸葛瑾《しょかつきん》をつれてきてくれたのがありがたかった。この四人が呉の四本柱と言ってよかろう。

なおまた上に引いた一節に「天下の英豪は布いて州郡に在り」というのは、油断のならぬ連中が周辺各地を支配している、ということである。

たとえば廬江《ろこう》太守の李術《りじゅつ》という男がいた。これは孫策の配下で、彼が太守にしてやったのである（名目上は孫策が朝廷に李術を推薦し、朝廷が廬江太守に任命するという形をとる。朝廷といっても実権は曹操が握っている）。この李術は太守になると、揚《よう》州を攻めて刺史の厳象《げんしょう》を殺した。厳象は荀彧《じゅんいく》の推薦で曹操に仕えた学者で、曹操が揚州刺史に任命した人である。李術というのは、そういう人を平気で殺してしまうような乱暴者である。

孫策が死ぬと、李術ははたして孫権の言うことは聞かない（形の上では李術は漢の臣であって孫権の臣ではないのだから、聞かなくてもいいわけだ）。のみならず、孫権みたいな小僧の配下になるのはごめんだと呉を捨てた連中を、みな迎え入れた。孫権が手紙をやってその連中の返還を要求すると、李術は「人望のある者には人が寄る。人望のない者はそむかれる。別にそちらへ帰る必要もないでしょう」と返事した。孫権は怒って、まず曹操に、李術が救援を依頼してきても取りあわぬように、と通知しておいてから、兵をもよおして皖《かん》城にたてこもる李術を攻め、攻めおとして城内を殺戮《さつりく》し、李術を殺してさらし首にした。この一件で、おっ孫権もけっこうやるじゃないか、と株があがった。この事件をしるした『江表伝《こうひょうでん》』に、「李術の部曲《ぶきょく》三万余人を徙《うつ》す」とある。部曲は私兵である。州郡の英豪というのはそれくらいの兵力をもっていたのである。

わかくして大将になってしまったので孫権は、特にはじめのうちはずいぶんやりにくかったにちがいない。配下といってもみな自分より年も上、貫禄も上の男たちばかりである。

孫権が十九歳で孫策のあとをついだ年、張昭四十五歳、魯粛二十九歳、諸葛瑾二十七歳、周瑜二十六歳である。張昭を別格とすれば、政権中枢が比較的わかいのが救いだったと言えようか。

＊

それにしても気を使わねばならぬことが多かった。

当時は乱世であるから、ナラズモノあがりの将軍も多いが、なかでも甘寧《かんねい》は札つきのナラズモノであった。いまで言えば暴力団の組長みたいなことをやっていた。その後荊州の劉表《りゅうひょう》に仕えたが、重視されなかった。それは当然だろう。劉表は温厚な平和主義者で、甘寧は喧嘩好きのゴロツキなんだからウマがあうはずがない。そこでつぎに江夏の黄祖《こうそ》に仕えたが、やはり重用されなかった。それで子分たちをひきいて呉へやってきたのである。

来るとすぐ孫権に戦略を説いた。孫権自ら出陣して、まず黄祖を討ち、ついで劉表を討ち、さらに西へ進んで巴蜀《はしょく》を取れ、と言うのである。要するに自分を礼遇してくれなかったやつらをやっつけろということだ。

そばで聞いていた張昭が苦虫をかみつぶした顔で、「本拠も安定していないのに軍を遠征させたりしたら乱を招くばかりだ」と言った。張昭はカタブツの学者だからもちろんやくざものなんか大きらいである。そのやくざものを孫権が近づけて話を聞くこと自体が張昭は気に食わないのである。

張昭は呉の宿老であるから、孫権すらこの人の前では緊張している。まして他の臣下たちはこの人がいるとビクビクしている。

しかるに甘寧はさすがにゴロツキだけあって、その張昭に平気で口答えした。

「国はおまえさんに、本拠を守るという漢の蕭何《しょうか》のような責任をあたえている。ところがおまえさんは留守をあずかると乱が心配だと言う。それでも古人を慕うなんぞといえるのかね。」

孫権は驚いた。よもや張昭にむかってこんな口をきくやつがいるとは思わなかった。むずかしい場面である。ここが気の使いどころだ。曹操くらいの威信のある大将だったら、どっちか片方を叱るとか双方をたしなめるとかできるだろうが、孫権はわかいから、どちらの顔も立てないといけないのである。孫権はあわてて酒壺を取りあげて甘寧の盃についでやりながら言った。

「よし、今年の遠征はこの酒と同じだ。君にやった。君が作戦を立てて黄祖に勝てば、手柄は全部君のものだ。張先生のおっしゃることは気にしない気にしない。」

一方で甘寧の策を受け入れてその顔を立て、一方自分は決して本拠を離れませんということで張昭の顔を立てたのである。

*

孫策のころから仕えている周泰《しゅうたい》という軍人がいる。孫権は十代のころに、この人のおかげで命が助かったことがある。兄の孫策について討伐戦に行った時、不意に敵に襲われて、馬に飛び乗った時にはもう敵の槍や刀が馬の鞍にあたるほどだった。周泰が身をもって孫権をかばいながら奮戦し、それにはげまされて他の部下たちも気をとりなおして戦って、ようやく敵を追いはらった。周泰は体に十二の傷を受け、敵が逃げると昏倒してしまった。文字どおり命の恩人である。

しかしこの人は、誠実で勇敢ではあったが、部下に心服されるような指揮官ではなかったらしい。その後孫権の時代になり、濡須《じゅしゅ》の守りをまかされていたころ、部下であった朱然《しゅぜん》や徐盛《じょせい》が周泰に従わない。朱然にしろ徐盛にしろ、やがてりっぱな将軍に成長してゆく前途有望の青年将校である。

ここが孫権の気の使いどころだ。孫権はわざわざ濡須まで出かけてゆき、諸将をあつめて大宴会をやった。そして一人一人に酒をついでまわった。周泰のところまでくると、服をぬいで裸になるよう命じた。周泰の体は傷だらけである。孫権は一つ一つの傷にさわりながら、「ほう、えらい傷だな。これはどの戦いの時のものだね」と聞く。周泰は、ハイこれはどこそこの戦いの時で、とその苦戦の模様を語る。「そうか、大変だったんだねえ。それでこの傷は？」とまたつぎの傷について聞く。周泰はまた語る。

そうやって孫権は、まったく朱然や徐盛の体面にふれないやりかたで彼らをたしなめたのである。以後朱然たちは周泰に従うようになった。

＊

孫権は部下にめぐまれた人であった。

そのなかでも、周瑜《しゅうゆ》と魯粛《ろしゅく》と呂蒙《りょもう》は、たよりにした臣下であり、かつ三人ともわりあい早く死んだこともあって、中年以後の孫権には最もなつかしく思いおこされたようだ。

孫権が陸遜《りくそん》を相手にこの三人を語った話はたのしい（「呂蒙伝」のおしまいにある）。

その陸遜は孫権の一つ年下である。孫権二十二歳、陸遜二十一歳の時に幕下に入ったのだから、まずこの人くらいからあとが孫権の子飼いの部下だと言える。

孫権と陸遜の会話がかわされたのは、孫権が帝位につき、陸遜が上大将軍に任ぜられた黄龍元年（二二九）以後の数年以内であろう。両人とも五十歳をすこしすぎたころと思われる。周瑜は三十六歳で死に、魯粛は四十六歳、呂蒙は四十二歳で死んだのだから、二人とももう彼らの歿年よりずっと上の年配になっているわけである。

孫権は語る。

「周瑜は気概があって考えることが大きかった。曹操を破って荊州《けいしゅう》を獲得した。彼のあとをつぐのはなかなか容易なことじゃない。それを君が今ついでいるわけだ。その周瑜がむかし、魯粛をつれてきて推挙した。それでおれと歓談になったのだが、話はすぐに天下大略のことになったよ。愉快だった。

その後曹操が、劉琮《りゅうそう》をとらえた勢いで、数十万をひきいて水陸からこっちへくると言ってきた。おれは諸将をみなあつめて対策を諮問したんだが、はじめのうちはだれも口をきかん。そのうち張昭と秦松《しんしょう》が、使者をつかわしてお迎えするのがいいと言う。魯粛がすぐに、そりゃダメだと反対して、すぐに周瑜を呼びもどして軍をまかせ、こっちから打って出ろと進言した。これも痛快だった。

いったい魯粛の考える策はいにしえの蘇秦張儀《そしんちょうぎ》よりずっと上だったよ。そのあとおれに献策して劉備に荆州を貸したのは、あれはまずかった。しかしまあ、やっぱりマイナスよりはプラスのほうが大きかったよ。周公だって人間に完璧を要求するのは無理だと言っている。だからおれは、短所は忘れて長所を尊重するようにしているんだ。

それから呂蒙だが、あいつのわかいころおれは、向う意気が強くて肝っ玉が太いだけの男だと思っていた。ところがおとなになってから勉強して、大した戦略を立てるようになった。周瑜のつぎだと言っていい。ただ言論と才気とはやはり周瑜におよばない。関羽をやっつけようと言い出したのは魯粛より上だ。

魯粛はおれに手紙をよこして、「帝王の起る時には必ず、まず邪魔者追っぱらい役をはたしてくれる人物がいるものです。まあそう関羽を気になさらなくてよろしい」と言ってきた。なあに自分がやれぬものだから大きなことを言っただけさ。しかしおれは目をつぶってやったよ。責めはしなかった。

だが軍の運営はりっぱだったよ。屯営の配置は適切だし、軍令はきちんと行われるし、任務をないがしろにする者もいないし、物がなくなることもないし。みごとなものだった。」

後世の史家はみな、孫権の魯粛評価を非議している。

それはこういうことだ。

呉には、劉備の勢力をつぶす（あるいは追っぱらう）か、それとも和睦連合してともに北の魏にあたるか、という選択がつねにあった。魯粛は和睦連合論だから、荊州を劉備にあずけることを主張したし、関羽を討つことには消極的だった。孫権は、劉備勢力撲滅派である。だから魯粛の外交戦略には批判的である。

しかるに後世の史家はたいがい劉備・諸葛亮の味方だから、したがって魯粛に好意的である。呉だけで北の魏の圧力を受けとめきれるはずがない。劉備と連合して曹操に対抗しようという魯粛の方針が正しい。孫権の魯粛批判はまちがっている――とこうなるわけだ。

しかし孫権が、二十年も三十年もあとになって「あの時の魯粛の方策はまちがっていた」と言うところを見ると、呉には呉の情勢評価があったのだろう。

*

孫権は晩年になって、三つミソをつけた。

まず一つめは、公孫淵《こうそんえん》事件である。

公孫淵は遼東《りょうとう》の王である。別にだれかから王に任命されたわけではなく、自分で勝手に王と名乗っていた男である。遼東というのはいまの遼寧省。当時はかけ離れた僻遠の地で、感覚的には外国ないし準外国だ。いまの日本で言えば樺太《からふと》くらいの感じである。そんな遠いところだから勝手に王になることもできたわけだ。もともとは後漢末に公孫度《こうそんど》という男がここに独立王国を作り、公孫淵はその孫で四代目である。呉とは海路の連絡がある。魏と呉の両方によしみを通じてその中間でバランスをとるのが公孫淵の安全保障策であった。

嘉禾《かか》元年（二三二）、つまり孫権が帝位について三年目、孫権五十一歳の年、公孫淵は呉に宿《しゅく》舒《じょ》、孫綜の二使者を送り、呉の藩国になりたいと申し入れた。孫権はたいへん喜んで、翌年、帰国する使者に、呉の使者二人、張彌《ちょうび》と許晏《きょあん》、それに警護の兵一万人をつけて遼東へ送り、公孫淵を燕王に封《ほう》じた。丞相顧雍《こよう》以下群臣みな、公孫淵は信用できぬと反対したが、孫権は強行した。はたして臣下たちが心配した通り、公孫淵は呉の使者二人を殺してその首を魏に送りとどけた。

公孫淵の態度が一年のあいだにコロリと変ったのは、一つには魏から圧力がかかったからであり、いま一つは、宿舒らが実際に呉を見てきて、呉に帰属してもあまりいいことはないと報告したからだろう。

張彌・許晏について行った役人たちの一部が朝鮮に逃げ、呉にもどった。顚末を聞いた孫権は激怒してみずから公孫淵を討ちに行くと息まいたが、臣下たちに説得され思いとどまった。この時の陸遜と薛綜《せつそう》の上疏が「陸遜伝」「薛綜伝」にのっている。いづれも持ってまわった荘重な言いかたをしているが、要するに、軽はずみなことはやめなされということである。五十をすぎると、さすがの孫権もだいぶヤキがまわってきたようだ。裴松之は、この公孫淵関係の孫権の処置について、「惟《ただ》に闇塞《あんそく》なるのみならず、実に無道たり」、つまりバカの上にムチャだ、と言っている。なお公孫淵はこの五年後、魏が派遣した司馬懿《しばい》の軍に攻め殺された。

＊

第二のミソは呂壹《りょいつ》事件である。呂壹というのは、中書典校という職にあり、嘉禾の末年ごろ

（多分二三六年から七年くらいのころ）、つまり孫権五十代なかばのころに、一時的に権勢をふるった人物である。「性格刻薄で規律厳峻であった」と「呉主伝」にある。

中書典校というのは公文書検査係であるが、かねて孫権個人の特務調査役のような任務にあったらしい。まあわが国の茶坊主みたいなものである。いろんな人の伝に、呂壹のためにひどい目にあったということが出てくる。ただし呂壹自身は文書係だから、高級官僚を処分する権限はない。呂壹が孫権に耳打ちすると孫権が処分するのである。だから、呂壹も悪いやつだが、その呂壹の言うことを一々みな信用する孫権がいけない、という書きぶりである。太子の孫登《そんとう》をはじめ、大臣たちが呂壹を遠ざけよと進言した。武昌駐在の太常潘濬《はんしゅん》などはわざわざ都建業《けんぎょう》へ出て来て百官を招いて大宴会をやり、その席で自分が斬り殺そうとしたが、呂壹は感づいて、病気でございますと出てこなかった。そんなふうにあちこちから強い圧力がかかったので、孫権は呂壹を殺した。

この件で孫権はすっかり群臣に見離されてしまった。大臣よりも茶坊主の言うことを信用するのか、というわけだ。孫権は呂壹を信用したことをわび、ついては時政について意見を聞かせてもらいたいとのべた手紙を中書郎の袁礼《えんれい》という者に持たせて大臣たちのもとへ行かせたところ、諸葛瑾《しょかつきん》、歩騭《ほしつ》、朱然、呂岱《りょたい》の四人はいずれも、「民事は私の管轄ではないから何も意見はない。陸遜、潘濬の所へ行ってくれ」と答えた。そこで陸遜、潘濬のもとへ行くと、どちらも暗い顔をして、物を言いにくそうで、何か不安げなようすであった。

袁礼の報告を聞いて孫権は愕然とした。諸葛瑾たちに対し、「人の判断がすべて正しいということがどうしてあろうか。ただ、自分だけが正しいと思いこんで他の人々の意見を拒んだために、知らず知らず、君たちに敬遠されることになってしまった。願わくば諸君、直言を呈してくれ。私の足りぬ所を指摘してくれ。それが私の望みだ」と、深刻な詔を発している。

*

孫権の三つめのミソは皇太子問題である。つまり最高権力者のあとつぎの問題である。これは、有史以来こんにち只今にいたるまで非常にむずかしい問題であって、こうすればよいという一般則が立たない。

　三国の時代だけをとってみても、袁紹のむすこたち、劉表のむすこたち、いずれも跡目をめぐって抗争をおこした。曹操の跡目のばあいも、長子の曹丕《そうひ》よりも弟の曹植《そうち》のほうが出来がいいとかつぐ人たちがあらわれてもめている。

　むかしの帝王のばあい、腹ちがいのむすこがたくさんいる。別々に育てられるから兄弟と言ってもたがいの親愛の情はあまりない。しかもそれぞれに母親がおりその兄弟がおり、養育係やら学問の先生やら遊び相手やらがいて、派閥争いをはじめる。いったん争いになると、当人よりもそれをかつぐ人たちが、負ければ命がないと思うから、深刻な様相を呈するのである。

　非常に早い段階で、たとえば最初のむすこが生れたとたんに、こいつが皇太子、すなわちつぎの皇帝、ときめてしまえばもめごとはすくない（いまの日本がそうである）。しかし成長するにつれてそいつがあまり利口でないことがわかったり、あとから生れた弟がはるかに出来がよかったりした時に困る。変更しようとすると、その時にはもう東宮《とうぐう》という大きな機構ができてしまっているので、たいへんな騒ぎになる。

兄弟のなかで一番優秀なのをあとつぎにするためには、全員が成人するのを待ってきめるのがよい。しかしそれでは、それまでの期間に、「うちの坊っちゃんを皇太子に！」という激烈な争いがおこる。

まあだいたい、なるべく早くきめて絶対に動かさないのが一番穏当、ということになっている。しかし皇帝も人間であるから、年をとってから可愛がった女が男の子を生んでその子が愛くるしかったりすると（子供はたいていい愛くるしい）、ぜひともこの子をあとつぎにしてやりたい、という気になるものらしい。するとその意を体して一肌ぬごうという手合いもあらわれてくる。

歴史を読むとかならず、そういう末っ子をかつぐ連中は野心家の悪党で、最初にきめた皇太子を守るのが忠良な臣下ということになっている。歴史家はみな保守穏健派なのである。

さて孫権のばあい。

孫権は、魏の黄初二年（二二一）、文帝（曹丕）によって呉王に封ぜられると、長子の孫登《そんとう》を王太子に立てた。孫登はこの年十三歳。なお母は卑賤の女で名は伝わらない。

孫権は呉の黄龍元年（二二九）、帝位についた。――ついでにちょっと説明しておくと、王と帝とはまるっきりちがうものである。王の一つ上が帝、というわけではない。王というのは封爵の一つで（封爵は、王、公、侯、伯、子、男の六段階ある。王が一番上、男が一番下）、帝から爵位とそれに見合った領地をもらうのである。孫権が呉王になったというのは、魏に臣属して、文帝から王の爵位と呉の土地を与えられたということである。曹操が漢の献帝から魏王に封ぜられたのと同じである。「封《ほう》ずる」とは平たく言えば「領地をやる」ということ。こういうふうに爵位と土地とを与えることを「封建」と言う。なお三国以後は、封建がなかば有名無実化して、実際には土地をもらえなくなった。ちょうど日本の江戸時代に、長門守《ながとのかみ》とか摂津守《せっつのかみ》とか言ってもほんとうに長門国や摂津国をもらっているわけではないみたいなものである。

対して、帝は無論爵位ではない。天下にたった一人の最高至尊の地位である（一人しかいないはずのものが同時に三人いるから三国時代は異常なのである）。三国の三帝のうち曹丕は献帝の譲りを受けたのだから一応手続きを踏んでいる。劉備と孫権とは自分で勝手に帝位についたのである。

で、孫権は黄龍元年に帝位についた時、これまで王太子だった孫登を皇太子とした。ところがこの孫登が、赤烏《せきう》四年（二四一）に三十三歳で病死した。

次のむすこは孫慮だが、この人は兄より早く、嘉禾《かか》元年（二三二）に二十歳で死んでいる。

そこで三男坊の孫和《そんわ》に順番がまわってきて、孫登が死んだ翌年、赤烏五年（二四二）の春正月に皇太子に立てられた。この年十九歳、母は王夫人である。

ところが孫権はその下の孫覇《そんは》のほうを愛していたので、同じ年に魯《ろ》王に封じた。上に言ったように実際に魯の国をもらったわけではない。魯は魏の領域内である。王という最高の爵位をもらい、宮廷内に魯王府という、名目上魯の国を治める政府の役所を設けるのである。なお孫覇は年齢も母親の名も伝わっていない。年は孫和よりちょっと下くらいのようだ。母は卑賤の女であろう。

そこで、東宮と魯王府という、大きさも実力もいい勝負の機関が対抗するような形になった。孫権のむすめで全《ぜん》公主（名は魯班）という人がいる。母は歩夫人である。父親に対して影響力を持っていたらしい。この人が王夫人が嫌いで、したがって王夫人のむすこが皇太子になったのが気にくわなくて、魯王の味方についた。朝臣は太子派と魯王派にわかれて激しい争いになった。官僚たちは、子弟をわけて東宮と魯王府と両方に勤めさせて、どっちが勝っても大丈夫なように手を打ちはじめた。孫権は、いずれ魯王を跡目になおすつもりでまず皇太子を支持する大臣官僚たちをつかまえたり殺したりし出したから、呉の国はそのてっぺんのところがもうグジャグジャになってしまったのである。

呉の柱である宰相の陸遜《りくそん》までこの騒ぎで死んでしまった。そのしだいはこうだ。

顧譚《こたん》という人がある。前の宰相顧雍《こよう》の孫で、祖父が死んだあと平尚書事という重い役についた。顧家と陸家とは江南の名門で姻戚関係にある。年は陸遜より二十ほど下だから親戚の優秀な若者というところである。

陸遜にせよ顧譚にせよ穏健派の忠良な臣下だから、魯王が皇太子と張りあって親父の孫権の気持も魯王に傾いているとはとんでもないことである。皇太子が兄で魯王は弟、皇太子は正夫人が生んだ嫡子で魯王はお手つきの庶子、月とスッポンほどの差がある。しかもどっちが皇太子かとっくのむかしにもうきまっているんだから、それをいまさらひっくり返そうなんて絶対に許せない。それで顧譚が孫権に諫言したところ、全公主の一族（名を見てのとおりこの人は全という家にとついでいる。もちろん権門である）から手がまわって、顧譚は弟の承、張昭のむすこの張休などとともに交州《こう》（いまのヴェトナム）へ流されてつぎの年に死んだ。

また吾粲《ごさん》という将軍がいる。陸遜と同年輩で、現在太子太傅《たいしたいふ》という東宮長官の職にある。その職掌がらもあって、魯王とそのとりまきナンバーワンの楊竺《ようじく》を都から追い出してしまえ、と過激な主張をした。あわせてたのみとする宰相陸遜にひんぴんと手紙を送り、宮廷内のようすを知らせた。陸遜はずっと武昌に駐在しているのであるが、吾粲のくわしい報知のおかげで都でのなりゆきをよく知っていて、孫権にしばしば書状を呈し、直接お会いして申し上げたきことがござる、と面会を要求した。

いっぽう吾粲のほうは、これは魯王と楊竺が孫権に訴えたので、あえなく逮捕処刑されてしまった。

孫権は陸遜の面会要求を拒絶した。陸遜は国の重鎮だから、顧譚や吾粲みたいに流したり殺したりはできないので、孫権は問詰の使者をつぎからつぎへと送って責めたてた。それで陸遜は、ショックやら絶望やら憤激やらがかさなって死んでしまったのである。

その後孫権は皇太子を幽閉した。忠良派の官僚たちがつぎつぎに宮殿にやってきて上書したり諫言したりするので孫権は叩いたり殺したりした。陳正と陳象という人などは一族皆殺しになっている。

しかしさすがの孫権もまいって、結局喧嘩両成敗にすることにし、赤烏十三年（二五〇）、孫和は皇太子の地位を剝奪して地方に流し、魯王孫覇とそのとりまきを殺し、末っ子の亮《りょう》を皇太子に立てた。亮の母は潘《はん》氏。亮はこの年八歳だから、孫権六十二歳の子である。翌々年孫権は七十一歳で死んだ。

孫権は十九歳で兄孫策のあとをつぎ、七十一歳まで生きたのだから、前後五十三年にわたって呉を統治指導したわけである。晩年にミソが三つあり、特におしまいのミソがひどいので印象が悪いが、通して見ればなかなか優秀な君主だったといえるのではないか。無論曹操にはおよばないが劉備よりはずっと上、と評価してよかろうと思う。

劉備（一六一〜二二三）

『三国志』の劉備の伝を「先主伝《せんしゅでん》」と言う。

この「先主伝」のはじめのほうをすこし読んでみましょう。

劉備が生れたのは、東漢（後漢）の桓《かん》帝の延熹《えんぎ》四年（一六一）という年である。

ただし「先主伝」にそう書いてあるわけではない。劉備が死んだのは蜀漢《しょくかん》の章武三年（二二三）で、「先主伝」のその条に「時年六十三」とある。そこから逆算して延熹四年に生れたのであろうと推定するのである。

それでも劉備のばあいはずいぶんいいほうだ。こういうふうに何年に何歳で死んだと書いてくれていることはすくないのである。だから年齢の推測には苦労する。これは歴史家がズボラなのではない。歴史家だって年齢のことは重要だからできれば明確に書いておきたいのだが、むかしは、相当著名な人でも年齢に関する資料はなかなかないのである。だから、たとえば関羽も張飛も趙雲も、死んだ年はわかるけれども、その年に何歳だったのかはわからないのである。

なおむかしは、なにごとも年数は、最初の年も最後の年も一年とかぞえる。たとえばある皇帝について「在位二年」とあったとする。これは、ある年に即位して、つぎの年に死んだということである。極端な話、十二月に即位して翌年一月に死んだとすれば、実質は一か月ほどしかないわけだが、最初の年も最後の年も一年とかぞえるから「在位二年」となるわけである。

逆に、一月に即位して十二月に死ねば「在位一年」である。だからばあいによっては、たとえば「在位二年」の人が「在位三年」の人よりかえって実質在位期間は長い、ということも、あり得るわけである。

年齢も同じである。生れた年も死んだ年も一年とかぞえる。劉備のばあい、生れた延熹四年も死んだ章武三年も一年にかぞえて「年六十三」なのである。いまの日本のかぞえかたとはちがうから注意してください。

劉備が生れたところは、涿郡《たく》の涿県という町である。いまの北京の近くであるから、当時としては、天下の中心からずっと北に離れたところである。なお「郡」というのはいまの日本の県にあたるくらいの行政単位、「県」は日本の町か村くらいの単位である。日本は明治時代に郡や県を設けた時に大きさの順序をとりちがえたのである。

さてそこで、「先主伝」の冒頭にはこうある。

先主姓劉、諱備、字玄徳、涿郡涿縣人。

こういうふうに、まずその人の、姓、名、字、籍貫《せきかん》をしるすのがきまりである。

「諱《き》」というのは名である。生きている人については「名」、死んだ人については「諱」と言うが、同じことである（日本ではしばしば「諱」を「いみな」とよむ。称してはならぬ名、の意である）。

名というのはたいへん重大なもので、めったに使うべきものではない。特に本人にむかってその名で呼びかけるなど、その人を悪罵する時でもないかぎり、あってはならぬことである。

これは別に中国人特有のことではない。いまでも地球上には、人から面とむかって名を呼ばれたらたちどころに死ぬ種族があるそうである。キリスト教のほうでも、神の名を口にしてはならない、と言っている。名を言うのはその人をおかすことだからである（神さまは人ではないんだろうけれど）。日本でも万葉集で天皇が野で会った娘に「名のらさね」と言っている。自分の名を言うことはいわばまっぱだかになること、無防備で身をゆだねることである。

名というのは、あることはあるけれど、口にすべきでないという感覚は、いまの日本では、かろうじて天皇についてのみ残っている。ただしそれも恐れの感覚はうすれつつある。われわれが子供のころは、「天皇陛下の名前はヒロヒトいうんやで。けど大きな声で言うたらあかんで」とヒソヒソと言うものだったけれど――。

まあむかしの中国人の名というものはそういうものだと思えばよい。

ただし、その人が過去の人となり、その人について歴史書で客観的に記述する時は名をもちいることになっている。それでも皇帝は別で、諡号《しごう》か廟号《びょうごう》をもちいる。諡号は死後にその人におくる名、廟号はその人をまつったみたまやの名である。たとえば曹操の諡号は武皇帝、廟号は太祖である。

劉備の諡号は昭烈《しょうれつ》皇帝だから、ふつうならば史書でその人を称する時は昭烈帝と呼ぶべきである。ところが『三国志』を書いた陳寿の立場（晋《しん》臣の立場）からすれば魏が正統であり、劉備の漢はいわば偽王朝であるから、帝と称するわけにゆかない。しかしまた「備」と呼ぶのは忍びないので、「先主」という呼称をひねり出したわけである。ただし先主と呼ぶのは「蜀志」の範囲内のみであって、「魏志」「呉志」では「劉備」「備」と呼ぶ。

孫権については「呉主伝」と題したが、文中ではすべて「権」である。つまり劉備と孫権とでは尊重の度を変えたわけで、これは客観的に見れば公平ではない。

さてそういうわけで名というものは重いもので、めったにもちいられぬものであるが、しかしその人に呼びかけまたその人について話す際に何か呼称がないと不便である。そのために、名とは別に「字」というものをつける。劉備のばあいはその字が玄徳なのである。

たとえば、周瑜《しゅうゆ》の字は公瑾《こうきん》、魯粛《ろしゅく》は子敬、呂蒙《りょもう》は子明である。友人が周瑜に呼びかける際は「公瑾」と言い、周瑜について他人同士が話す際も「公瑾」と言って、「瑜」とは言わぬのである。右の三人がみな死んだあとで孫権が彼らについて思い出話をする際も、「公瑾はえらかった」とか「子敬は手柄もあったが失策もあった」などと言っている。

『三国志』に登場する人物はみな、名は一字、字は二字であるからわかりやすい（後世はかならずしもそうでない）。

「涿《たく》郡涿県」は籍貫である。一族が代々住んできたところである。このころには籍貫と出生地とはまず一致する。後世になると、どこそこの人、と言っても当人は一度もそこへ行ったことがない、ということがいくらもある。劉備のばあいは、代々涿県に住んでいて、当人もそこで生れたのである。

さて、姓名、籍貫がすむと今度は父祖のことになる。もっとも三国に活躍する人物は下層出身であることが多いから、父祖のことなんか全然わからん人がいくらもある。関羽も張飛も趙雲も、父親の名前さえわからない。

劉備のばあいは、麗々しく家柄がしるしてある。原文はこうだ。

漢景帝子中山靖王勝之後也。勝子貞、元狩六年封涿縣陸城亭侯、坐酎金失侯、因家焉。先主祖雄、父弘、世仕州郡。雄擧孝廉、官至東郡范令。

漢の六代目皇帝景帝《けい》、そのむすこで中山靖王《ちゅうざんせい》に封じられた勝《しょう》という人、これが劉備の祖先である、と言う。その勝のむすこの貞《てい》という人は、元狩《げんしゅう》六年（紀元前一一七年）に涿県の陸城亭侯に封じられたが、事に坐して爵位を失い、そのまま涿県に住みついたのである、——とある。そこからいきなり、劉備の祖父の雄《ゆう》に飛んでいる。

景帝の孫の貞はたしかに実在人物で、紀元前二世紀後半の人である。劉備の祖父は二世紀前半の人にちがいないから、その間に二百年くらいの空白がある。

つまり劉備の生れた家は漢の皇室と同姓であったのだが、たしかに皇室の後裔であるという証拠はなにもないのである。まあかりに血筋だとしても、分岐したのが二百何十年も前のことで、そのあとをどんな人がつないできたのかわからんのだから、事実上無縁だと言ってよい。たとえて言えば宮本という姓の人が、オレは宮本武蔵の子孫だ、と言い張っているようなものである。

劉備はのちに皇帝になってから、先祖代々の廟を作った。そのことについて裴松之がこう言っている。

〈先主は孝景《こうけい》皇帝から出たと言っても、世代数が遥かに遠く、代々の名や順序が不明である。漢の後裔をつぐものと言いながら、何帝を元祖《げんそ》として親廟を立てたのかわからない。〉

これはかなり遠まわしな言いかたで、さあ、あんまりあてになりませんねえ、と言っているのである。

劉備の祖父の雄とそれから父の弘《こう》、いずれも州郡に仕えた、とある。地方官だったのである。祖父は孝廉に挙げられて、東郡の范《はん》という県の令にいたった、とある。

劉備の祖父の雄がどんな官職を経たのか一々は書いてない。最終最高の官職が范県の令（長官）だったのである。これは決して高い地位ではない。いまの日本の県知事みたいなものと思ったら全然ちがう。まあ町長くらいのところである。しかし孝廉に挙げられて県令にいたったという祖父の経歴・身分より見れば、その家は当然地方豪族の家柄だったのである。

そのあと、劉備は幼くして父を失い、母とともに履物を売りムシロを織って生業とした（先主少孤、與母販履織席爲業）とある。

これを見て、「劉備は極貧の家に生れたワラジ売りの少年だった」などと言う人があるが、それはない。豪族と言ってもピンからキリまである。また、いまの日本の核家族とちがって一族がいっしょに住んでいるわけだが、そのなかでも、比較的楽な一家もあり苦しい一家もある。劉備の家は父が早く死んで苦しかったのである。この条はむしろ、豪族と言っても下のほうの、そのなかでもゆたかでない部分は、庶民同様のことをして生計を立てることもあったらしいという資料として受取ればよい。

そのあと、短い話が二つのせてある（以下原文は略す）。

一つめ。家の庭に大きな桑の木があって、遠くから見るとこんもりとまるで車蓋《しゃがい》（貴人の乗る車の覆い）のように見えたので、通る人がみなこれはすごいと言っていたところ、ある人が「きっと貴人が出るぞ」と言った。

二つめ。劉備が子供のころ、一族の子たちとこの木の下で遊んでいて、「ぼくはきっとこんな羽蓋車《うがいしゃ》に乗るぞ」と言ったら、叔父が「めったなことを言うな、一族の破滅だ」と言った。

こういうのを、帝王伝説と言う。一人の力で天下を取った人には、たいていあとでこういう「そう言えばそのきざしがあった」のたぐいの話ができる。母親が太陽を呑みこむ夢を見て身ごもったとか、生れた時部屋中に光が満ちわたったとか、いろいろある。たいていは作り話だし、元来どうということもない話もある。「ぼく大きくなったらこんな立派な車に乗るんだ」くらいのことを言う男の子はいくらもあったろう。

伝説であるから本来史書の守備範囲ではないが、帝王になった人の生涯をしるす際の慣例的手続きみたいなものである。

つぎに、十五歳になると母が学問に行かせた、とある。ついた先生が著名な学者盧植《ろしゅく》で、ここで公孫瓚《こうそんさん》と同門になった。

男の子がある程度の年齢になれば、ちゃんとした先生につかせるというのが格式ある家のならいである。農民の子はそんなことはしない。なお十五という年齢はそんなに正確なものと受けとる必要はない。論語に「十有五にして学に志す」とあるからそれにあわせて学問歴の形をととのえたのである。

さて学問の師についたが学資がない。同宗の劉徳然《りゅうとくぜん》の父元起《げんき》が、むすこと同額を出してくれた。この「同宗」というのが一族で、同じ敷地内の別の建物に住んでいるのである。そして劉元起の家はあきらかに劉備の家よりゆたかなのである。元起の妻が、「各自一家なのに、どうしていつもそんなことをするのです」と夫に苦情を言った。各自一家、つまり一族と言っても家計は家ごとに別なのである。

そうまでしてもらって先生についたのだが、劉備は「勉強が好きでなく、狗馬《こうば》・音楽を喜び、衣服を美にした」とある。典型的な、豪族の不良息子タイプである。

いや、不良息子というとめったにいないやつのように聞えるかもしれぬが、そうではない。豪族のむすこはみな幼時から勉強させられるのだが、学問を愛して身を慎しみ、親に孝行、品行方正、というのはかえって少数で、勉強より遊ぶほうが好きとか、武術（つまりケンカのけいこ）が好きというほうが多い。

いまで言えば、狗馬（犬と馬）はスポーツである。音楽は女の子である。美服は無論おしゃれだが、たいへん金のかかることでもあり、また要するに仲間うちで格好をつけることなのだから、むしろいまの外車とかスポーツカーとかと思ったほうが近い。

美服だけでなく、狗馬も音楽（もちろんくろうとの女である）も金のかかることであるから、「ムシロを織り履物を売り」はすこしあやしいかもしれない。

そういう豪族の不良息子はどこにでもいるから、なかまを作る。そこに、度胸を誇り信義を重んずるといった気風が生じる。それを「俠《きよう》」と言う。

それはかならずしも豪族のむすこだけではない。農民のせがれでも、百姓なんかおもしろくないと、無論豪族のむすこのような金のかかることはできないけれど、徒党を組んでケンカを売ってまわるような手合いはいくらもいる。

平和で秩序のある時代ならば、こういう連中は、いい家の不出来なむすこ、あるいは田舎のゴロツキでおわり、歴史に名を残すことなぞあり得ないのだが、三国の時代は乱世だからそういう連中が頭角をあらわす。李通《りつう》は「俠を以て江汝《こうじよ》の間にきこえた」、典韋《てんい》は「志節《しせつ》有って任俠」、甘《かん》寧《ねい》は「游俠を好み、軽薄少年を招合してこれが渠帥《きよすい》となった」等々と、堂々歴史に名をのこすのである。「軽薄少年」は、不良、チンピラ、「渠帥」は頭目、親分。

劉備もまた、「豪俠と交結するを好み、年少争ひてこれに附す」とある。「年少」は軽薄少年と同じ。渠帥とまでは行かないまでも、まあちょっとした親分だったわけである。

＊

三国の時代は、「この人以外に主君はない」という時代ではないから、多少なりとも勇力や才幹に自信のある者は、有利な将来を求めてあっちにくっついたりこっちに仕えたりする。そういう際、よほど著名な学者とか特殊技能者は別として、まず一人ということはない。配下の集団をつれている。いわばそれを手みやげに帰属を申し入れるのである。

たとえば荀彧《じゆんいく》などは、家は名門だし当人は抜群の英才だし、一人でも十分ねうちのある人物だが、やはり「宗族《そうぞく》」つまり荀氏の一族郎党をひきつれて袁紹に仕え、袁紹を見限って曹操に仕えている。袁紹にせよ曹操にせよ、荀彧本人はもとよりだが、同時に、潁川《えいせん》の荀氏という名族が味方についてくれるのが心強いのである。

しかし荀彧のばあいはやはり例外である。そうだれもが天下著名の名門であるわけがない。ふつうはもっとはっきり、武装した子分たちをひきつれているのである。

この、ある個人（時には家族）がひきつれている私兵集団は、いろいろな名で呼ばれる。最もかたい言いかたは「部曲《ぶきょく》」である。

部曲というのは本来は、官軍の編制単位である。むかしの中国の官軍も近代の軍隊と同じで、小さい単位からだんだん大きい単位への編制がある。そのうちの千人くらいの単位、つまり中隊くらいのを「曲」という。曲が二つか三つあつまった単位、つまり大隊くらいのを「部」という。そのことから一般に軍隊のことを部曲というようになり、さらに東漢末のころには、私兵のことも部曲と言うようになっているのである。

建安十六年（二一一）、益州牧の劉璋《りゅうしょう》が、劉備を益州に迎え入れようとした時、黄権《こうけん》が反対して、「部曲として遇すれば不満をいだきましょう。賓客として礼待しようとしても、一国に二君は要りません」と諫言している。これが部曲という語の本来の用法で、劉備の軍勢を益州軍の一部隊として入れようとしたら劉備はおこるだろう、と言うのである。

しかし一般には、私兵の意にもちいる。たとえば「魏志・劉曄《りゅうよう》伝」に「揚《よう》州の男は軽俠狡桀《けいきょうこうけつ》なのが多く、鄭宝《ていほう》、張多《ちょうた》、許乾《きょけん》などがそれぞれ部曲を擁していた」とあって、そのあとを見ると、鄭宝の配下は「精兵数千」とある。また鄧艾《とうがい》の伝に、「呉の名宗大族は皆部曲を有す」とある。

この私兵集団のことを、他に「衆」「兵」「軍」「客」「徒」「属」などとも言っている。このうち「客」「徒」「属」はだいたい数十人から数千人くらいの私兵集団である。「客」は「賓客」とも言う。「衆」「兵」は、数十人程度から数万数十万の集団まで含む。

李典《りてん》の伝を見てみよう。

李典の従父の李乾《りけん》は雄気ある人で、賓客数千家を糾合して乗氏《じょうし》（地名）に盤踞《ばんきょ》していた。初平年間に衆をひきいて曹操陣営に加わった。乾が死ぬと、曹操はそのむすこの李整《りせい》に父の兵をひきいさせた。整が死ぬと、曹操は李典にその軍をひきいさせた。曹操が官渡で袁紹と対陣した時、典はその宗族部曲をひきいて穀帛《こくはく》（軍需物資）を輸送した……。

右のように、いろんな言いかたをしているが、みな同じ私兵集団である（もちろんだんだん拡大充実していようが）。それが、頭領が死ぬと跡目にうけつがれてゆく。〇〇組二代目、三代目みたいなものである。『三国志』の登場人物たちにとっては、この集団がだいじなだいじな財産なのである。そして頭領は、配下たちを食わせ、集団を維持するために、資力あり将来性ありそうな大将にくっつくのである。

さて劉備に話をもどそう。

劉備が任俠の徒とまじわって愚連隊の兄貴分か不良のリーダーみたいなものになったことをのべた。そのあとにこうある。

〈中山の大商張世平《ちょうせいへい》、蘇双《そそう》らが千金の元手を持って涿郡で馬の販売や斡旋をやっていた。先主を

見て異とし、多く金財を与えた。先主はこれによって徒衆を合することができた。〉

ここのところ、ほんとうはもっとくわしく知りたい。しかしこれだけしか書いてない。裴松之の注もない。

いくら劉備が見どころのある不良だったにもせよ、よその土地から来た商人が、だいじな資本をただくれてやるというのはちょっと不自然である。彼らは劉備から何を買おうとしたのだろうか。劉備に何を期待したのだろうか。

あるいは、これはあとで飾った表現であって、劉備は子分たちをひきつれて商人たちから金をおどし取ったのだろうか。

ともかくこの金によって劉備は「徒衆を合する」つまり私兵集団を持つことができた。

おりから黄巾《こうきん》の乱がはじまった。霊帝の中平元年（一八四）、劉備二十四歳の時のことである。黄巾の乱を日本の農民一揆みたいなもののように言う人があるが、それはまったく誤りである。これはこれで、宗教を核とする、巨大な武装勢力である。各地に独立の集団があり、ゆるやかに連合している。

これが、袁紹、袁術、曹操らの武装集団とどこがちがうのかといえば、袁紹らは国家の官僚である。だから形の上ではあくまで（意識の上でも多分に）漢朝廷の正統性と支配を認め、その下で、自分の私的勢力を強化し支配地域を拡大しようとしている。それを押し進めてゆけば当然朝廷を否定することにならざるを得ないのに、形の上ではどこまでも朝廷擁護だから、どうしても一貫せぬところがある。あいまいである。スッキリしない。必然的に、言うことがウソっぽくなる。

その点黄巾はスッキリしている。はじめから朝廷の支配を認めない。ひっくりかえして自分らが取ってかわるのだと呼号している。朝廷の官僚はみんな殺してしまえと言い、実際そのとおり実行する。だから官僚武装勢力、つまり群雄たちは、まず黄巾をつぶしにかかるのである。

黄巾は、人数はものすごいものだが、キチンとした軍隊組織になっているわけではない。だから、郡や県の役所などを襲うと数の力に物を言わせてほんとうに役人を皆殺しにしてしまうが、ある程度組織や指揮の整備された官僚軍にかかると、わりあい簡単に負ける。そのかわり、頭脳や心臓にあたる部分がないから、こっちの黄巾をつぶしてもあっちの黄巾は平気で生きている。えんえんとつづいたのはそのゆえである。

指導者クラスはともかく、大多数の参加者は食うために加わっているのであり、特に反体制的自覚や信念があるわけではない。負ければ容易に勝者に吸収される。

初平三年（一九二）、曹操は青州の黄巾を打ち破った。兵士三十余万、男女百余万が降伏した。逃げたのもいるだろうから、すくなく見つもっても百五十万人くらいの大集団だったらしい。それを打ち破った曹操の軍はほぼ五千人強というところである。統制ある軍と烏合《うごう》の衆との戦いの典型のようなものだ。

曹操はこの捕虜のなかの精鋭をすぐって自軍に吸収し、これを「青州兵」と号した。曹操が強くなるのはこれからであり、曹操軍の最強部隊はもと黄巾なのである。

劉備は、馬商人からもらった金で自分の軍を持ち、この黄巾つぶしの混戦の渦中へはいって行ったのだった。

*

小さな集団の頭目は、財産である集団を手みやげに勢力のある大将にくっつくのであるが、劉備のごとくあっちについたりこっちについたりした人はめずらしい。ふつうは、最初についた大将が曹操に負けたのでこんどは曹操についた、つまり合計二君に仕えたくらいが多い。劉備は六君くらいに仕えて、しまいに独立している。信用ならぬ男とも言えるし、しぶといやつとも言える。

黄巾つぶしに参入して行った劉備が最初のころどうしていたか、具体的なことはあまりわからない。「先主伝」にすこし書いてあるが、傍証がないからあまりあてにならない。だから『資治通鑑』も、公孫瓚に身を寄せるまでのことはみな捨てている。朝廷から派遣されてくる黄巾討伐軍に自分を売りこんで、ちょっとした官職をもらうようなことをやっていたようだ。しかしそれもあまりうまくゆかず、むかしの知りあいである公孫瓚をたよって行ったのが初平二年（一九一）、三十歳をちょっとすぎたころである。

むかしの知りあいと言っても今は全然格がちがう。このころの公孫瓚は、袁紹・袁術とともに天下の三雄の一人と言ってよい（曹操が一線級にのしあがるのはもうちょっとあと）。たまたま公孫瓚はこの時部下の田楷《でんかい》を青州刺史に任じて袁紹の備えをさせたので、劉備をその配下に入れてやった。したがって劉備は、直接には田楷についたわけである。

く。——誤解が生ずるといけないので、ちょっとこまかい話になるが、テキストのことを言ってお く。「先主伝」のここのところはこうである。

劉備は「爲賊所破」(黄巾に負けて)、「往奔中郎將公孫瓚」(中郎将公孫瓚に身を寄せた)。「瓚表爲別部司馬」(瓚《さん》は上表して劉備を別部司馬とし)、「使爲青州刺史田楷以拒冀州牧袁紹」(青州刺史田楷の補助役として冀州牧袁紹に対する備えをさせた)。

問題はこの「爲」の字である。清の銭大昕《せんだいきん》が、この「爲」は誤りで、「助」であるべきだ、と主張した。それはまあいい。民国の盧弼《ろひつ》は、この「爲」は「與」であるべきだと言って、従来そんなテキストは一つもないのに、自分の『三国志集解』において、乱暴にも本文の字を改竄して「與」にしてしまった。現在通行している中華書局版もそれをそのまま採用している。わが国の翻訳にもそれを受入れて「田楷とともに」と訳してあるのがある。

どうしてそういうことが生じるのかというと、『三国演義』などを見てもわかるように、中国では(そしてわが国でも)多くの人は心情的に劉備や諸葛亮や関羽張飛の味方である。劉備に関することはちょっとでもよいようにしたい。しかるに劉備が、公孫瓚の配下の田楷の、そのまた配下というのではおもしろくない。ところが「爲」を「與」にたった一字変えただけで、劉備は田楷と同格であることになる。だから乱暴なことでも人がとびつくのである。

ここと同じ文章は「趙雲伝」にもある。趙雲は「本属公孫瓚」(もと公孫瓚に属していた)、「瓚遣先主爲田楷拒袁紹」(瓚が先主を田楷の補助役としてつかわして袁紹に備えさせた時に)、「雲遂随從爲先主主騎」(雲は随従して先主の主騎となった)。盧弼はこの「爲田楷拒袁紹」も、ちゃんと「與田楷拒袁紹」に改めている。ところが中華書局版は、どういうつもりかここはそのまま「爲田楷」である。頭かくして尻かくさずだ。中華書局版の無定見はかくのごとくである。

　この件については、『三国志集解補』に引く林国賛が、「こういうばあいの『爲』はそのままで「助」の意味なのだ。だから銭大昕の言い条はもっともだが『助』に改める必要はないのである」といくつも例をあげつつ論じているのが非常に明快である。

　テキストの問題はそれでよいとして、もう一つ言っておきたいことがある。『三国志』は紀伝体史書であるから個人の伝の集積である。そして伝というものは、重要な悪人について特に伝を立ててその悪辣ぶりを叙述し指弾するようなばあいは別として、なんといっても歴史上顕著な人物を後世に称揚するものであるから、なるべくその人物にとって不名誉でないように書く傾向がある。

　たとえば人物Aと人物Bが戦ってAが勝ち、Bが降伏したとする。これはAにとっては名誉なことであるから、Aの伝にはそのまま書く。しかしBにとっては名誉なことではないから、Bの伝ではそのことに触れないか、書くとすれば「Aと戦い、和睦した」というふうに書くのがふつうである。これは赤壁の戦いのことを考えればすぐわかるだろう。この戦いは魏の惨敗におわったから、この戦いに関する記事は、参戦したはずの魏の諸将の伝には出てこない。はなはだ不名誉なことだからである（「武帝紀」は国家の正式の記録だからまったく触れないわけにもゆかないので「公至赤壁、與備戦、不利」ときわめて簡単にしるしてある）。

　であるから、さきに言ったようなばあい、「和睦した」とあれば「ああ負けて降参したんだな」

と推測してやればよいのである。

そこで劉備の「爲田楷拒袁紹」のばあい、この「爲」は「助」の意味であると解するのはそれでよいのだが、「爲」にせよ「助」にせよ、これでも劉備の顔をつぶさないように書いてあるのだということを理解せねばならない。

田楷は一触即発の地へ派遣された大将である。それも袁紹にあたろうというのだから、数万の軍勢をひきいていることはまちがいない。劉備はと言えば、その指揮下の予備中隊の隊長というところである。はっきり言って、いてもいなくてもいい程度の附属部隊の長にすぎない。だから客観的には、「公孫瓚は負けてたよってきた劉備を、むかしのよしみで、袁紹と対峙している田楷の配下につけてやった」というところなのだが、それではあんまりだから、「田楷を助けて袁紹にあたらせた」と言ったのである。盧弼《ろひつ》はそれでも不足で「田楷とともに袁紹にあたらせた」と変えたわけだ。

＊

初平四年（一九三）から興平元年（一九四）にかけて曹操が徐州牧の陶謙《とうけん》を攻めた。陶謙は田楷に助けを求めた。田楷が救援におもむいた時、劉備もいっしょに行った。陶謙は劉備に会ってその人物を見こんだらしく、丹楊《たんよう》兵四千を劉備にくれた。劉備は躊躇なく田楷を捨てて陶謙に鞍がえした。

陶謙救援に赴いた時劉備がどれだけの手勢を持っていたのかというと、「兵千余人と幽州烏丸《うがん》雑胡騎《ざっこき》、それに略奪した飢民数千人」とある。

烏丸雑胡騎は北方異民族の騎兵である。

何のために飢民を数千人もつれているのかというと、昔《むかし》は人間が動力である。人間がこんにちの工作機械やトラックであり、ガソリンや電力である。十九世紀にいたるまで、軍隊や盗賊が村を通ると、村民を村ぐるみゴッソリつれてゆくということはよくある。「略奪した」というとだれかから取ったみたいだが、そうではなく、強制収用である。

そういうオンボロ集団をひきつれた劉備に、陶謙は丹楊兵四千をくれた。

丹楊郡は長江下流域、現在の安徽《あんき》省南部一帯である。兵隊が足りなくなると丹楊へあつめに行く、ということはしばしば見える。よほど屈強な男がたくさんいて、金を出せばいくらでもあつまったものらしい。つまり「丹楊兵」というのは体格がよくて勇猛な兵隊の代名詞みたいなものである。それを気前《よ》よく四千人もくれたので、劉備はあっさり田楷を捨てて陶謙に乗りかえた。

陶謙はすぐ劉備を豫州刺史にしてくれた。劉備が「劉豫州」あるいは「豫州」と呼ばれるようになるのはこれからである。

このあたりが、デタラメとも思うし、よくわからぬとも思うところである。

劉備が豫州刺史になった興平元年には、郭貢《かくこう》という人が豫州刺史であったことは「荀彧伝《じゅんいく》」に見えている。その人が更迭されたわけでもなさそうだ。そして先主伝に「謙表先主爲豫州刺史」とあるところを見ると、陶謙は朝廷に申請し許可を得て劉備を豫州刺史にしたのらしい。このころの朝廷は長安に移り、李傕《りかく》・郭汜《かくし》が朝権を握っている。四年前に董卓が献帝を洛陽からつれ出して以来、朝廷は混乱状態である。こういう際に「表」というのは実際のところどういう手続きをし、どの程度の実質をともなっていたのだろう。考えてみれば、徐州牧である陶謙が、現任の豫州刺史が死んだのでもやめたのでもないのに、自分に身を寄せてきた男を豫州刺史にしてやるというのが、全然変なのである。

陶謙はまもなく死んだ。死ぬ前に「この州を治めるのは劉備をおいてない」と言ったので、陶謙の部下の糜竺《びじく》らが劉備に徐州牧になるようすすめると、劉備は自分はその任ではないと再三固辞したあと、やっと引き受けた。謙虚なのは結構だが、それなら豫州刺史の時になぜ遠慮しなかったのだろう。豫州刺史はまったくの虚名で、徐州牧は実体があったのだろうか。豫州刺史より徐州牧のほうがはるかに格が上だったのだろうか。多分そうなのだろう。しかしそれなら、劉備はなぜ徐州牧になったあとも「劉徐州」とは呼ばれず、依然「劉豫州」と呼ばれるのだろう。

＊

ここで劉備と呂布《りよふ》との関係をのべておこう。双方とも反復つねならぬ男だからめまぐるしい。

二人がはじめて会ったのは興平二年（一九五）、劉備は徐州牧として下邳《かひ》に居り、呂布は曹操に負けてすこし前から根拠地にしていた定陶《ていとう》を追い出され、劉備を頼って逃げてきた時である。呂布は劉備に対して大いに敬意をはらい、「君もおれも辺地出身の人間だ。関東の諸侯が董卓討伐の兵をおこしたのを見て、おれは董卓を殺して東へ出てきた。ところが関東の諸将はどういうわけかおれに冷たい。暖く迎えてくれるどころか、みなおれを殺そうとする」と不平を言い、自分の本営に劉備を請じ入れて妻を紹介し、兄弟分の盃をかわした。もちろん呂布が兄貴分である。

翌建安元年（一九六）、袁術と劉備の争いがはじまった。劉備は下邳《かひ》を張飛に守らせて出陣した。

袁術は呂布に手紙をやり、「我輩は生れてこのかたこの世に劉備なんて人間がいることさえ知らなかったが、その劉備がちかごろ生意気に我輩に手むかいしておる。将軍ひとつこいつをやっつけてもらいたい。聞けば将軍は軍糧にお困りだそうな。この手紙といっしょに二十万石送ります。あとひきつづきぞくぞく送ります」とのべた。呂布は非常に喜んで、軍をひきいて水陸より東進し下邳を攻めた（と言うところを見ると呂布は下邳の西に居たのだろう、と胡三省が言っている。まことにもっともである）。張飛は逃げ出し、劉備は急いで引きあげて来たがぼろ負けし、いったん海西というところまで逃げたが、食糧がつきて兵士たちがたがいに食いあうという惨状になったので、とうとう呂布に降参した。

呂布は、袁術がそのあと約束どおり軍糧を送ってこないので腹を立てていたところだったから、劉備の降伏の申し出に喜び、「よし、おれとお前と力をあわせて袁術をやっつけようではないか」と、劉備の徐州牧は自分が取り、劉備をまた豫州刺史にしてやった（やはり徐州牧の方がずっとねうちがあるのである）。下邳には呂布が陣取り、劉備は小沛《しょうはい》に屯することになった。このあとしばらく、劉備は呂布の配下ということになる。

なお、この建安元年の敗戦の際、劉備は呂布に妻子をとらえられた。劉備は、下邳の守りを張飛にまかせ、妻子も当然そこにおいて、自分は袁術との戦いに出陣したのであるが、呂布が袁術の籠絡にあって兄弟分の誓いをいともかんたんに破り下邳へ攻めて来たものだから、張飛は自分だけさっさと逃げ出し、劉備の妻子は呂布につかまったのである。あとで劉備が降参すると、呂布は妻子を返してくれた。

この時を第一回として、十年あまりのあいだに劉備は四度も妻子を失っている。いずれも敗軍の際に敵にとらえられたり、ゆきかた知れずになってしまったのである。いかに劉備がよく負けたかがわかる。

この第一回のように、あとでちゃんともどってくるのはよいが、それっきり、というばあいもある。するとまた別の女が妻になって子を生む。史書がそれぞれの名前や人数や、あるいはちゃんともどってきたのか否かを記録しておいてくれたらよいのだが、いつもただ「妻子を失った」だけなので、蜀に落ちつくまでの劉備の妻子のことは、どうもよくわからんのである。

さて――

その後袁術の部下の紀霊《きれい》が、馬軍歩軍あわせて三万をひきいて劉備を攻めた。劉備は当然呂布に助けを求めた。呂布はすぐにかけつけ、紀霊など袁術がわの諸将と劉備と、双方を招いて宴会をもよおした（このあたりさすがに呂布は貫禄がある）。

呂布は演説した。「玄徳は我輩の弟である。その弟が諸君に苦しめられていると聞いて助けに来たのである。我輩は性来、人のケンカをけしかけるのはこのまない。人を仲なおりさせるのが好きである。」

そして部下に命じて軍営の門に戟《げき》を立てさせて言った。「我輩がこれからあの戟の小枝を射る。

うまくあたったら双方とも兵を引いてくれ。あたらなかったら戦闘を続けてくれ。」

呂布が射ると、矢はみごとに小枝にあたった。紀霊らは「将軍は天の威なり！」と驚き、翌日もう一度盛大な宴会をやって、引きあげて行った。

……とそこまではいいのだが、すぐそのあと、呂布は劉備を攻めている。劉備が兵士を一万人以上もあつめたのを見て呂布が腹を立てたのだと先主伝にあるが、どうも根拠薄弱である。何か悶着があったにちがいない。というのが、呂布が攻めると劉備はかんたんに負けている。ならば一万の兵も大した脅威ではないわけだ。

負けた劉備は曹操にたよった。曹操は劉備を豫州牧にしてやった。劉備はこれで豫州の長官になること三度目である。ただし、陶謙と呂布は豫州刺史にしてくれたが、曹操は豫州牧にしてくれた。刺史より州牧のほうが権限が大きい。と言っても、刺史にしても州牧にしても、どれだけ実質がともなっていたか疑問である。どうせ虚名なら、陶謙や呂布も州牧をやってもよさそうに思うが、そのあたりはどうもよくわからない。

とにかくこれで、劉備は呂布の弟分をやめて曹操の配下になった。曹操は劉備に兵と食糧をくれ、また沛《はい》国にもどしてくれた。

建安三年九月、呂布はその将高順《こうじゅん》らをつかわして劉備を攻めた。劉備は敗れて単身逃げ出した。この時にまた劉備は妻子を高順にとらえられている。高順はつかまえた妻子を呂布のもとへ送った。この妻子は、あとで呂布が負けた時にもどってきている。呂布は乱暴者だが、敵がたの大将の家族は手あつく保護したようだ。

さて劉備が負けて親分曹操のいる北をめざして逃げてゆくと、曹操はみずから軍勢をひきいて救いに来てくれた。曹操と劉備は梁《りょう》で出会い、ともに下邳の呂布を囲んだ。

呂布の最も忠実な参謀は陳宮《ちんきゅう》、最も忠実な将は高順である。ところが、侯成《こうせい》、宋憲《そうけん》、魏続《ぎぞく》等の諸将が陳宮・高順をとらえて二人を手みやげに曹操に投降してしまったから、さすがの呂布も手足をもがれた虎同然、つかまってしばりあげられ、曹操の前へ引き出された。それでもちっともへこたれないのが呂布である。

「やあ、これで天下は定まったな」と曹操に言った。

「何のことだ。」

「お前さんの頭痛のタネはこのおれ一人じゃないか。それが降参したんだ。おれが騎兵をひきい、お前さんが歩兵をひきいたら、天下平定まちがいなしということよ。」

それから劉備のほうをむいて言った。

「玄徳、お前はこちらの客分だ。おれは捕虜だ。おれがこんなにきつくしばりあげられているのに、一言あってよさそうなものじゃないか。」

曹操が苦笑して言った。「虎をしばるのはきつくせぬとな。」そして左右の者に、解いてやれ、と命じた。

とたんに劉備が「いけません！」と制した。「この呂布が丁建陽《ていけんよう》と董太師《とうたいし》にどう仕えたか、考えてもごらんなさい。」

「ふむ」と曹操はうなづいた。

呂布はカッと目をむいて「この大耳め！」と劉備をののしった。丁建陽は丁原《ていげん》、董太師は董卓《とうたく》である。いずれもかつて呂布の主君であり、呂布に殺された。

劉備は耳が大きくて、自分の耳が見えたという。だから「大耳児」（耳の大きな子）というのがアダ名、ないし愛称であった。

この話、たいてい作り話なのだろうが、なかなかよくできている。呼びかたに注意してほしい。呂布は劉備に対して「玄徳」と呼びかけている。兄弟分としての親しみのこもった呼びかたである。仲のよかったころを思い出してほしいという、情に訴える気持がこもっている。

ところが劉備は、呂布その人に対してはもはや何も言わない（もし言うとすれば「奉先《ほうせん》」と呼びかけることになるが、それでは親しみをあらわすことになってしまう）。そして曹操に対して言う際、呂布を名で呼んでいる（『三国志』では「布」、『後漢書』では「呂布」）。蔑視と嫌悪をこめた呼びかたである。それが、「丁建陽・董太師」という、これは一定の尊重を示す言いかたによって際立たせられている。もしここで「奉先が丁建陽と董太師にどう仕えたか……」と言えば、まだ若干のあたたかみがあり、助かる余地もあるかもしれないが、「布が……」では氷のようにつめたい。さすがの呂布も冷水を浴びせられた気がしたろう。

呂布はひきずり出され、くびり殺された。

これが建安三年のことである。

このあと劉備は曹操について許へ行き、ここで董承《とうしよう》らの曹操暗殺計画に加わるが、露顕する前に逃げ出して沛にもどり、今度は曹操と敵対している袁紹につうじた。

建安五年（二〇〇）はじめ、曹操は、官渡で袁紹とにらみあっているいそがしい最中に、みずから軍をひきいて劉備を攻めた。劉備は負けて袁紹のもとへ逃げた。

この時にまた妻子が曹操軍にとらえられている。その妻子はその後どうなったか、記載がない。仏の顔も三度まで。今度こそそれきりになってしまったのであろう。

袁紹は劉備に、曹操の後方攪乱をやらせた。しかし曹操の派遣した曹仁《そうじん》の軍に打ち破られて、袁紹のもとへ逃げもどった。

その後、袁紹はまた劉備を曹操支配地域のかきまわしに出した。こんなふうに、建安五年から建安六年にかけての時期、劉備はもっぱらゲリラ戦をやっていたようである。建安六年になって、すでに袁紹に大勝して余裕のできた曹操がみずから劉備を攻めに出むいた。劉備はそれを聞くと逃げ、荊州《けいしゆう》の劉表《りゆうひよう》にたよった。

この数年の劉備を見ると、なぜこんなにあっちについたりこっちについたりするのか、理由がわからない。無論、あっちについたりこっちについたりしてうまくゆくのならそれでよいのだが、どれもうまくゆかず、負けてばかりいる。多分、劉備としては、その時その時のもくろみがあり、計算があるのであろう。史書はそのもくろみや計算までは書いてくれず、行動のみを記録しているから、腰のきまらない無定見な男に見えるのかもしれない。あるいは劉備は、自分の計算能力にすっかり絶望して、だれか頭脳を引き受けてくれるやつはないかと秀才探しをはじめ、諸葛亮にぶつかったのかもしれない。

とにかくこうして劉備は、公孫瓚、陶謙、呂布、曹操、袁紹、と渡り歩いて劉表にたどりつき、どうしたわけか急におとなしくなって、実に六年間、劉表の庇護のもとでひっそりかんとくらすことになるのである。

その後の劉備のことは、「諸葛亮」の項、あるいはその他の人々の項で見ることにしよう。

諸葛亮（一八一～二三四）

諸葛亮は素性のわからぬ男である。そう思うのは、父親の名前に不審を感ずるからである。父の名は珪《けい》、と『三国志』にある。字は、たいていの本では君貢《くんこう》としてあるが、元本（元の大徳年間の刊本）では子貢《しこう》とする。

兄は、名は瑾《きん》、字子瑜《しゆ》である。

ここでちょっと中国人の名前の話をせねばならぬ。すべて男のことである。

中国では、二千数百年のむかしより二十世紀にいたるまで、一族の同世代の者の名前の一字をそろえることがよくおこなわれる。顔真卿《がんしんけい》、顔杲卿《がんこうけい》、顔曜卿《がんようけい》、顔春卿《がんしゆんけい》、あるいは毛沢東《もうたくとう》（字潤之《じゆんし》）、毛沢民《もうたくみん》（字潤蓮《じゆんれん》）、毛沢覃《もうたくたん》（字潤菊《じゆんきく》）のごとくである。

この「同世代」は、日本語の同世代とは意味がちがう。一族の系譜の上で、或る人物の曾孫にあたる者たち、というようなことであるから、年齢はずいぶんちがうこともある。

同世代で年上の者は「兄」と言い、年下の者は「弟」と言う。日本のいとこやまたいとこもふくむわけである。一世代上で父より年上の者は「伯父《はくふ》」と言い、年下の者は「叔父《しゆくふ》」と言う。一世代下の者は「姪《てつ》」と言う。

そこでまた名前のことだが、日本のごとく、清盛の子が重盛、秀吉の子が秀頼、というように親と子が同じ字をもちいることは決してない。親の名は親そのものであり、その字をもちいるのは親を侵すことになるからである。名前にもちいないのみならず文章のなかでももちいず、平生の会話においてもその音は口に出さず、人が不用意にその音を口に出したらサッと顔色を変えねばならんほどである。唐の詩人李賀《りが》の父は名を晋粛《しんしゅく》といった。李賀は科挙の進士科の試験を受けようとしたが、晋と進は同音であるから父の名を侵すことになる、と受けさせてもらえなかったのは有名な話だ。

東晋の王忱《おうしん》という人は大の酒好きであった。それも熱燗《あつかん》でないとだめだった。ある時桓玄《かんげん》という将軍の家へおよばれに行った。酒が出たが、あいにくつめたい酒だったので、すみませんが温かい酒（温酒《おんしゅ》）にしてくださいな、とたのんだら、とたんに主人がオイオイと泣き出してしまった。桓玄のお父さんは桓温《かんおん》なのである。王忱は面目なくて、そそくさと退散した。それくらい、父の名というのは、口にしてはならぬものなのである。

これが皇帝の名前となるとやっかいである。天下のすべての人間の父親みたいなものだからだれもその字が使えない。たとえば唐の太宗《たいそう》は李《り》世民《せいみん》という名だったから、唐代三百年をつうじて「世」は「代」と、「民」は「人」と言わねばならなかった。民心のことを人心と言うようになったりしたのはこの時からである。まあはじめから大きくなったら皇帝になるとわかっている人であれば、まわりの者も気をつけてめったに用のない字を使った名をつけるのだが、李世民のばあいはまさか皇帝になるとは思わないから、用の多い字を名にして長期にわたって世間に大迷惑をかけたのである。

その点日本は礼にならわぬ東夷の蛮国であるからのんきなもので、子が父の名を侵すのはもとより、以前大洋ホエールズに近藤昭仁という選手がいたが（その後同球団の監督になった）、こんな恐れ多い名前をつけて親父が死刑にもならず、役場も平気で受けつけてくれるのだからおおらかなものである。

一字名前のばあいは偏旁をそろえることがよくおこなわれる。蘇軾《そしょく》・蘇轍《てつ》兄弟が車でそろえてあるのは有名。二人の父は蘇洵《じゅん》、その兄は蘇渙《かん》、と上の世代はサンズイでそろえてある。『三国志』ではたとえば劉表のむすこの劉琦《き》・劉琮《そう》兄弟。片方が曹操につき、片方が劉備にたよってお家騒動になる。

後漢・三国のころの人はみな一字名前である。よほどまれに例外はあるかもしれないが、まず全員一字名前と思ってまちがいない。二字名前と見える人物が出てきたら、それは字か号か何かである。たとえば諸葛亮のわかいころの友人に崔州平《さいしゅうへい》というのが出てくるが、この州平というのは字である（名はわからない）。――そういうしだいであるから、後漢・三国時代には、同世代の名をそろえようとすれば偏旁でそろえるほかないわけである。

『三国志』に、諸葛瑾《きん》は諸葛亮の兄だとある。ただし、いかにも縁の薄そうなようすから見て、実の兄弟（同じ父の子）ではなくて、系譜の上で同世代であるという「兄」だろう。その諸葛瑾と同じ玉偏名前の諸葛珪という人は、諸葛瑾の兄弟であるほうが自然である。一説に言うごとく諸葛珪の字が子貢であればいよいよそうである。後漢・三国には玉偏名前の人が多いが（公孫瓚《こうそんさん》、周瑜、陳琳、劉璋、蔣琬等々、しかし親子そろって玉偏とか伯父も姪も玉偏とかいうのはないんじゃなかろうかと思う。

なお、裴松之が引く『諸葛亮集』に、魏の謁者僕射《えつしゃぼくや》諸葛璋《しょう》という人物が、司徒華歆《かきん》、司空王朗、尚書令陳羣《ちんぐん》、太史令許芝《きょし》といった崢々《そうそう》たる高官連と名をつらねて出てくる。この人も諸葛瑾の兄弟である可能性がある。

わたしは、諸葛一族のなかで、諸葛珪・諸葛瑾・諸葛璋の玉偏グループが格上のひとかたまり、諸葛玄・諸葛亮・諸葛均が格下で貧乏のひとかたまりではなかろうかと思っている。そして、諸葛亮の伝記を作る時に、格上グループの名前を借りたのはよいが、一世代まちがえたんじゃあるまいかと思うわけである。

そういうわけで、諸葛亮は諸葛珪という人の子だというのは、あまりあてにならない。ということは素性がはっきりしないということである。素性がはっきりしなくても当人の人物・能力には関係ないことだが、なにしろ門閥家柄が重視された時代であるから、これは非常なハンデである。諸葛亮が二十七にもなるまで就職先がなくてぶらぶらしていたり、劉備みたいな弱体のドサまわり集団に就職するほかなかったというのも、家柄といううしろだてが全然なかったゆえと考えれば納得がゆくのである。

＊

建安十二年（二〇七）、劉備が諸葛亮を幕下に加えようとしてその家をたずね、三度目にやっと会えた、諸葛亮は天下三分の計を説いた、というのはよく知られた話である（諸葛亮が「天下三分」ということばをもちいているわけではない。そういう趣旨の発言なので昔からそう称せられているのである）。

「蜀志・諸葛亮伝」にこうある。

〈先主は新野《しんや》に屯していた。徐庶《じょしょ》が先主にまみえた。先主は徐庶の人物を認めた。徐庶が言った。「諸葛孔明は臥龍《がりよう》です。将軍会ってみませんか。」「じゃあつれてこい。」「この人はこちらから行けば会えますけど、呼びつけるのはだめです。将軍が御自分でいらっしゃい。」そこで先主は亮のもとへ出かけた。三度行ってやっと会えた。諸葛亮は人払いをして……〉以下、三分の計の長広舌になるわけである。

諸葛亮を劉備に推薦したのは、『三国志』では徐庶だが、『襄陽記』では司馬《しば》徳操《とくそう》とする。どっちにしてもそう根拠のあることではなかろう。

劉備が諸葛亮の家へ三度行ったという話の出所は、のちに諸葛亮が後主《こうしゆ》にたてまつった「出師《すいしの》表《ひよう》」である。「先帝は臣の身分の低いのを気になされず、恐れ多くも身を屈して臣を草廬《そうろ》の中に三顧され、臣に当世のことを諮問《しもん》されました。これに感激して先帝のために奔走することを承知しました」とある。

もっともこの、諸葛亮がどのように劉備に会ったかについてはむかしから異論が多い。裴松之が引く『魏略』は大旨つぎのような話をのせる。

――劉備が樊《はん》城に屯していた時、諸葛亮は劉備に会いに行った。席がおわり他の客がみな帰ったあと、諸葛亮一人がのこった。劉備は牛の尾で軍旗の飾りを編んでいた。諸葛亮が進み出て「大志あるべき人が牛の尻尾なんか編んでいるとはなにごとですか」と言ったので劉備はこれは並の人間ではないと悟り、当面の方策について相談した。諸葛亮は「戸籍を充実して兵士を増やすのがよろしい」と言った。劉備がそのとおりにしたので軍が強くなった。劉備はこれによって諸葛亮に英略あるを知り、上客として礼遇した。——

『九州春秋』も同じ話をのせるそうである。裴松之はそのことを紹介したあと、「諸葛亮のほうから劉備に会いに行ったのでないことは『出師表《すいしのひょう》』にあきらかなのに、ばかなことを言い出すものだ」と両書の所説を一蹴している。

『魏略』『九州春秋』の話は、細部を見れば確かにばかばかしい。牛の尻尾を編んでいる大将に「あなた牛の尻尾なんか編んでていいんですか」と言ったからとて「亮の常人に非ざるを知った」と驚くほどのことではないし、軍の弱体を憂慮している大将に兵の増強をすすめるのも「此に由りて亮の英略有るを知る」というほどの奇策ではない。

しかし、諸葛亮のほうから劉備に会いに行ったのだろう、と考えるのは一理も二理もあることである。諸葛亮が史上著名の能臣になったのはあとからのことであって、この時は海のものとも山のものとも知れぬただの青年にすぎない。賢い若者だくらいの評判はあったかもしれないが、そんな若者は広い荊州《けいしゅう》にいくらもいたであろう。劉備が有能な参謀を求めていたのはたしかだとしても、荊州領内の多少評判のいい青年にいちいち自分で会いに行っていたのではたまったものじゃない。

一方諸葛亮はこの時二十七歳、もうそろそろどこかに仕えなくてはならぬ。

ついでに言う。『出師表』に「臣はもと布衣《ふい》、南陽に躬耕《きゆうこう》す」とあり、陳寿もこれによって「諸葛亮伝」に「亮隴畝《ろうほ》に躬耕《きゆうこう》す」と言っている。直訳すれば「みずから耕作した」であるが、これは文辞であって、ほんとうに鍬を持って百姓をしていたわけじゃない。学問をする人間と肉体労働をする人間とは截然と別人種である。諸葛亮はどういう由来でかわからないが荊州で田地を持っていて、そのあがりで食っていた。どこにも勤めないでそういう生活をするのを「躬耕する」と表現するのである。

だから諸葛亮は、別に食うに困っていたわけではないが、だからと言って生涯なんにもしないでぶらぶらくらそうという青年は万人に一人もあるものじゃない。これは当人の事業心の問題というより、歴史的に形成された社会習慣である。学問をする家に生れて学問をした男は、いずれどこかに勤める（勤めようとする）にきまっているのである。どこかに勤めると言っても会社や銀行があるわけじゃない。役人になる道が一つあるだけである。だから、読書人と地主と官僚はイコールなのである。田地があるから学問をする経済的余裕があり、学問をなんのためにするのかと言えば役人になるため、というわけである。役人になろうとしたがなれなくてしかたなく家でぶらぶらしているやつのことを「処士《しよし》」とか「隠士《いんし》」とか言うが、はじめから処士志望の男なんぞまずいないものと思ってまちがいない。——というわけで、諸葛亮もそろそろ就職先を見つけねばならんのである。

すこし前、諸葛亮幼時のころまでならば、漢王朝のシステムがまがりなりにも全国的に機能していて、地方の長官が自分の管轄地内の優秀な青年を朝廷に推薦する役をかねていた。推薦されることを「孝廉《こうれん》に挙《あ》げられる」と言う。おおむね人口二十万について一年一人のきまりである。孝廉に挙げられると都へ出て中央官庁に勤めたり、中央から派遣されて地方官庁の高官になったりしてだんだん昇進してゆくのである。たとえば、諸葛亮が生れる七年前、霊帝の熹平《きへい》三年（一七四）に曹操が二十歳で孝廉に挙げられている。また、諸葛亮が九歳の年、献帝の永漢元年（一八九）に荀彧が二十七歳で孝廉に挙げられている。

もっとも「優秀な青年」と言っても、頭がいいより学問ができるより家柄が優秀なのが事実上第一の条件なのだから、どっちにしても諸葛亮に曹操なみのエリートコースは無理だが、まあとにかく以前ならそれが理想のルートであった。

諸葛亮が成年に達した建安年間というのは、形の上では漢王朝がまだつづいているとはいうものの、皇帝は許《きよ》につれて来られて事実上曹操手中のカードにすぎず、各地で群雄が混戦をくりかえしている時代だから、孝廉どころではない。自分で求めてゆくほかない。

この建安十二年ごろの天下を見わたすと、曹操は七年前にすでに袁紹《えんしよう》に勝ち、天子を擁して「中国」をおさえている。勢力も安定度も抜群である。自信のある青年なら曹操の股肱《ここう》たらんことを求めそうなものだが、諸葛亮はそうしていない。のみならず友人の孟建《もうけん》が故郷である北方へ帰ろうとした際、「中国に士大夫饒《おお》し、遨遊《ごうゆう》何ぞ必ずしも故郷ならんや」と言ったと『魏略』にある。「曹操のもとには人材がゴマンといるから、今ごろ行ったっていいことはないよ」というのである。自身が行かなかったのもそれが理由であろう。そもそも幕下に加えてもらえるかどうかわからないし、加えてもらえたところで上がふさがっている。到底栄達の見こみはない。――なお『三国志』には「中国」という語がよく出てくる。もちろん「世界の中心」「文明の中心」という、強い価値観を帯びた表現であり、具体的には黄河下流域のいわゆる中原地方、現在の河南省を中心に、河北省南部、山東省西部をふくむ一帯をさす。南方つまり長江流域の人たちがその方面をさして「中国」と言う。すなわち曹操のいるところが天下の中心なのであり、自分たちのいるところは辺境なのである。「中国に士大夫饒し」という諸葛亮のことばには、「そりゃおまえ、とてもダメだよ」という気分がよくあらわれている。

諸葛亮の置かれた位置よりすれば荊州《けい》刺史劉表の幕下に入れてもらうのが望み得る最高だから、多少は運動したであろうが、ダメだったのだろう。あるいははじめからあきらめていたのかもしれない。それでどうするか。劉備というどこの馬の骨とも知れぬ大将が、どこかで戦争に負けて荊州に逃げこんで来て、劉表に寄食している。流賊と大差ないような集団ながら一応自分の軍団を持っている。配下に人物なく、謀士を求めているそうな。あまり食指の動く就職先ではないが、わが身の分際をふりかえればまあこのあたりでしんぼうするしかないか。……となると、どうしたってこれは諸葛亮のほうから出かけて行ったと考えるのが理にかなっている。つまり常識から言えば、「劉備が諸葛亮の家へたずねて行って出馬を懇請したなんてばかばかしい。それをまた諸葛亮が二度にわたってことわったとはいよいよもってばかばかしい。もったいぶってことわったらまた二度三度と来てくれる保証などどこにもない。生意気な若僧め、とそれきり来てくれない可能性のほうがよっぽど大きいじゃないか」と言う論者が筋が通っているのである。

しかしまた、裴松之も言うごとく、諸葛亮自身が二十年後「出師表」のなかで「先帝は臣を草廬の中に三顧し、諮るに当世の事を以てした。これに感激して許すに駆馳を以てした」と言っているのは、まず動かせない。二十年前のことを知っている人はなおいくらもあろうから、ウソをつくとも考えられぬ。「三」という字は「三省する」（くりかえし反省する）とか「三戦三走」（戦うたびに負けて逃げる）とか言うように「何度も」という意味である。だから劉備は、すくなくとも二へんくらいは、たしかに諸葛亮の家をたずねたのである。

何度も言うようだが、このころの諸葛亮はただの二十七歳の青年である。そこへ劉備が自分の参謀にならないかと何べんもたずねたというのは、要するに劉備のほうも全然たいしたことない、ということだ。

さきに、「劉備のほうから出馬懇請におとずれるなんてばかばかしい」という意見に一理も二理もあると言った。ここには、諸葛亮が白面の青年にすぎぬことは正しく見通されているが、劉備に対する過大評価があったわけだ。劉備はのちに蜀漢の皇帝になる人であるから、荊州時代の彼もたいした身分・地位の人であったとつい思ってしまう。実は建安六年に荊州へ逃げこんで来てから同十二年に諸葛亮を配下におさめるまでの劉備は、天下の情勢をさぐっていたようでもなければ兵力の充実に力をいたしていたようでもない。翌十三年曹操が南下をはじめると不意を打たれてなすところなく逃げ出し、追撃されて潰滅している。情報力も戦闘力もない、いたって弱体無力な集団の頭領にすぎない。つまり劉備が諸葛亮を草廬中に三顧したというのは、中小企業の親父が、大学を出たものの思わしい就職口もなくてぶらぶらしている青年の家をおとずれて、

「どうだい、ウチへ来て事務でもやってくれんかい」と誘った程度のことと思えば話のつじつまがあうのである。

＊

三度目にやっと劉備に会ってやった諸葛亮は、現在の天下の情勢を正確に分析し、さらに以後のなりゆきまで正確に予測してみせたことに『三国志』ではなっているが、これは無論作り話である。その後のなりゆきを見た者が、あたかも諸葛亮が事前にそれを見通していたように話をこしらえたものである。人間は神さまじゃないからそんなことができるわけのものではない。それにだいたい、「人ばらいをして言った」と陳寿は書いてある。二人だけの話なのである。それをいったいだれが記録して伝えたというのか。

歴史の叙述にはそういう、よく考えてみれば理にあわんことがしばしばある。たとえば湊川の戦いに敗れた楠正成がもはやこれまでと覚悟を定め、弟とともに無人の人家にはいって、七たび生れ変って国に報いんとかなんとか言って刺しちがえて死んだと言う。二人とも死に、かりに左右に一人二人の部下がいたところでそいつもあとを追って自殺するか乱戦のなかで討死したにちがいないのに、いったいだれが大楠公の最期のセリフを記録にとどめたのか。「諸葛亮伝」で言えば、諸葛亮と劉琦が高楼に登ってはしごをはずし、「今日上は天に至らず下は地に至らず、言はきみの口に出でてわが耳に入るのみ」とかわした密談がちゃんとのっている。作り話にきまっている。

『三国志』を読んだ人ならだれでも感じるにちがいないことであるが、この史書は、事実、ないしは事実の経緯についての記載がいたって不備である。そのくせ、というか、そのかわりに、というか、人物の発言の記載はむやみに詳細である。たとえば例の赤壁《せきへき》の戦い、いつ、どこで、どういう戦闘があったのか、この一大戦役がどういう経過をたどったのか、ほとんど書いてない。赤壁の戦い、というが、はたしてその赤壁が主戦場であったのかどうかもわからない。そのくせその前後の魯粛《ろしゅく》・諸葛亮等々の発言はばかにくわしくしるしてある。考えてみればおかしなことで、数十万人の目の前でおこなわれた戦争のことさえもうわからないのに、柳営の奥深くでひそひそとかわされた機密の会話が、なぜそんなに詳細にわかるのか。

実はこれが中国の史書の特質ないし習慣なのであって、前後の事実の脈絡に抵触しなければ、人物の発言は自由に作ってよいのである。あるいは、そここそが歴史家の腕のふるいどころなのである。史実を捏造するわけにはゆかないが、発言は、どうせだれも聞いていないのだし、聞いていた人があったところで、しゃべった当人も聞いていた人もそう一々おぼえているはずがないし、どっちにしてももうみんな死んでしまっているのだから、そこはもう歴史家の自由裁量の範囲なのであって、椽大《てんだい》の筆をふるって華麗な発言を創作するのである。

それについてこういうことがある。「荀彧伝」に、興平二年（一九五）荀彧が曹操に兗州を根拠地として重視するよう言上した長いセリフが載っており、その冒頭に「昔高祖《こうそ》は関中を保ち、光武《こうぶ》は河内《かだい》に拠った」とある。また、官渡の戦いが持久戦になって兵糧がとぼしくなり曹操が許に引きあげようとした際、荀彧は曹操に手紙をやって「いますこし持ちこたえよ、かならず変化

にのこした。

曹操のきげんを損じ、自殺せねばならぬ羽目になった。しかしために漢の忠臣という美名を後世ようとした（つまり帝位につく準備段階を踏もうとしはじめた）時、荀彧はこれに賛同せずして道筋と認定しているからである）。そして建安十七年（二一二）曹操が魏公に進んで九錫《きゅうしゃく》を受けり袁紹との戦いを楚漢の戦いになぞらえたりするのは、もちろん曹操の歩む道筋を天下を定めるがある」と激励した。その手紙で楚漢《そかん》の戦いを例に引いてある（曹操を高祖・光武になぞらえた

その六百数十年後、晩唐の杜牧《とぼく》が荀彧を罵っている。――というのが、杜牧にしてみれば、曹操が漢の天下を簒奪《さんだつ》したのが憎い。したがってその曹操の手助けをした荀彧が憎い。それも悪党の手助けをしたならしたでそれに徹底すればまだしも、いざ曹操が天子の地位を奪おうとしたら、「私はそれには反対です」と死んでみせて、後世に対していい子になろうとする根性がいよいよもって憎い。卑怯である。「荀彧が、魏武に兗州を取れと薦《すす》めた際は高祖光武になぞらえ、官渡の戦いで許に還らせなかった際は楚漢になぞらえておきながら、事就《な》り功畢《おわ》るに及んで、あろうことか名を漢代に邀《むか》えようというのは、これを譬《たと》えていえば、泥棒に壁のこわしかた、金庫のあけかたを教えてやったけれど、盗品をいっしょに持って逃げませんでしたというようなもの、これを泥棒でないと言えようか！」現世では曹操に尻尾を振り、死後は漢の忠臣の美名をかちえようという二股膏薬め、と杜牧は荀彧を罵倒した。

それからまた二百年後、司馬光《しばこう》が『資治通鑑』建安十七年に右の杜牧の言を引いた上でこうたしなめている。「孔子は『文が質に勝れば則ち史』と言っている。すべて史を為《つく》る者が人の言を

記すのは、以《もっ》て之を文《ぶん》する（飾り立てる、尾鰭《おひれ》をつける）ところ有《あ》るにきまっているのである。であるから魏武を高光楚漢になぞらえたのは史氏の文である。豈《あに》みな彧の口に言う所ならんや！」と。

言うまでもなく司馬光は中国歴史上最大の歴史家である。史書をこの人ほど大量に、かつ深く読んだ人はいない。その人が、歴史書における人物の発言は歴史家のこしらえたものだ、と言っている。もとよりそれは、基本的事実を否定するものではない。荀彧が曹操に、攻めるよりまず根拠地をかためろと進言したこと、あるいは、もうしばらくつっぱれ、と進言したこと、それは事実であろう。しかしその進言の内容を説きおこし説ききたって理路整然と作りあげるのは歴史家である、と言っているのである。発言はともかく手紙なんぞは形のあるものだから実際その通りのものがのこっていたんじゃないかと思うが、司馬光はそれも歴史家が作ったものだと言っている。

しからば司馬光はそうした発言を自分の『資治通鑑』から取り除いているかというと決してそんなことはない。立派な発言ならばみなちゃんと取り入れてある。なぜならば、それが「歴史」だからである。ああいうことがありました、こういうことがありました、と事実だけを列挙したのでは、歴史は索漠たるものになってしまう。そのところどころに、歴史をいろどった顕著な人物たちの、あるいは熱誠あふれる、あるいは犀利な、あるいは沈痛な発言がちりばめられている。それでこそ文質彬々たる中華の歴史なのである。

諸葛亮がはじめて劉備に会った時の、「董卓《とうたくよ》自り已来《いらい》、豪傑並び起り、跨州連郡《こしゆうれんぐん》する者勝《あ》げて数ふ可《べ》からず」にはじまって、天下の現勢と将来と劉備の進むべき道筋とを掌をさすごとくに説き示し、「誠に是《かく》の如《ごと》くんば、則ち覇業は成る可《べ》く、漢室は興《おこ》す可し矣《い》」と結ぶ華麗堂々の大発言をだれが作ったのか。陳寿ではあるまい。『後漢書』とか『三国志』とかいった総括的な大きな歴史を作る人は、生き証人を探しまわったり古戦場を訪ね歩いたりするわけではない。政府の公式文書はもとよりだが、そのほか或る時期、或る地域、或る人（ないしは人々）についての記録や、それらの記録を集成したある程度総括的な史書がすでに相当あって、それらを取りあつめ突きあわせて書くのである。それら資料の段階で発言やエピソードは出そろっているから、編纂者は取捨選択するだけである。その際この記事はどの資料から採用したなどとはもちろん書かないから、陳寿が諸葛亮の発言を何に得たのかはわからない。わかるのは、陳寿がこの発言はなかなかおもしろいと思って採用した、ということだけである。

というわけで、諸葛亮の天下三分の計の発言を、諸葛亮がその時その場でしゃべったと思うのははばかげている。しかしこれがなくては「諸葛亮伝」はさびしい。格好がつかない。そういうものである。

＊

建安十九年（二一四）に劉備が成都《せいと》を取って益州牧になると、諸葛亮はその軍師将軍になった。軍の総帥である。といっても実際の軍の総帥は言うまでもなく劉備である。しからば諸葛亮は、曹操における荀彧、孫権における魯粛のごとく戦略の策定に参与し、劉備を補佐していたのかというと、どうもそのようでない。劉備の存命中諸葛亮が軍事に関与した形跡はいっこうに見えない。

　蜀の章武二年（二二二）、劉備は東征の軍をおこし、翌年夷陵《いりょう》で陸遜《りくそん》に大敗した。諸葛亮は「法正《ほうせい》が生きていれば帝を抑えて東征などさせなかったであろう。また行ったとしても、こんなひどい負けかたはしないですんだであろうに」と嘆いたと言う。諸葛亮自身ははじめから相談にあずかっていないもようである。まして将軍として遠征に加わる可能性など全然なかったようだ。つまり劉備は諸葛亮を、参謀としても指揮官としても使う気は毛頭なかったのであろう。劉備は、他のことはともかくも、戦争だけは、若いころからそればかりやってきたプロである。その劉備の目から見て諸葛亮は、もちろん抜群に有能な人物には相違ないが、戦争にはあまり向いていないと見えたのであろう。「諸葛亮伝」に「先主が外征する時、亮は常に成都を鎮守し、食を足らし、兵を足らした」とある。軍国の経済、軍需を担当していたのである。

　劉備の存命中、諸葛亮はもっぱら内政をまかされていた。そして行政の最高責任者としてはめずらしく、酷吏《こくり》型、法家《ほうか》型、つまり正義派官僚であった。陳寿は、「科教厳明、賞罰必信、悪として懲《こ》らさざる無く、善として顕《あらわ》さざる無し」と言い、「誠心を開き、公道を布《し》き、忠を尽して時に益する者は讎《しゅう》と雖も必ず賞し、法を犯し怠慢なる者は親《しん》と雖も必ず罰す」と言っている。つまり、きちんと法令を定め、定めた法令をきちんと適用し、それに照らして賞すべき者は賞し、罰すべき者は罰した、というのである。

　褒賞を与えるほうは、まあそれほど問題はない。あいつにやってどうしてオレにくれないんだ、という不服はあり得るし、戦争のあとの論功行賞だとそれがたいへんだが、内政のばあいはそれほど重大ではない。問題は悪事を罰するほうである。無論強盗や殺人の話ではなく、役人の非違に関する話である。

役人は悪いことをするにきまっている。悪いことをしないのは秘書（宮廷の図書館）の職員くらい、ということになっている。これは金にも権限にも縁がないからしようにもできないのである。ただ役人が悪いことをすると言っても、よほど特殊な悪辣な大がかりなのは別だが、一般には慣例的でありだれもがやっていることであるから当人たちには悪いことをしているという自覚はない。

たとえば県令の給料は決して高くないが、県令を三年やれば一家が生涯食ってゆくに困らぬだけのたくわえができる。一家といってもいまの日本の核家族の一家ではない。数十人の一家である。それだけの実入りがある。税金をあつめてそのうち規定額を中央に上げてあとは自分のふところにはいるからである。規定額より多く徴税するのは厳密に言えば悪いことだが、何も自分が直接税金をあつめるわけではなく、いわば自動的にふところにはいるのであるから、悪事をはたらいているという意識はない。宮廷の図書館に勤務する役人が、生活が苦しくて母親に十分なものを食わせてやることができません、地方官庁へ転出させてください、と願い出ると、よい心がけである、と転出させてくれる。規定の給料があがるわけではない。地方官の実入りがいいのは常識なのである。

役人の悪事というのは、たいていそういうものである。それぞれの持場と権限に応じて慣例的に収入を得たり友人知己のために便宜をはかったりしている。しかし厳密に言えば悪いことにはちがいないし、その負担は一般人民にかかっているにちがいないのだから、そういうのを摘発してふんじばってやろうという正義派の官僚が時々あらわれる。といっても全員をつかまえるのは不可能だからだれかが代表してつかまることになる。つかまった者は表立って文句は言えないが非常な不満をいだくのは当然である。周囲の役人の同情もつかまったほうにあつまる。

これはちょうど、いまの日本の車のスピード違反のようなものである。たしかに制限速度をオーバーしているのだから文句を言えないものの、ふだんその道を走っている車はみなそれくらいのスピードを出しているのだし、現に自分の前を走っていた車もうしろにいた車もつかまってなくて自分だけがつかまったのだから、ものすごく腹が立つ。まわりの者も「ほんとに運が悪かったね。だいたいあんな所でネズミ取りするなんて、やることがきたないよ」と同情する。うまくつかまえた、と警官をほめるドライバーなんかあるはずがない。

……というわけで正義派官僚はおおむね、すくなくとも当代においては、評判が悪い。のみならずたいがい手ひどい報復を受ける。『史記』の「酷吏伝」には、正義と厳正をつらぬいて無残な最期をとげた多くの官僚たちの伝があつめられている。

唐の詩人白居易《はくきょい》の親友として知られる元稹《げんじん》のわかいころが絵にかいたような正義派官僚で、この人は東都洛陽の御史台《ぎょしだい》に赴任してすぐ、河南の令を逮捕したことがある。これはたとえて言えば、大学出の正義感に燃えるわかい検事が、東京地検に配属されたとたんにだれに相談もなく一人で都庁に乗り込んで東京都知事にお縄をかけたみたいなものである。多分、トップを縛ることによって一気にだらけた官僚どもの目をさましてやろうと思ったのだろう。しかしたちまち報復にあって地方へ流され長いこと冷飯を食った。もっともこれにこりてその後はおとなしくなり、のちには宰相にのぼっているが——。

権勢をおそれず孤立をおそれない正義派官僚は、当座はきらわれるが概して後世の評価はいいようである。わが国ではあまり知られないが、明代《みん》の海瑞《かいずい》という人は前宰相のむすこを死刑にしてすぐクビになったが役人の鑑として尊敬される。日本では大塩平八郎などが正義派官僚の典型だ。

諸葛亮は、丞相つまり総理大臣の地位にあって正義派を張ったのだからめずらしいのである。特に諸葛亮のばあいはよそ者である。諸葛亮だけではなくて、劉備政権そのものがよそ者である。もともと蜀の地とは縁もゆかりもない者たちの集団が侵入して来て、前政権を武力で打ち倒し支配をはじめた。前政権以来の役人もたくさんいる。そういう情況下で正義・厳正をやった。ふつうなら官僚たちの反発、離反にあいそうに思うが、どうだったのだろう。陳寿は、「終に邦域の内に於いて、みな畏《おそ》れつつもこれを愛し、刑政は峻《しゅん》であっても怨《うら》みは無かった。それは心を用いること平らかで（公平に意を注ぎ）、勧戒《かんかい》が明らかだった（褒賞と処罰の基準が明快だった）からである」と言っている。いっぽう裴松之が引く王隠の『蜀記』には、「亮は刑と法が峻急で、百姓《ひゃくせい》を刻剝《こくはく》し、君子小人よりみな怨歎《えんたん》を懐《いだ》いた」とある。

この『蜀記』にはなおこういうことが書いてある。——前政権以来の官僚の代表格である法正が諸葛亮に対して「あなたがたは暴力でこの国を取り、政治にあたたかみがない。よそ者なんだからもうすこしへりくだるべきだ。刑罰と禁制をゆるめていただきたい」と諫言した。それに対して諸葛亮は、劉璋《りゅうしょう》政権時代の蜀は君臣ともになれあいのなあなあ主義で厳粛さがなかったからダメだったんだ、とのべたあとこう言った。「自分はいま法令をもって威嚇をくわえる。法令が行われれば人々は知遇を知る。また爵位をもって身分を明確にする。身分が与えられれば栄誉を知る。知遇と栄誉が整然とすれば上下の折目が正される。為政の根本がそこではじめて確立する。」

無論この諸葛亮のことばは歴史家の作文であろう。しかし、諸葛亮が信賞必罰の厳正主義で官僚に臨んだこと、それに対しては諸葛亮を支持する人のあいだにも異論がないではなかったこと、しかし諸葛亮は、よそ者政権だからこそきびしさが必要なのだ、と方針を変えなかったことは事実なのであろう。それで官僚層の支持を失って失脚することもなかったのは、陳寿が言うように、そのきびしさが公平におこなわれて恣意的ではなかったこと、みずからに対してもきびしく、権力をもちいて私利私欲をはかるような人でないことがだれの目にもあきらかであったことによるのであろう。

しかしとにかく諸葛亮は、親しまれ、なつかれ、安心される、いわゆる清濁併せ飲む式の政治家ではなくて、こわくて近よりがたく、だれも文句のつけようのない型の政治家だったのである。

＊

劉備が死んだあと諸葛亮ははじめて軍権を握り、直接軍隊を指揮することになる。最大かつ最終の目標は魏を討つことである。魏を討つには北へゆかねばならぬが、諸葛亮はその前に、反対方向の南を討伐した。南は異民族の地である。これは、一つには総力をあげて北へむかうには後方の脅威を解消しておく必要があったこと、また一つには、軍資の調達である。諸葛亮らの蜀漢政権はよそ者政権だから、あまり地元でしぼりあげるわけにはゆかず、南方の小国で収奪したのであろう。「諸葛亮伝」に「建興三年（二二五）春、亮は軍勢をひきいて南征し、その秋ことごとく平定した。軍資の出所が確保され、国家財政がゆたかになった」とある。そのあと軍の整備、訓練に一年余をついやし、いよいよ二代皇帝劉禅に「出師表」をたてまつって大軍が成都を出発したのが建興五年（二二七）春である。劉備が死んでからちょうど四年目で、この四年が北征の準備期間だったということになる。

漢中まで進んでここで一年腰をすえている。勇んで国を出て来たにしてはすこしのんびりしているが、これは新城の孟達《もうたつ》と連絡を取り、魏に対する叛乱をうながしていたのであろう。孟達は諸葛亮に呼応して反旗をひるがえしたが、たちまち司馬懿《しばい》に制圧された。それが建興六年の正月、そのあとすぐ諸葛亮は漢中から出動している。

諸葛亮は前後数回（数えかたによって五回にもなり六回にもなる）北征に出ているが、万全の準備もし意気ごみも高かったのはやはりこの第一回である。ところがどこへ行ったかというと、祁山《きざん》へ行った。方角が逆である。

漢中から魏の本拠である洛陽方面は、だいたい東北東くらいの方角にあたる。ただしまっすぐに東北東へ行く道はない。まず北上して渭水《いすい》にいたり、それから渭水・黄河と川ぞいに東へむかうことになる。と言ってもそうすんなり東進できるわけのものではなく、東へ行こうとするとすぐそこに魏の西方の大都市長安がある。つまり魏を討伐しようとすれば、何はともあれ長安を攻撃せねばならぬ。しかるに祁山は漢中より見て西北にあたる。まるっきり方向がちがう。たとえて言えば、東京から出て、仙台を討つと言って甲府のほうへ押して行ったようなものである。しかも祁山方面は異民族の住む半分外国、いや八割方外国みたいなほうである。

この時、魏延《ぎえん》が長安を攻めましょうと言った。まことにもっともな、常識的な提言である。しかし諸葛亮は、いやそれはあぶないと祁山をめざしたのである。諸葛亮は臆病者だ、とその後魏延はいつも言っていたと「魏延伝」にある。後世においても、諸葛亮はなぜ魏延の提案を受け入れなかったのだろう、あぶないと言っても戦争に多少の危険はつきものではないか、と不審をいだく人はすくなくない。

＊

銭大昕《せんだいきん》が「三国志辨疑序《べんぎじょ》」にこういうことを書いている。「当時中原の人士、魏有るを知りて蜀呉の有るを知らず。承祚《しょうそ》の書出でて始めて三国の名を正す」と。「当時」とは魏から晋のはじめにかけてのころ、「承祚」は陳寿のことである。つまり、魏の人士（知識階級の人たち。まして一般庶民は言うまでもない）は蜀だの呉だのという国があることを知らなかったし、そのあとをついだ晋の人士も、晋の前は魏だということは知っていたが、同時に蜀とか呉とかの国があったことは知らなかった、陳寿が『三国志』と題する本をあらわして、実は三つの国があったのだと知らしめたのだ、というのである。

だからそれは——「三国」というとらえかたを呈示し定着させたことは——陳寿の功績にちがいない。魏と同時に蜀とか呉とかの国もたしかにあったのだから。

しかしそれはまた、後世逆の誤解をも生んだ。つまり、多少強弱の差はあっても、とにかくほぼ対等な三つの国が鼎立して、いずれもが生きのこるか滅びるかのきびしい争いをしていたように受け取ってしまう誤解である。

実はそうではなかった。現在の中国の地図を見れば呉も蜀も中央あたりにあるが、それはいまの中国がむかしにくらべてものすごく広くなっているからであって、当時においては呉や蜀のあったあたりはまったくの僻地であり辺境である。中国の外である。国力も隔絶している。だから、もしいまの中国の地図を見るのなら、海南島あたりとチベットあたりに中国の支配に従わぬ連中が巣を食って、その頭目が生意気にも皇帝を名乗っているようなものだと思えばよい。呉と蜀とはいつつぶされるかと戦々兢々しているが、魏は別段あぶないことはないのである。無論はじめからそうだったわけではないので、それではいつごろからそういうことになったのかと考えてみると、どうもやはり劉表が死んで荆州が曹操の手に落ちてからである。そのすぐあとに曹操は赤壁の戦いで敗れており、これはたしかに天下統一のチャンスを逸したという点では大きいが、曹操政権の安定という点では支障になっていない。

この、魏の安定と呉蜀のあやうさは、それぞれの文化情況をみれば一目瞭然である。呉と蜀は文化どころではないが、魏では、学者は学問に没頭し、詩人は酒を飲んで詩を作り、絵かきは絵をかき、金持の道楽息子は遊びほうけ、美女たちは歌舞音絃に精を出している。特に文学は、建安の時代と言えば中国詩史上最大の画期である。この新しい文学潮流をリードしたのが曹操であり曹丕であった。つまり曹操や曹丕は政治や軍事にばかりかまけていたわけではなく、詩文の創作にも力を注いでいた。それだけのゆとりがあったのである。

たとえて言えば、大東亜戦争末期のころの日本とアメリカみたいなものだ。日本は国中が必死である。アメリカのほうは、政治家や軍人は日本を足腰立たぬまでたたきつぶす段どりを考えたり、さらには戦後を構想したりしているが、一般には、ハリウッドではたのしい映画を作っているし、ニューヨークではブロードウエイのミュージカルが客をあつめているし、シカゴやボストンでは音楽家たちがシンフォニーの練習に余念がない。どうまちがっても日本軍がアメリカ本土に上陸して来たり頭の上から爆弾をおとしたりする気づかいはない。

諸葛亮が祁山に進出した時、「関中響震す」と「諸葛亮伝」にある。『魏略』には「朝野恐懼す」とある。こういうのも誤解されているのではないかと思う。びっくり仰天した、ということにはちがいない。それはたとえば、日本が特攻隊をくりだした際みたいなものである。それはびっくりする。よもやそんなことをするとは思わなかった。相当の被害を受けるかもしれない。しかし、これで一挙に形勢逆転してこの戦争負けてしまうのではないか、と心配したアメリカ人はなかろう。諸葛亮の第一回北征も、これまで戦争なんかしたことがないはずの総理大臣がみずから軍勢をひきいて出て来て、備えのない祁山方面などを攻めたものだからびっくりしたのである。『魏略』のそこのところを引くならば、「それまで魏では、蜀には劉備がいるばかりだと思っていた。その劉備がもう死んで、数年間何の動きもないので、おおむね戦備を解いていた。そこへ突然諸葛亮が出て来たと聞いて朝野ともに恐懼した」というのである。いまにも諸葛亮が大軍をひきいて怒濤のごとく中原へあばれこんでくるかとふるえあがったわけでは決してない。そんな力があったら何も見当ちがいの祁山へ行ったりしない。

魏と蜀との懸絶した国力の差は、芝居や小説の影響もあって後世はわからなくなっているが、当時の人には自明だった。すくなくとも諸葛亮が、わかっていなかったはずがない。

魏延が、長安を攻めよう、と言った。長安は魏にとって西方の最重要都市だから、そうやすやすと取れるわけもないが、かりに取れたとしても、それでどうするのか。維持できるのか。長安を維持するにはその東の潼関《どうかん》を守らねばならぬ。潼関の守りが破れると長安はひとたまりもない。これは史上いくらも例がある。いったい諸葛亮が何度も北征の軍を出しながら中途半端に引きあげているのは、兵站《へいたん》補給がつづかなくなったからである。長安はもっと遠く、潼関はさらに遠い。いっぽう東からは川ぞいだから攻めやすい。長安も潼関も戦略上の要衝だから、もしこれを安定的に維持できれば魏にとってはたいへんな脅威だが、後方からの兵員物資の補給の見通しが立たなくて、敵の勢力範囲内に露出孤立するのは、殺されるのを待っているようなものだ。

到底維持できる自信のないところを攻めるとすれば、ちょうど日本が緒戦に真珠湾を攻めたようなもので、敵の重要拠点を不意に襲って叩けるだけ叩いてサッと引く、という作戦になるが、叩いてどれほどダメージをあたえられるか成算がなく、行き帰りに危険が大きいとすれば、諸葛亮が「縣危である」としりぞけたのは妥当なところだったのであろう。

祁山に拠った諸葛亮は軍を東に進めようとしたが、先鋒馬謖《ばしょく》が街亭《がいてい》の遭遇戦において魏の派出した張部《ちょうこう》に大敗したのがきっかけで総くずれとなり、蜀に逃げもどった。弱輩馬謖が歴戦の将張部の敵でなかったことはもとよりだが、畢竟は彼我の力量の差である。かりに馬謖が運よく張部を破ることができていたとしても、所詮はそれだけのことであって、とても長安まで行けるものではなかった。たとえて言えば、かりに日本の聯合艦隊がミッドウエーで勝ったとしても、とてもサンフランシスコを襲うところまで行けはしなかったのと同じだ。

＊

いったい諸葛亮は何が目的で何度も何度も北征の軍を出したのか。「出師表」にハッキリ表明してある。「北のかた中原を定め、漢室を興復し、旧都に還る。」魏を打ちほろぼし、洛陽の都にもどって、漢王朝を継続する。つまり、後漢初代の光武帝がやったようなことをもう一度やる、というのである。しかしこれは、理想の表明、つまりたてまえを述べただけのものであって、現実にはとても無理である。中原どころか潼関の東へ出ることさえ無理である。

しからば諸葛亮は、どういう現実的成果を達成しようとして軍をひきいて北へむかったのか。

思うにその目的は二つあったろう。

一つは、国家の存在理由を実体化して見せることである。

いったい劉備や諸葛亮が建てた国は、陳寿が「蜀」と呼んで以来、なんとなくそれが国名みたいになってしまったが、実は蜀というのはその国があった土地の地名であって、国名は「漢」である。つまりこの国のたてまえは、「わが漢は、天下唯一の合法政権である。しかるに現在は、首都洛陽を中心とする中原一帯が非合法の偽政権である曹氏一族によって暴力的に占拠されるという不正常な状態にある。ために正統政権である漢が西南の僻陬《へきすう》に屈辱的に逼塞しているが、これは臨時に腰かけ的にここにいるだけであって、いずれは正義が勝ってわれわれは天下の中心にもどるのである」ということになっている。であるから、蜀にじっとしていてはおかしいのである。時々は、勝ってくるぞと勇ましく誓って国を出て、そこらをぐるっとまわってこなければいけないのである。

もう一つは、北辺の不安の解消である。もし魏が蜀をつぶしにくるとすれば、それはかならず北から来る。だから蜀の勢力範囲のすぐ北のところはぜひ抑えておきたい。そうすれば枕を高くして寝られる。明治の日本の政治家や軍人が、日本が攻められるとすればそれはかならず朝鮮半島からだからぜひ朝鮮半島だけは抑えておきたい、と考えたのと同じである。

この蜀の立場とたてまえは、ここ四十数年の台湾をみればよくわかる。日本人は無礼にも台湾台湾とまるでそれが国名であるかのように呼んでいるが、実は台湾というのは単なる地名であって、国名は中華民国というのである。中華民国政府は（すくなくとも十年ほど前までは）、われわれこそが中国の唯一の合法政権であり、大陸本土を非合法の偽政権である共産党に暴力的に占拠されているので、いまは臨時に腰かけ的に台湾にいるけれども、そのうちにかならず大陸に反攻してこれを光復し、あちらにもどるのだと呼号しかつ宣伝して、共産党が攻めてくるとすれば福建《ふくけん》からにきまっているから、福建のすぐ手前の金門《きんもん》・馬祖《ばそ》両島を抑え、ここから時々大陸にむかってポンポンと大砲を撃って、やる気のあるところを見せていたのである。実はこういうことは中国の歴史上いくらもあることなのであって、中国人のたてまえ、ないし体面の観念は千年前も二千年前もたいしてかわりはない。いかに現実味がなく、自分でも内心はわかっていても、たてまえを守ってつっぱってないと彼らは人に顔むけができないのである。

諸葛亮が魏延の提案をしりぞけて西へ行ったことについて、王夫之《おうふうし》が『読通鑑論《どくつがんろん》』で要旨つぎのように言っているので紹介しておこう（文中「公」は諸葛亮）。

〈魏延が子午谷《しごこく》からまっすぐ長安を衝きたいと請うた。正兵である。諸葛は山を回って祁山《きざん》に出、秦・隴《ろう》にむかった。奇兵である。堂々の陣をもって直進してその堅を攻めるのでなければ、よしんば秦・隴を得たところで、長安の守りは安泰である。魏が必ず守らねばならぬのは長安のみである。長安が抜けなければ漢は魏をいかんともできぬ。それを、迂回して西へ出、散地を攻めたのでは、魏は、「隙に乗じて弱い所を攻めたのだろう、こわくてこちらへは来れないのだろう」と思うから、敵の意気はいよいよ盛んになり、味方は戦いに疲れるばかりである。そのうちに援軍も集まり守りも固めるから、長安一つを抜くさえ不可能、魏に勝つなぞ思いもよらぬ。陳寿が「応変の将略は武侯の長ずる所に非ず」と言ったのは誠にもっともである。

しかし、公は謀をめぐらすこと数年、一朝奮起したのである。それくらいのことがわかってないはずがあろうか。もし危険を恐れるのであれば、民生を犠牲にして出兵などしないほうがましではないか。公の胸中には全局があり、魏を日夕にほろぼすのが不可能であること、後主が一隅より起って光復する器量でないことがわかっていた。北伐の軍を出したのは、攻撃にはちがいないが、実は防衛にすぎぬのである。その真意は人には言えない。ゆえに魏延の心を服することができず、怨怒をのこしたのである。

秦・隴は長安の要地ではないが、西蜀の門戸である。天水《てんすい》・南安《なんあん》（いずれも後漢の漢陽郡）・安定《あんてい》は地は険にして民は強く、もしこれを収めて外蔽《がいへい》とすれば武都《ぶと》・陰平《いんへい》は懐抱の中に在り、魏は剣閣を越えて蜀の北を収めることもできねば階・文をまわって蜀の西を衝《つ》くこともできず、蜀は固め存することができる。祁山の師はもとより公の初志ではない。主闇《くら》く敵強ければ図《と》を改めて保蜀の計をなしたのみである。公蓋《けだ》しこれを已《や》むを得ざるもの有るも、ただ一々魏延の輩に語るわけにゆかなかったのである。〉

長安を取る気はない。まして魏を討つ気はない。そんなことは到底不可能だから――。それを王夫之は深く秘めた諸葛亮の心と言っているのだが、諸葛亮の行動を見ればあきらかなことである。王夫之とて行動から心中を忖度しているにすぎない。

にもかかわらず諸葛亮はそれを魏延にあからさまに語ることはできない。別に諸葛亮にかぎったことではない。蜀漢帝国の中枢に在る者ならだれも言えなかろう。それは国家の存在理由《レーゾンデートル》にかかわること、俗に言えば「それを言っちゃおしまい」なのである。

＊

建興十二年（二三四）春、諸葛亮は最後の北伐に出た。「諸葛亮伝」にこうある。

〈十二年春、亮は全軍をあげて斜谷《やこく》より出で、流馬《りゆうば》をもって運び、武功《ぶこう》の五丈原《ごじようげん》に拠り、司馬宣王と渭南《いなん》に対した。亮はこれまでいつも食糧がつづかず自分の志をとげられないのを遺憾に思っていたので、このたびは兵を分けて屯田《とんでん》し、久駐の基とした。耕者は渭浜《いひん》の居民の間にまじわり、百姓は安堵し、軍に私無かった。〉

これはまた異なことである。渭水《いすい》の両辺は魏の領域である。そこで兵を分けて農業をはじめたという。この時諸葛亮がつれて行った人数は『晋書』「宣帝紀」に「十余万」とある。かりに半分を農耕にまわしたとしても、相当広い範囲に畑を作ったのに相違ない。それがたとえば牛か羊でも飼ったというならまだわからぬでもない。あちこちに見張りを出しておいて、敵が来たらソレッと営塁内の畜舎に追いこむこともできるかもしれない。しかし生育途中の麦や豆をひっこぬいて陣地に駆けこむわけにもゆかない。かといって広い畑地のまわりに万里の長城みたいなのを築くわけにもゆくまい。敵が来て馬で駆けまわれば粒々辛苦も水の泡である。屯田というのはよくやることだが、しかし現に敵とにらみあっている状況下ではじめるというのはめずらしい。

五丈原の対岸は陳倉《ちんそう》だが、そのあたりには魏の屯田があった。「魏志」の「趙儼伝《ちようげん》」に、儼が関中護軍であった時、屯田客の呂並《りよへい》という者が将軍と称して党を聚めて陳倉に拠った、儼がこれを攻めてうちほろぼした、とある（屯田客の「客」は世襲の雇傭労働者）。魏の屯田と蜀の屯田とが川をへだててむかいあっていたとすれば、これはまことに平和でのどかな風景である。

諸葛亮と対峙したのが司馬懿《しばい》である。『晋書』に、軍をひきいて渭水を南へわたり、川を背にして塁を築いた、とあるから、わりあい目と鼻の先くらいのところに陣を構えていたらしい。魏の明帝は司馬懿に「固く守って相手になるな。さすれば敵は食糧がなくなって退却を始めるであろう。それを追って討て」と命じたと「諸葛亮伝」にある。諸葛亮も相手が絶対に出てこないとわかっているから安心して農業をはじめたのかもしれない。

『魏氏春秋』がつたえる有名な話——

諸葛亮は早く決戦したいのに司馬懿が出てこないので、使いをやって婦人の装飾品を贈った。おまえは女みたいなやつだ、の意である。司馬懿が怒って出撃しようとしたが、辛毗《しんぴ》がとめた。司馬懿が使いの者に諸葛亮の日常を聞くと、使いの者は「朝は早く起き、夜はおそく寝、罰二十以上は親裁し、食事は日にわずか数升です」と答えた。お茶碗に二三杯というところである。司馬懿は「それじゃもう長くないな」と言った。

清の何焯《かしやく》が、罰二十以上親裁とはばかばかしい、政体を知らぬからそんなことを言うのだ、と言っている。何焯は両漢三国の歴史にとりわけ精しかった人だから多分その通りなのだろう。婦人の装飾品云々はまるで子供相手の話である。諸葛亮がそんな幼稚なことをするはずもないし、司馬懿ともあろう人がそれでカッとして天子の厳命を忘れて飛び出すはずもなかろう。

司馬懿が諸葛亮のしごとの多さと食事のすくなさを聞いて「長くないな」と言った話は、裴松之よほど気に入ったと見えてめずらしく「明帝紀」と「諸葛亮伝」にかさねて引いている。司馬懿のセリフ、「明帝紀」では「亮体斃矣、其能久乎」（亮は体がまいってしまうだろう、長持ちできようか）、「諸葛亮伝」では「亮将死矣」である。これによって裴松之の引用は原文そのままではなく適当に要約したり表現を変えたりしたものであることがわかる。それをまた『晋書』が引いているが、そこでは「諸葛孔明其能久乎」に変り、さらにそれを引いた『資治通鑑』では「諸葛孔明食少事煩、其能久乎」になっている。歴史家が、どう言うのが一番格好いいかなあ、と考えていろいろに作るのである。

諸葛亮の死の前後について陳寿のしるすところはいたって簡単である。

〈その年八月、亮は病が重くなって軍中で死んだ。時に年五十四。軍が退いたあと宣王（司馬懿）はその陣営のあとを視察して言った。「天下の奇才である」。〉

王沈の『魏書』には「亮は糧尽き勢窮り、憂恚《ゆうい》して血をはき、一夕営を焼いて遁走し、谷に入り、途中病を発して死んだ」とある。裴松之はこれを否定し、谷に入って喪を発するのは蜀人の習慣であると言っている。

その他いろいろ話ができている。

諸葛亮が死んだ時、赤くて芒角《ぼうかく》のある星が軍営に落ちた——これは『晋陽秋』にある話。楊儀《ようぎ》らが陣を出て退却をはじめたので司馬懿が追った。すると蜀の軍が向きなおって攻めかかる形を見せたので司馬懿は退いた。人々は「死せる諸葛生ける仲達《ちゅうたつ》を走らす」と言った。司馬懿はそれを聞いて、「生きた人間のやることならわかるが、死んだやつのすることは見当がつかん」（吾能料生、不便料死也）と言った。——これは『漢晋春秋』にある。司馬懿のセリフは論語の「いまだ生を知らず、いずくんぞ死を知らん」のもじり。

蜀の軍が陣を出て去ったあと司馬懿が視察に行ってみると、文書や糧秣が大量に遺棄されてあった。司馬懿は「うむ、諸葛亮めは死んだな」と言った。辛毗《しんぴ》が「まだわかりませんぜ」と言うと司馬懿は、「軍家の重んずる所、軍書密計、兵馬糧穀、全部捨ててある。五臓六腑を投げ出して生きている人間があるものか」と言った。――これは『晋書』にある。

＊

陳寿が「亮の性は巧思に長じ、連弩《れんど》を損益し、木牛流馬《ぼくぎゅうりゅうば》はみなその意に出る。兵法を推演し、八陣図をつくり、みなその要を得ているとのことである」と言っている。これについてのべておこう（なお「陳」は「陣」に同じ。以下「八陣図」と書く）。

まず「巧思」というのはよく見ることばで、機械・器具のくふう、ということである。諸葛亮はそういうことが好きでもあり得意でもあったらしい。陳寿は『諸葛氏集』の序でも「工械技巧、物はその極を究む」と言っている。

「連弩を損益した」の「損益」というのは、従来からある道具の短所を去り新たな性能をつけくわえることで、つまり改良したということである。「弩《ど》」は機械じかけの弓である。弓を張って矢を固定しておき、引金を引くとかけがねがはずれて矢が飛び出す。矢を装置する時は弓を足でつっぱってしかけるので、手で引くよりずっと強く弓を張ることができ、したがって射程距離が長い。一つの弩に矢を何本もならべて一度に発射できるようにしたのが「連弩」である。諸葛亮が作った連弩は一度に十本だったという。一九六四年に成都の近くの郫《ひ》県というところで銅製の弩が出土した。後主の景耀《けいよう》四年（二六一）二月三十日と製造年月日がはいっているので、これが諸葛亮がくふうしたものではないかと言われている。「望山」という照準器がついていて、発射角度を調節するようになっているそうだ。

日本で弩が発達しなかったのは、日本の弓は武将が馬上でもちいるとか足軽が駆けながらもちいるとか、移動しながらの使用が多かったからであろうか。むかしの中国の野戦では軍営のまわりを箱車で、つまりコンテナ車のようなものでぐるりとかこんで、その間に弩兵が陣どる。あるいは高所に弩兵をおいて待ち伏せ、敵が下の道へやってくると上から矢をあびせる。魏の将軍張郃がやられたのがこれである。建興九年（二三一）諸葛亮の四回目の北伐の際、張郃は退却する蜀軍を追った。「蜀軍は高きに乗りて布伏し、弓弩乱発し、矢は郃《こう》の髀に中《あた》る」と『魏略』に言う。

木牛と流馬は諸葛亮がくふうした物資運搬車である。軍隊が遠征する際には、大量の物資——食糧、武器、衣服、野営用具等々を運んで行かねばならぬこと言うまでもない。通常は牛や馬を使う。その牛や馬の代用をする器具だから木牛と言い流馬と言ったのである。陳寿が編纂した『諸葛亮集』にのっているその構造や寸法を裴松之が引用しているが、おそろしく詳細で、何が何やらわからない。いたずら好きの男が人を困らせてやろうと、むちゃくちゃに部品の寸法ばかりを並べ立てたでたらめな製作法を書いたものかと思われる。もしほんとうにこんなものがはいっていたのだとしたら陳寿の『諸葛亮集』もだいぶあやしいものだったのではないかと思えてくる。范文瀾《はんぶんらん》が、「木牛は周囲に足が四本ある一輪車（足が四本あるのはひっくりかえらないため）、流馬は四輪車である。それまでの車は二輪であったのを諸葛亮は一輪と四輪を発明したのであって、たしかに新しい創意である」と言っているが（『中国通史簡編』）、たいしてあてにはならない。ともかく、せまくて急な桟道を越えて行かねばならぬのであるから、わりあい小ぶりで、そのわりには頑丈で荷物がたくさん積めるようにくふうしたものだったのではないかと思われる。

上に言ったように軍の物資はふつう牛馬に運ばせるのであるが、なにしろ生きものだから、餌を食うという難点がある。ちょっと考えると牛や馬をたくさんつれて行けば荷物がたくさん運べるようだが、実はたくさんつれて行けば行くほど荷物の大半はその牛馬の飼料という、何をやっているのかわからないことになってしまう。そこで、人間は牛や馬を殺してその肉を食うというくふうをすることもある。つまり牛や馬は輸送手段兼人の食料の一人二役（?）をはたすわけだ。そうすると先へ行くほど飼料もへるがそれを食う牛馬もへるから、バランスがとれるというわけである。しかしそれでは高くついてしょうがない。馬や牛はずいぶん高いものだったようで、霊帝の光和四年（一八一）に馬一匹の値段が二百万にいたったと霊帝紀にある。その三年前、光和元年に霊帝が官位官職を売りに出しているが、二千石《にせんせき》（地方長官）が二千万、四百石が四百万、公が一千万、卿五百万とある。馬二匹で四百石の官職が買えたわけだ。三国の時代に入ると馬の値段はもっともっとあがっているにちがいない。そんなこんなで牛馬にかわるほどの性能のいい車を発明すればメリットは莫大であったこと、疑いないのである。

しかしながら諸葛亮は、最後の遠征の際、木牛流馬によって輸送力がアップしているはずなのに、屯田をはじめている。してみると、蜀軍の食糧不足は、輸送能力の低さもあったに相違ないが、送るべき食糧も足りなかったのではあるまいかと思われる。

「八陣図」の「図」は図面の意ではなく、企図、はかりごと、やりかた、の意である。したがって陣図は陣法である。

＊

豊太閤の軍が朝鮮半島で明《みん》軍と戦った時、双方がとまどったという。明軍は、陣法、すなわち一部隊全体の組織的な動きで戦い、日本軍は個人の勇力で戦う方式だったからである。戦闘についての観念がまるでちがっていたわけだ。

日本軍から見ると明軍は気味のわるいものである。全体がまるでヘビかミミズみたいにぐにゅぐにゅと動く。右のほうが出てくるとともに左のほうがひっこんだり、正面がからっぽになって左右がのびて来たりする。マスゲームみたいなものである。どこかでだれかが人形をあやつるように動かしているのだろうが、よくわからない。

明軍から見た日本軍もずいぶん勝手のちがう相手だった。本来なら、こちらが陣を動かせば相手もそれに応じて動かねばならぬはずであるが、そんなことは委細おかまいなく兇暴な命知らずの連中が金切り声をあげて突っ込んでくる。殺してもまるで平気でつぎつぎに殺されにくるからだんだん気味がわるくなってくる。双方が、やりにくい相手だなあ、と思いながらやっていたのである。

そんなふうに中国の軍隊は、昔から、統一的な指揮のもとに有機的に動くのを特徴としていた。八陣図、すなわち八種の陣形は戦国時代よりすでにあり、『孫臏《そんぴん》兵法』（一九七二年に山東省臨《りん》沂《き》県の銀雀山《ぎんじやくざん》漢墓から出土した）に見えている。左の八つである。
①方陣《ほうじん》＝四角い陣形。進撃・攻撃の態勢である。
②円陣＝まるい陣形。野戦の際の防御の態勢。
③疏《そ》陣＝進撃の際のまばらな陣形。広範囲にひろがり、旗をなびかせ土煙をたてるなどして、大軍のように見せる。
④数《すう》陣＝密集陣形。兵力を集中して突撃する際の陣形。
⑤錐行之陣《すいこうのじん》＝先頭が細く、うしろになるほど横幅の広い三角形の陣形。敵陣を突破・割裂・粉砕するにもちいる。後世は「牡陣《ぼじん》」ともいう。最強力の攻撃陣形だが、実力雄厚でないと使えない。
⑥雁行之陣＝左右両翼が中央より前へ出たV字形の陣形。敵を包みこんで捕捉殲滅するにもちいる。
⑦鉤行《こうこう》之陣＝前面が横一線で、左右が手前へ折れこんだ〘形の陣形。両翼の防備を固くし、主将の所在を守る。
⑧玄襄《げんじよう》之陣＝大攻勢をかけようとしているかのように敵に思わせるための詐敵の陣。旗を多く立て、たえず太鼓を叩き、馬や車を走りまわらせて攻撃準備中のように見せる。
諸葛亮の八陣図は、これら八陣の、運用法、および転換法であったと思われる。

諸葛亮の八陣図は唐のころまでは伝えられていた（ということになっている）。唐の太宗と軍事理論家李靖《りせい》との、諸葛亮八陣図についての問答が、清の張澍《ちようじゆ》が編んだ『諸葛武侯集』の「故事

ならば――

四、制作篇」に出ている。二項あって、一つは「大陣が小陣を包み、大営が小営を包み、隅落鉤《ぐうらくこう》連《れん》し、曲折相対す」という簡単なもの。もう一つはかなり長い。御愛嬌までに御紹介申し上げる

〈陣数は九ある。中心の零は大将が掌握し、四面八向、すべてその指揮に従う。陣の間に陣を容《い》れ、隊の間に隊を容れ、前をもって後となし、後をもって前となし、進むに速奔《そくほん》なく、退くに遽走《きょそう》なく、四頭八尾、衝突した処が首になり、敵がその中を衝けば、両頭がこれを救う。数は五に起り、八に終る。〉

というのである。こうなるともう、実戦の陣法というより神秘的空論というべきだろう。

大将が全体を手足のごとく組織的有機的に動かして戦う中国式戦法が、それでは強かったかといえば、歴史上、北方や西方の異民族が侵入してくるとたいてい負けているところを見れば、あまり強かったとは思えない。それだのにこうした陣法が重視せられたのは、中国は伝統的に、極端な文尊武卑（文官が尊敬され地位が高く、武官は蔑視され地位が低い）の国だったからであろう。

中国では、優秀な青年に軍事教育をほどこして将校や指揮官を養成するというようなことは、おこなわれたことがないのみならず、想像もできぬことであった。十九世紀の後半になって、中国にも役に立つ軍隊が必要だということになった時、欧米や日本から将校をたくさん招いて軍の組織から操練まで全部やってもらわねばならなかったのがそれを示している。中国には「軍人」と言えるほどの者はいなかったのである。二十世紀になってはじめて軍官学校、つまり職業軍人

を養成する学校ができる。

むかしの中国では、優秀な青年はみな学問をやるにきまっている。つまり古典籍を読むことに全精力をそそぐ。そして高級官僚になると、あたえられた職種によって軍のトップの地位につき一軍を指揮することになるのである。曹操や袁紹がそうである。劉備は勉強ぎらいの不良青年だが、素性としてはそういう家にうまれすこしは学問もやっているのである。三国時代は乱世であるから、呂布や孫策のようなたたきあげが一軍の総帥になる例も生ずるが、これは平時にはないことである。

呂布や孫策は中国では甚だ異質の、むしろ日本式の武将で、先頭に立って矛や戟をふりまわして敵陣に突入して行くタイプであるが、ふつうの文官将軍は、曹操や袁紹のようにうしろのほうにいて指揮をとる。そうすると全体を組織的に動かすことを考える。こんにち只今の現実とかかわりのない古い書物を読んで知性をかたちづくった人間だから、どうしても理論や観念が先に立つ。それが曹操のように、あぶない戦争をしょっちゅう実地にやっていれば、いきおい考えかたもやりかたも実戦的になるだろうが、そうでないばあいは、机上の空論、ひとりよがり、あるいは遊戯的になってしまう。神秘哲学的色彩が勝ったような陣法理論が幅をきかすのはそういうわけである。

馬謖《ばしょく》のばあいがまさにそうだったにちがいない。わかくて、頭がよくて、軍事理論が好き。古今の戦史、戦略戦術を語り出したら滔々《とうとう》としてつきるところがない。馬謖にとっての戦争指揮は、いまの日本の少年のテレビゲームに似たものだったのであろう。街亭《がいてい》の戦いを前にして、馬謖の頭のなかには、張郃がどの手でこようと臨機応変、万に一つのまちがいもない必勝の筋書きがきっちりできあがっていたに相違ない。それが戦争のプロである張郃の前ではもろかったわけだ(張郃は兵隊あがりのたたきあげ)。

そして、この馬謖を高く評価して大事な戦いをまかせた諸葛亮も、大いにその傾向があったのではないか。なにしろ諸葛亮自身も馬謖同様、この第一次北伐まで、実戦の経験はないのである。してみると、八通りの変化をしたという八陣図も、たしかに精妙にできてはいたのだろうが、はたして実戦にもちいて役に立つものであったのかどうか。

「しかれども連年衆を動かして、いまだ功を成すこと能わず。けだし応変の将略は、その長ずる所にあらざるか!」——これが、軍事家としての諸葛亮に対する陳寿の評価である。精いっぱい好意的に言って、まずそのへんのところだったのであろう。

あとがき

大修館書店の編集者山口実さんとは、ずいぶん長いおつきあいになる。これまで『水滸伝の世界』『水滸伝と日本人』の二冊を出していただいた。

「ぼくももう定年が近いから、最後にもう一つやりましょう」とお話をいただいたのが三年ほど前のことだ。

「こんどはすこしは売れそうな本にしたいね。『三国志』なんかどうだろう」と言ったら、「じゃそれで」と、かんたんにきまった。

すぐ書けるだろうと思ったのが三年もかかったのは、ひとえにわたしの怠慢のゆえである。また、三国鼎立の形勢がさだまった以後、つまり後期の人物についても書くつもりだったのが、おおむね前期の人物だけでいっぱいになってしまったのは遺憾である。他日を期す、ということにさせていただく。

それでもまあ、どうやら定年にまにあってよかった。

この本の文字づかいはおおむね通行表記にしたがったが、したがってないばあいもある。たとえば「欠」はケンという字であって、これをケツと読めというのはすくなくともわたしには無理であるから、正字「缺」をもちいたごとくである。「一人ずつ」の「ずつ」はあんまり見苦しいから「づつ」と正かなづかいにしたがったのなども同じ。そういうわがままをきいてくれるのも、山口さんのありがたいところであった。

原稿は、まず手書きで書き、それをポツリポツリとワープロに打ちこんでいたが、なにしろ一本指打法だから、ひまがかかってしようがない。途中から伊藤和子さんに「代打」をお願いした。以後、ふりがなつけ、校正、地図づくり、索引づくりと、技術的なことはみな伊藤さんのおせわになった。ちょうどお子さんの大学受験と時期がかさなって、だいぶおさわがせした。

本の題をつける際、同じ題のものがすでにあってはまずいというので、若い友人花崎真也君が、題に「三国志」の文字をふくむ本を取次のデータで調査してくれた。その結果を知らせてきた電話――「リストが十メートルをこえたよ。これじゃファクスで送れない！」

宅配便で送られてきたのを見ると、ざっと二百種くらいあるらしい。分冊のものは一冊ごとにリストアップしてあるから十数メートルになるわけである。無論「プロ野球三国志」「政界三国志」「徳川三国志」「次郎長三国志」等々本来の『三国志』とは無関係の「三国志」も多いのだが、それにしても驚きました。

かくもおびただしい「三国志」のなかから、この「三国志」をお買いもとめくださったみなさまに、心よりお礼申しあげます。

一九九四年六月　　　　　　　　　　　　　　　　　高島俊男

文庫版あとがき

この『三国志 きらめく群像』は、一九九四年に大修館書店から出した『三国志 人物縦横談』の文庫版である。

この『三国志 人物縦横談』（以下は「元版」と言います）、刊行が六年前だから、書いたのはもっと前である。元版のあとがきに、三年かかった、とある。その大部分は、広島県の北部、島根県との境にちかい千代田町というところの、知人の家があいているのをお借りし、そこにひきこもって書いた。

そのことはおぼえているのだが、何を書いたか、内容はほとんど忘れていた。無責任な話だが、正直のところそうなのである。この本にかぎらず、以前に書いたことをたいがい忘れてしまう。だもんだから自分では初めてのつもりで書いて、人から「前にも同じことを書いていたじゃないか」と言われ、「えっ」とびっくり、恥じ入ったりする。

それでこの本も、このたび文庫本にすることになって、自分の書いたものながらまるで初めて読む他人の本みたいに読みかえしたのだが、いやこれが実におもしろい。それぞれの人物がよく書けているし、文章がいきいきしている。最初の「正史『三国志』の話」も、中国の史書についてこれだけわかりやすく、かつ興味ぶかく書いたものはなかなかないんじゃなかろうか。これはもしかしたら、オレがいままでに書いたなかで一番おもしろい本なのではないか、と思った。とともに、オレも五十代のころにはこんなに張りのある文章が書けたのだなあ、ならば四十代だったらいっそう書けたろう、もっと早く教師をやめとけばよかったなあ、と思ったことであった。

しかしこの本は、その受けた待遇の点では、従来わたしが書いたもののなかでは最も地味な、注目されない本であった。

題が漢字ばかりだからむずかしそうに見えたんだろうね、と言ってくれる人がある。それもあるのかもしれない。わたしの本を読んでお手紙をくださる読者で、「巻末のリストにある御著書は、高度な学術書を除き、あとはみな買って読みました」と書いてこられたかたが、もう何人もある。おどろいて「小生高度な学術書などは一つも出しておりませんが」と問いあわせると、それが『三国志 人物縦横談』だというのである。「人物縦横談」なんて題の学術書があるはずないんだけどね。まあ全部漢字ばかりであるには相違ない。

ある出版社で三国志関係の本を何冊も手がけた人と話した時、「事実はあの本に書いていらっしゃる通りなんでしょうけどね、でも三国志ファンには受けませんよね」と言われた。三国志ファンというのは固定した人物イメージを持っているから、書き手はそれにあわせるように、すくなくともそのイメージをさかなでしないようにしなければならないんですよ、とその人は言う。たとえば諸葛孔明はかならず智謀神のごとき軍師でなければならない。だから、いやが上にも英明な人物として書き立てればいくらでも買ってくれる。「ところが先生の本の孔明は、われわれとあまりかわらないふつうの人間ですからね。まあそれがほんとうだろうとは思うんですが……」というわけだ。なるほどねえ、とこれには感じ入った。

そういうしだいなので、筑摩書房の豊島洋一郎さんが「ちくま文庫に入れませんか」というお手紙をくださった時は、ほんとうにうれしかった。むすめたちのなかで一番目立たなかった子の前に、突然玉《たま》の輿《こし》が置かれたような気持である。いなやのあろうはずがない。

ただこれは、ほそぼそとながら大修館書店でまだ生きている本である。毎年一度、何冊売れました、と報告してくださる。「そのほうはどうなのだろう?」と豊島さんに言ったら、打診してみましょう、とのこと。数週間後「こころよく承諾してくれました」と知らせがあってホッとした。玉の輿決定である。

題も、豊島さんが『三国志 きらめく群像』というステキなのを考えてくれた。これでもう学術書とまちがえる人はないだろう。

筑摩書房と豊島さん、それと大修館書店にあつくお礼申しあげます。

文庫版に組んだ校正刷りを見ると、字間も行間も元版よりだいぶせまくなるので、全体に字がギッシリつまった感じがする。それを多少でも救うために、改行を多くし、読点《とうてん》つまりチョン(、)をふやし、漢字を極力かなに開いた。

元号の年数が出てくるたびにいちいち西暦年数がつくのはうるさいし、文章の流れをさまたげるので、それは最小限にとどめ、巻末に対照表をつけた。

元版が出た時、立命館大学の筧文生先生と実践女子大学につとめる友人影山輝國君とがていねいに読んでまちがいを指摘してくださった。それらはこの文庫版ではすべて正した。たとえば一七七ページの「先零羌《せんれんきよう》」、元版では「先霊羌《せんれいきよう》」になっていた。字もちがうし、よみもちがう。この種のミス――もちろんそのほとんどがわたしの原稿段階からのミス――である。この本はもとより一般むけの本だが、しかしこういう誤りはやはり専門家でないと気がつかない。お二人がこまかく読んでくださったのはほんとうにありがたいことであった。

多分わたしがこれまでに書いたなかで一番おもしろいであろうこの本が、わかりやすい題、手にとりやすい形、買いやすい値段になって、もう一度、数多くのかたに読んでいただけますように。

◆関連元号西暦対照表

元号	西暦
漢中平元年	一八四
中平二年	一八五
中平三年	一八六
中平四年	一八七
中平五年	一八八
中平六年	一八九
初平元年	一九〇
初平二年	一九一
初平三年	一九二
初平四年	一九三
興平元年	一九四
興平二年	一九五
建安元年	一九六
建安二年	一九七
建安三年	一九八
建安四年	一九九
漢建安五年	二〇〇
建安六年	二〇一
建安七年	二〇二
建安八年	二〇三
建安九年	二〇四
建安十年	二〇五
建安十一年	二〇六
建安十二年	二〇七
建安十三年	二〇八
建安十四年	二〇九
建安十五年	二一〇
建安十六年	二一一
建安十七年	二一二
建安十八年	二一三
建安十九年	二一四
建安二十年	二一五
建安二十一年	二一六
建安二十二年	二一七
建安二十三年	二一八
建安二十四年	二一九
漢建安二十五年、魏黄初元年	二二〇
魏黄初二年、蜀漢章武元年	二二一
魏黄初三年、蜀漢章武二年、呉黄武元年	二二二
魏黄初四年、蜀漢建興元年、呉黄武二年	二二三
魏黄初五年、蜀漢建興二年、呉黄武三年	二二四
魏黄初六年、蜀漢建興三年、呉黄武四年	二二五
魏黄初七年、蜀漢建興四年、呉黄武五年	二二六
魏太和元年、蜀漢建興五年、呉黄武六年	二二七
魏太和二年、蜀漢建興六年、呉黄武七年	二二八
魏太和三年、蜀漢建興七年、呉黄龍元年	二二九
魏太和四年、蜀漢建興八年、呉黄龍二年	二三〇
魏太和五年、蜀漢建興九年、呉黄龍三年	二三一
魏太和六年、蜀漢建興十年、呉嘉禾元年	二三二
魏青龍元年、蜀漢建興十一年、呉嘉禾二年	二三三
魏青龍二年、蜀漢建興十二年、呉嘉禾三年	二三四
魏青龍三年、蜀漢建興十三年、呉嘉禾四年	二三五
魏青龍四年、蜀漢建興十四年、呉嘉禾五年	二三六
魏景初元年、蜀漢建興十五年、呉嘉禾六年	二三七
魏景初二年、蜀漢延熙元年、呉赤烏元年	二三八
魏景初三年、蜀漢延熙二年、呉赤烏二年	二三九

魏正始元年、蜀漢延熙三年、呉赤烏三年　二四〇
魏正始二年、蜀漢延熙四年、呉赤烏四年　二四一
魏正始三年、蜀漢延熙五年、呉赤烏五年　二四二
魏正始四年、蜀漢延熙六年、呉赤烏六年　二四三
魏正始五年、蜀漢延熙七年、呉赤烏七年　二四四
魏正始六年、蜀漢延熙八年、呉赤烏八年　二四五
魏正始七年、蜀漢延熙九年、呉赤烏九年　二四六
魏正始八年、蜀漢延熙十年、呉赤烏十年　二四七
魏正始九年、蜀漢延熙十一年、呉赤烏十一年　二四八
魏嘉平元年、蜀漢延熙十二年、呉赤烏十二年　二四九
魏嘉平二年、蜀漢延熙十三年、呉赤烏十三年　二五〇
魏嘉平三年、蜀漢延熙十四年、呉太元元年　二五一
魏嘉平四年、蜀漢延熙十五年、呉建興元年　二五二
魏嘉平五年、蜀漢延熙十六年、呉建興二年　二五三
魏正元元年、蜀漢延熙十七年、呉五鳳元年　二五四
魏正元二年、蜀漢延熙十八年、呉五鳳二年　二五五
魏甘露元年、蜀漢延熙十九年、呉太平元年　二五六
魏甘露二年、蜀漢延熙二十年、呉太平二年　二五七
魏甘露三年、蜀漢景耀元年、呉永安元年　二五八
魏甘露四年、蜀漢景耀二年、呉永安二年　二五九
魏景元元年、蜀漢景耀三年、呉永安三年　二六〇

魏景元二年、蜀漢景耀四年、呉永安四年　二六一
魏景元三年、蜀漢景耀五年、呉永安五年　二六二
魏景元四年、蜀漢炎興元年、呉永安六年　二六三
魏景咸熙元年、呉元興元年　二六四
晋泰始元年、呉甘露元年　二六五
晋泰始二年、呉宝鼎元年　二六六
晋泰始三年、呉宝鼎二年　二六七
晋泰始四年、呉宝鼎三年　二六八
晋泰始五年、呉建衡元年　二六九
晋泰始六年、呉建衡二年　二七〇
晋泰始七年、呉建衡三年　二七一
晋泰始八年、呉鳳皇元年　二七二
晋泰始九年、呉鳳皇二年　二七三
晋泰始十年、呉鳳皇三年　二七四
晋咸寧元年、呉天冊元年　二七五
晋咸寧二年、呉天璽元年　二七六
晋咸寧三年、呉天紀元年　二七七
晋咸寧四年、呉天紀二年　二七八
晋咸寧五年、呉天紀三年　二七九
晋太康元年、呉天紀四年　二八〇

梁興　203
廖立　260
林国賛　373

れ

冷徹　177
霊帝（漢）　54, 56, 57, 59, 60, 62, 64, 73, 142, 143, 145, 149, 154, 187, 188, 285, 287～289, 369, 418

ろ

魯王→孫覇
魯粛（子敬）　220, 222, 223, 226, 232～235, 237～239, 300, 343, 344, 347～349, 361, 395, 398
魯迅（周樹人）　102, 242
魯班→全公主
盧植　64, 121, 248, 364
盧弼　45, 91, 254, 255, 309, 372, 374
婁圭　140

わ

和帝（漢）　143

陸遜　230, 235, 278, 347, 350, 351, 355, 356, 399
劉焉　119, 190, 196, 271, 279, 281〜283, 285, 286
劉艾　284
劉括　267
劉姫　293
劉琦　49, 163, 164, 224, 386, 394
劉協→献帝
劉虞　118, 122〜126, 281
劉元起　365
劉弘　363
劉昭　28, 281
劉勝　362
劉璋　235, 255, 256, 270〜277, 286, 367, 387, 403
劉先　160, 161
劉禅（後主）　32, 37, 81, 265, 267, 268, 303, 304, 388, 404, 412, 416
劉琮　162〜165, 233, 264, 347, 386
劉岱　282
劉貞　362
劉楨　79, 80, 328
劉徳然　365
劉範　196
劉備（玄徳・漢中王・先主・蜀漢先主・昭烈・昭烈帝・昭烈皇帝）　30, 31, 37, 49, 50, 64, 72, 81, 94, 121, 136, 137, 151, 152, 159, 161, 163, 165, 170, 172, 203, 214, 222〜239, 253〜262, 264〜268, 270〜278, 302〜304, 316〜321, 337, 340, 342, 348, 349, 355, 357〜383, 386〜389, 392, 393, 397〜399, 402〜404, 407〜409, 422
劉表　31, 35, 88, 119, 158〜160, 167, 171, 222, 232, 264, 272, 344, 352, 382, 383, 386, 392, 406
劉夫人（劉氏・袁尚の母）　132, 294, 295, 306
劉夫人（劉氏・曹昂の母）　87, 292, 294
劉辯→少帝
劉封　261, 262
劉雄　362, 363
劉曄　258, 260
呂壹　350, 351
呂温侯→呂布
呂子明　361
呂尚（太公望）　193
呂岱　351
呂伯奢　106, 107
呂布（奉先・温侯・呂温侯）　35, 54, 58, 61〜64, 66〜73, 77, 81〜83, 95, 96, 108, 109, 119, 130, 151, 198, 325, 338, 340, 376〜381, 383, 422
呂蒙（子明）　227, 234, 235, 237〜239, 261, 300, 347, 348, 361
凌操　168
凌統　168, 169

明帝（魏）→曹叡

も

毛嘉　312
毛玠　243
毛暉　337
毛皇后　305, 312
毛宗崗　51, 173
毛沢覃　384
毛沢東　77, 88, 108, 322, 323, 326～328, 384
毛沢民　384
毛綸　51
孟建　391
孟達　261, 262, 273, 404
孟徳→曹操
盲夏侯→夏侯惇

や

約→韓遂

よ

幼簡→郭憲
姚思廉　20
陽安公主　153
陽逵　210
楊偉　308
楊会　192
楊儀　415
楊竺　356
楊秋　203, 290
楊醜　151
楊晨　47
楊奉　150, 151
楊鳳　128
楊雍　189
楊翼驤　44

り

李異　286
李賀　385
李傕　64, 68～70, 124, 146, 150, 196, 197, 208, 209, 282, 326, 375
李楽　150, 151
李堪　203
李姫　293
李貴人　307
李義　246, 247
李顒　288
李乾　368
李賢→章懐太子
李粛　67
李術　343
李相如　184
李晋粛　385
李世民→太宗
李靖　420
李整　369
李通　366
李典　81, 369
李百薬　20
李文侯　177～180, 184
李豊　32

ひ

飛燕→張燕
麋竺　262, 265, 376
麋夫人　265
麋芳　261, 263

ふ

朴胡　286, 287, 290
傅説　336
傅幹（別成・傅燮の子）　191～193
傅幹（曹操の配下）　202
傅玄　43
傅士仁→士仁
傅燮（壮節侯）　184, 185, 187～193, 195, 206
武侯→諸葛亮
武皇帝→曹操
武帝（漢）　58, 200, 327
武帝（魏）→曹操
武帝（晋）→司馬炎
馮緄　288
馮則　168
伏完　101, 102, 153
伏皇后（寿・伏后）　99～101, 103, 152～155
福→徐庶
文公（重耳）（春秋晋）　96, 164
文侯→李文侯
文醜　136
文帝（魏）→曹丕
文帝（南朝宋）　40
文約→韓遂

へ

別成→傅幹
辺允→辺章
辺章（辺允）　176, 178～181, 183, 184, 187, 206
卞皇后（卞氏・卞夫人）　87, 292～294, 296

ほ

歩騭　351
歩夫人　355
奉孝→郭嘉
奉先→呂布
法正　236, 255, 270, 273～278, 399, 402
鳳雛→龐統
鮑勛　244
鮑信　109, 244
龐羲　286
龐統（士元・鳳雛）　235, 236, 252, 254～257, 274, 277
北宮伯玉　176～180, 183, 184, 186, 206

み

明太祖　322, 323

め

明帝（漢）　143

田楷　371～374
田楽　210, 211
田豊　131, 133, 134, 137, 138

と

杜濩　286, 287, 290
杜夫人　292
杜牧　98, 222, 396
杜預　32
東郷公主　307
唐太宗（唐宗）→太宗
陶謙　71, 108, 119, 282, 323～326, 341, 374～376, 379, 383
陶元珍　46
董貴人　152
董公→董卓
董侯→献帝
董璜　149, 153
董襲　168, 169
董承　148～154, 382
董太后　60, 146, 149
董太師→董卓
董卓（董公・董太師）　35, 54, 58～70, 105, 119, 123, 124, 130, 145, 149, 179, 180, 183, 195, 196, 208, 271, 282, 284, 323, 375, 380, 381, 397
董旻　149
董扶　281
鄧艾　368
鄧皇后　154

な

南単于　201

は

馬玩　203
馬日磾　68
馬謖　409, 422, 423
馬忠　262, 263
馬超　30, 90～92, 194, 202, 203, 207, 208, 259, 290, 319, 320
馬騰　173, 176, 184, 194～199, 201, 202, 206～208
裴松之　40～44, 45, 48, 50, 60, 71, 101, 103, 106, 107, 149, 169, 182, 183, 220, 253, 268, 284, 308, 319, 320, 324, 350, 362, 369, 387～389, 393, 402, 414, 417
白居易　401
伯夷　192
范彊　266
范文瀾　417
范曄（蔚宗）　19, 28, 60, 101, 103, 119, 120, 164, 282, 326
班固　17, 19
樊噲　89
樊稠　64, 208, 209
潘氏　357
潘濬　261, 263, 351
潘璋　262, 263

張彌　350
張奉　240
張宝　55
張勃　42
張楊　70, 71, 150, 151
張良（子房）　95
張梁　55
張陵（張道陵）　279, 280
張遼　260, 337
張魯　202, 203, 210, 238, 256, 272 ～274, 279, 280, 282～287, 289, 290, 341
貂蟬　64
趙雲　235, 255, 260, 265, 274, 277, 303, 358, 362, 372
趙姫　293
趙衢　203
趙彦　148
趙儼　413
趙朔　192
趙嵩　285
趙寵　83
趙武　192
趙翼　47, 98, 120
趙累　262
陳懿　178, 181
陳寅恪　112
陳紀　64
陳宮　72, 95, 105～110, 325, 380
陳羣　39, 309, 387
陳氏　302
陳寿（承祚）　19, 31～34, 37, 39, 40, 42, 43, 45, 54, 60, 103, 113, 118, 120, 155, 225, 226, 245, 255, 282, 307, 309, 311, 321, 341, 360, 390, 394, 399, 402, 403, 405, 406, 409, 411, 415 ～417
陳術　43
陳象　356
陳正　356
陳調　285
陳平　336
陳留王奐　36
陳留王協→献帝
陳琳　328, 339, 387
陳澧　39

て

丁儀　78
丁原（建陽）　57, 58, 61～63, 69, 380, 381
丁沖　78
丁夫人（丁氏）　292～298
程昱　95, 108, 172, 253, 340
程嬰　192
程銀　203
程普　223, 224, 226～228, 234
程秉　240
程包　287～289
鄭泰　64
鄭宝　367
禰衡　95
曲韋　82～85, 87, 89, 198, 339, 366

385, 420
大皇帝→孫権
単福→徐庶
譚其驤　229
段訓　125
段熲　294
段煨　150

ち

郗倹　281
郗慮　100, 101
仲尼　192
仲達→司馬懿
仲長統　119, 120
沖帝（漢）　143
忠武侯→諸葛亮
种劭　196
紂　192, 216
長生→関羽
重耳→文公
張允　161, 163, 164
張燕（飛燕）　71, 118, 127～129
張横　203
張温　179
張可礼　326
張華　32
張角　55
張岐　123
張既　246, 249
張憙　225
張儀　348
張休　356
張牛角　127
張騫　200
張郃　97, 131, 132, 409, 417, 423
張皇后　267
張紘　240
張衡　280, 284
張志哲　229
張杳　69
張澍　420
張脩　283～285, 289
張緝　32
張繡　85, 87, 89, 198, 252, 295, 339～341
張粛　273, 274
張純　123, 124
張松　256, 270～278
張昭　161, 214～220, 222, 223, 299, 300, 302, 342, 344, 345, 347, 356
張任　257
張世平　368
張済　86, 150, 151
張宣　151
張多　367
張達　266
張仲景　113
張道陵→張陵
張邈　71, 72, 83, 109, 110, 134, 325
張飛（益徳）　30, 50, 142, 203, 222, 234～236, 247, 255, 259, 260, 264～267, 274, 277, 303, 358, 362, 372, 377, 378

曹嵩　108, 323, 324〜326, 338
曹操（孟徳・阿瞞・曹公・魏公・魏王・魏武・魏武帝・武帝・武皇帝・太祖）　26, 31, 35, 36, 38, 49, 50, 65, 72, 73, 76〜79, 81〜102, 105〜112, 114, 115, 119, 120, 124, 128, 131, 132, 135〜139, 146〜148, 150〜155, 159〜166, 172, 173, 198, 201〜204, 207〜212, 214, 217, 219, 220, 222〜235, 238, 239〜246, 252, 258〜262, 264, 265, 267, 268, 271〜273, 275〜277, 290, 292〜298, 303, 305, 306, 308, 310, 311, 316〜321, 323〜330, 334〜343, 345, 347, 349, 352, 354, 357, 360, 367〜371, 374, 376, 379〜383, 386, 391〜393, 395〜398, 406, 407, 422
曹植　78, 306, 328, 329, 352
曹騰　338
曹徳　323, 325
曹丕（文帝・魏文帝）　31, 35, 38, 78〜81, 86, 99〜101, 118, 147, 148, 203, 230, 252, 258, 293, 295, 305〜312, 328, 339, 341, 352〜354, 407
棗祗　38
臧洪　119, 245
臧覇　337, 338
孫姫　293
孫休　37
孫匡　301
孫堅　69, 159, 167, 168, 299, 301, 302, 342
孫権（呉主・呉王・大帝・呉大帝・大皇帝）　30, 36, 37, 98, 112, 121, 161, 167〜169, 214〜223, 225〜228, 231, 233〜240, 245, 262, 266, 277, 300〜303, 320, 321, 342〜357, 361, 398
孫皓　37
孫策　98, 167, 168, 215, 222, 245, 299〜302, 342〜345, 357, 422
孫邵　218, 219
孫仁→孫朗
孫盛　43, 106, 107, 165
孫綜　350
孫登　351, 353, 354
孫覇（魯王）　354〜356
孫夫人　299, 302〜304
孫翊　301
孫慮　354
孫亮　37, 356, 357
孫朗（仁）　302
孫和　354, 356

た

大帝→孫権
太公望→呂尚
太祖→曹操
太宗（李世民・唐宗・唐太宗）（唐）　20, 21, 322, 323, 327,

蜀漢先主→劉備
申生　164
沈約　20
辛毗　414, 416
晋宣帝→司馬懿
秦王詢　310
秦始皇（秦皇）　321, 322, 327
秦松　347
秦夫人　292
甄皇后（甄氏・甄夫人）　79, 80, 305～312
審配　134
任峻　38
任約→袁約

せ

成宜　203
成公英　211, 212
成廉　71
斉王芳　36, 310
清河公主　294
薛綜　240, 241, 350
先主→劉備
宣帝（晋）→司馬懿
銭儀吉　47
銭大昕　171, 372, 373, 405
全公主（魯班）　355

そ

沮授　131, 133～138
蘇渙　386
蘇固　283, 385
蘇洵　386
蘇軾（蘇東坡）　222, 386
蘇秦　336, 348
蘇双　368
蘇轍　386
蘇東坡→蘇軾
蘇武　200
壮節侯→傅燮
宋姫　293
宋梟　189
宋建　181, 184
宋憲　380
宋皇后　154
宋太祖（宋祖）　327
宋揚　183
曹安民　86, 339
曹殷　310
曹叡（明帝・魏明帝）　31, 93, 99, 147, 293, 294, 305, 307～313, 413
曹休　80, 309
曹均　339
曹謙　289
曹公→曹操
曹昂（子修・子脩）　86, 198, 295, 296, 339
曹参　336
曹鑠　294
曹純　265
曹植→曹植（そうち）
曹真　309
曹仁　35, 227, 233, 261, 382

朱徳　77
朱霊　152
寿→伏皇后
周姫　293
周公（周）　348
周樹人→魯迅
周慎　179
周泰　228, 345, 346
周瑜（公瑾・周郎）　163, 220, 222〜224, 226〜231, 233〜235, 300, 342〜344, 347, 348, 361, 387
周郎→周瑜
習鑿歯　32〜34, 37, 42, 43, 254
宿舒　350
荀彧　64, 94〜99, 108, 109, 111, 112, 119, 120, 135, 138, 161, 162, 198, 214, 253, 325, 335, 343, 366, 367, 391, 395〜398
荀爽　64
荀攸　98, 253
淳于瓊　97, 131, 136, 139
順帝（漢）　143
諸葛均　387
諸葛瑾（子瑜）　236, 238, 343, 344, 351, 384, 386, 387
諸葛珪（君貢・子貢）　384, 386, 387
諸葛玄　387
諸葛孔明→諸葛亮
諸葛璋　387
諸葛亮（孔明・臥龍・武侯・忠武侯）　30, 31, 49, 50, 81, 88, 94, 159, 161, 164, 170, 214, 222, 223, 230, 232, 235, 236, 239, 253〜255, 257, 259, 260, 262, 265, 266, 274, 276〜278, 303, 316〜319, 321, 349, 372, 383, 384, 386〜395, 397〜399, 402〜405, 407〜409, 411〜418, 420, 423
徐奕　243
徐幹　328
徐翕　337
徐晃　227, 261, 262, 337
徐璜　338
徐庶（福・単福）　170〜173, 388
徐盛　346
徐他　89, 90
少帝（劉辯・史侯）（漢）　56〜59, 105, 145, 146, 271
承祚→陳寿
昭烈皇帝（昭烈帝・昭烈）→劉備
章懐太子（李賢）　19, 183, 284
章帝（漢）　143, 276
蔣琬　387
蔣石　92, 210, 211
殤帝（漢）　143
蕭何　336, 345
蕭子顕　20
鍾繇　198, 199, 201, 247, 289
常璩　43
鄭玄　68
襄王（周）　96

弘咨　302, 343
光武帝（光武）（漢）　18, 143, 395, 396, 409
孝景皇帝→景帝
侯成　380
侯選　203
後主→劉禅
皇甫嵩　178, 179, 183, 185, 186
耿鄙　184, 189, 190, 191, 194, 195, 206
高幹　201
高貴郷公髦　36
高順　379, 380
高祖（漢）　89, 96, 108, 321, 322, 395, 396
高覧　97, 131, 132
黄衍　185, 193
黄琬　64, 281, 282
黄蓋　228, 230, 231
黄権　367
黄祖　159, 163, 167～169, 344, 345
黄忠　30, 235, 255, 259, 274

さ

左悺　338
左昌　189
崔琰　140, 243
崔州平　386
崔烈　187, 188
蔡氏　163～165
蔡瑁　160～166
蔡邕　64, 67, 68
山陽公→献帝
棧潛　311

し

ジンギスカン　327
士元→龐統
士仁（傅士仁）　261, 263
子敬→魯粛
子貢→諸葛珪
子修（子脩）→曹昂
子房→張良
子明→呂蒙
子瑜→諸葛瑾
史侯→少帝
史道人　60
司馬懿（仲達・司馬宣王・宣帝・晋宣帝）　31, 120, 262, 309, 350, 404, 413～416
司馬炎（武帝（晋））　33
司馬温公→司馬光
司馬光（温公・司馬温公）　48, 49, 61, 72, 101, 103, 164, 396, 397
司馬芝　244
司馬師　32
司馬宣王→司馬懿
司馬遷　17, 23
司馬談　17, 23
司馬徳操　254, 388
司馬彪　28, 255
質帝（漢）　143
朱儁　64
朱然　262, 346, 351

93, 140
許攸　97, 131, 133, 138～140
魚豢　42, 43, 164, 170, 267, 268, 284

く

虞溥　42
虞翻　216, 217
君貢→諸葛珪

け

邢顒　244
敬愛皇后　267
景帝（孝景皇帝）（漢）　276, 362, 363
建陽→丁原
献帝（劉協・董侯・陳留王協・山陽公）（漢）　26, 56～60, 65, 67, 73, 94, 96, 99, 100, 105, 118, 123, 124, 135, 142, 145～153, 182, 197, 207, 271, 284, 307, 354, 375
蹇碩　57, 59
元稹　401
玄徳→劉備
阮瑀　328
厳幹　246, 247, 249
厳綱　124
厳畯　240
厳象　343

こ

虎侯→許褚
虎癡→許褚
胡才　150, 151
胡三省　49, 110, 202, 266, 312, 377
胡沖　262
壺寿　124
顧承　356
顧譚　355, 356
顧雍　214, 219～221, 300, 350, 355
伍習　151
呉王→孫権
呉起　337
呉金華　44, 47
吾粲　356
呉質　80
呉主→孫権
呉碩　152
呉大帝→孫権
呉夫人　215, 218, 299, 301, 302
公瑾→周瑜
公孫淵　121, 217, 218, 349, 350
公孫瓚　35, 118, 119, 121, 122, 124～129, 135, 248, 249, 341, 364, 371, 372, 374, 383, 386
公孫続　127
公孫度　349
孔子　396
孔伷　282
孔明→諸葛亮
孔融　98, 140, 217, 328

郭汜　64, 68, 69, 124, 146, 150, 151, 196, 197, 208, 282, 375
郭頒　42, 105
郭夫人（明帝の夫人）　313
楽資　182
楽進　227, 233, 337
干宝　106
甘寧　168, 169, 344, 345, 366
甘夫人　265
桓温　385
桓玄　385
桓公（春秋斉）　336
桓帝（漢）　58, 59, 143, 153, 154, 358
漢高祖→高祖
漢中王→劉備
漢武帝（漢武）→武帝（漢）
管仲　188, 336
関羽（雲長・長生）　30, 31, 50, 71, 110, 112, 113, 136, 137, 142, 222, 224, 232, 234〜239, 247, 255, 258〜264, 266, 274, 277, 278, 319, 348, 349, 358, 362, 372
関平　262
環夫人　292
韓浩　38
韓信　336
韓遂（文約・約）　90〜92, 173, 176, 178〜181, 183〜187, 195〜199, 202, 203, 205〜212, 290
韓崇　160〜162, 164, 165
韓暹　150, 151
韓馥　95, 123, 124, 133, 134, 137, 282
韓融　64
闞沢　240〜242, 245, 249
顔杲卿　384
顔春卿　384
顔真卿　384
顔曜卿　384
顔良　135, 136, 260

き

紀霊　378, 379
義帝（楚）　96
魏越　71
魏延　235, 255, 275, 405, 408, 411, 412
魏王→曹操
魏公→曹操
魏收　20
魏続　381
魏种　338
魏騰　301
魏武帝（魏武）→曹操
魏文帝→曹丕
魏明帝→曹叡
麴演　92, 210, 211
牛輔　64, 149
許晏　350
許乾　367
許芝　387
許褚（虎侯・虎癡）　82, 88〜91,

306, 308, 325, 338～340, 352, 367～369, 371, 372, 374, 382, 383, 391, 398, 422
袁譚　132
袁滂　179
袁約（任約）　286, 287, 290
袁曄　182
袁礼　351
閻行　92
閻忠　185, 186

お

王允　65～69, 196
王隠　43, 402
王国　176, 181～186, 193, 195, 206
王粲　328
王昭儀　293
王忱　385
王船山→王夫之
王沈　42, 86, 92, 107, 337, 415
王廷洽　44
王美人　56, 144, 146
王夫人　354, 355
王夫之（王船山）　47, 411, 412
王服　152
王鳴盛　32, 80
王莽　97
王累　273
王朗　387
応劭　324, 325
応瑒　328
汪東興　88
温公→司馬光
温侯→呂布

か

何夔　243
何皇后　56, 145, 146
何焯　414
何進　56～59, 62, 63, 145, 183
柯劭忞　21
夏侯淵　30, 77, 203, 209, 210, 267, 278
夏侯玄　32
夏侯惇（盲夏侯）　35, 76～81, 83, 84, 96, 294
夏侯覇　267
夏侯楙　294
華嶠　103
華歆　98～104, 154, 387
華佗　110～115, 119, 120
賈詡　98, 112, 245, 252, 253, 340, 341
臥竜→諸葛亮
海瑞　402
蒯越　158, 160～162, 164, 165, 272
蓋勲　189
郭援　201
郭嘉（奉孝）　137, 229, 253
郭憲（幼簡）　210, 211
郭皇后（郭氏・郭后・文帝の皇后）　80, 305, 307, 310, 311, 312
郭貢　96, 375

人名索引

1　本書に出てくる人名を五十音順に並べ、そのページを示す。

2　同一人物に複数の呼称がある場合（例えば、劉備、玄徳、先主、昭烈など）は、一か所に集めてある。その際、最もポピュラーと思われる呼びかたを主見出しとし、他はカッコ内に入れてある。カッコ内の呼称は空見出しを立てた。

3　日本語で読んで同じ発音になる字（たとえば孔と洪と黄など）は画数順とし、その字で始まる人名をまとめてある。

4　清濁は清音を先に一括し、濁音をあとにおいた。

5　同名異人は簡単な説明をつけて区別した。

6　外国人（大久保彦左衛門、モンローなど）その他、ごく重要でない人名は省略したものもある。

あ

阿瞞→曹操
安帝（漢）　143
安民→曹安民

い

伊尹　193
伊摯　336
韋昭　42, 169, 275, 276
韋端　198
尹夫人　292
尹奉　203
陰貴人　307

う

于禁　261, 337
蔚宗→范曄
雲長→関羽

え

盈　153
衛臻　78〜80
益徳→張飛
袁暐　182
袁煕　132, 306, 308, 312
袁術　35, 69〜71, 110, 119, 138, 152, 159, 167, 245, 369, 371, 377, 378
袁尚　132, 137, 201
袁紹　31, 35, 57, 59, 60, 62, 65, 70, 71, 73, 89, 95〜97, 119, 123〜128, 130, 139, 145, 146, 148, 195, 198, 201, 243, 260, 271,

本書は一九九四年七月、大修館書店より『三国志〔人物縦横談〕』のタイトルで刊行された。

ちくま文庫

三国志《さんごくし》 きらめく群像《ぐんぞう》

二〇〇〇年十一月 八 日 第一刷発行
二〇一七年 四 月三十日 第十刷発行

著 者 高島俊男（たかしま・としお）

発行者 山野浩一
発行所 株式会社 筑摩書房
東京都台東区蔵前二―五―三 〒一一一―八七五五
振替〇〇一六〇―八―四一二三
装幀者 安野光雅
印刷所 株式会社精興社
製本所 株式会社積信堂

乱丁・落丁本の場合は、左記宛にご送付下さい。
送料小社負担でお取り替えいたします。
ご注文・お問い合わせも左記へお願いします。
筑摩書房サービスセンター
埼玉県さいたま市北区櫛引町二―六〇四 〒三三一―八五〇七
電話番号 〇四八―六五一―〇〇五三

ISBN4-480-03603-2 C0122